ANOUK ALGERMISSEN

GETRIGGERT?

ANOUK ALGERMISSEN

GETRIGGERT?

Wie wir unsere Beziehungen stärken, indem wir unsere Emotionen regulieren und gelassener kommunizieren

mvgverlag

Bibliografische Information der Deutschen Nationalbibliothek
Die Deutsche Nationalbibliothek verzeichnet diese Publikation in der Deutschen Nationalbibliografie. Detaillierte bibliografische Daten sind im Internet über https://dnb.de abrufbar.

Für Fragen und Anregungen
info@m-vg.de

Wichtiger Hinweis
Ausschließlich zum Zweck der besseren Lesbarkeit wurde auf eine genderspezifische Schreibweise sowie eine Mehrfachbezeichnung verzichtet. Alle personenbezogenen Bezeichnungen sind somit geschlechtsneutral zu verstehen.

Originalausgabe
8. Auflage 2025

Türkenstraße 89
80799 München
Tel.: 089 651285-0

Redaktion: Ulrike Hollmann
Umschlaggestaltung: Maria Verdorfer
Abbildung S. 29, 118: Adobe Stock/joopie82
Satz und Grafiken: Christiane Schuster | www.kapazunder.de
Druck: ScandBook, Litauen
Printed in the EU

ISBN Print 978-3-7474-0594-9
ISBN E-Book (EPUB, Mobi) 978-3-98922-001-0

INHALT

ERSTER TEIL: DAS PROBLEM VERSTEHEN

KAPITEL 1: KOMMUNIKATION IST DAS PROBLEM

»Kommunikation ist unser Problem! Wir sprechen einfach nicht die gleiche Sprache. Und dabei haben wir so vieles ausprobiert. Es ist, als würde man einfach alles vergessen in dem Moment!«, bricht es aus Hannah hervor. Sie schaut mich verzweifelt an.

Ich blicke rüber zu ihrem Freund Timo, der in sich gekehrt auf der anderen Seite der Couch sitzt und nachdenklich nickt. Bei diesem Thema sind sie sich einig.

Timo ergänzt: »Hannah ist eher der emotionale Part. Ich versuche, bei der Kommunikation immer rational zu bleiben.« Von Hannah kommt ein leises Schnauben.

»Ja, eure Kommunikation funktioniert nicht gut«, sage ich. »Doch das ist bloß ein Symptom eines viel größeren Problems. Es ist nicht so, als wüsstet ihr nicht, wie man passende Worte formuliert oder wie man zuhört. Am Anfang eurer Beziehung hat das ganz wunderbar geklappt. Ihr wisst also, wie es geht. Das Problem sind die Dinge, die eurer Kommunikation mittlerweile im Wege stehen. Die Dinge, die die Leichtigkeit und Nähe zwischen euch beiden blockieren und euch triggern. Da müssen wir ansetzen.«

Hannah runzelt die Stirn und schaut etwas verwundert zu ihrem Freund rüber. Dieser zuckt nur die Schultern und sagt: »Okay, aber was ist dann genau das Problem?«

Das Problem besteht darin, dass viele Menschen nicht wissen, warum es ihnen so verdammt schwerfällt, gut zu kommunizieren. Vielleicht kennst du das auch: Wenn du Freundinnen einen Rat gibst, kannst du dazu die schönsten Worte finden. Du weißt genau, was du sagen musst, um die andere Person aufzubauen. Auf der Arbeit bleibst du ruhig, auch wenn dein Kollege mal wieder einen miesen Tag hat und dich nervt. Wenn du jemanden neu kennenlernst, fällt es dir leicht, dich zu öffnen und über tiefgreifende Themen zu sprechen.

Doch dann bist du in einer Beziehung und eines Tages scheinen all diese Fähigkeiten einfach verschwunden zu sein. Plötzlich befindest du dich im Angriffsmodus, verteidigst dich nur noch oder verschließt dich und teilst kaum noch etwas. Wenn ihr miteinander redet, verpasst ihr euch. Streitigkeiten eskalieren und lassen eine Eiseskälte entstehen. Wir sprechen bei solchen heftigen emotionalen Reaktionen häufig davon, dass Menschen »getriggert« sind. Doch was heißt das eigentlich genau?

Hierfür müssen wir zwischen dem umgangssprachlichen und dem klinischen Gebrauch des Wortes Trigger unterscheiden. In der Alltagssprache kann man schnell von allem und jedem »getriggert« sein. Das bedeutet meistens nur, dass man genervt, frustriert oder wütend ist – also ein stärkeres Gefühl in einem ausgelöst wird. Ursprünglich kommt der Begriff jedoch aus der klinischen Psychologie. Hier wird er meistens im Rahmen von posttraumatischen Belastungsstörungen verwendet. Trigger sind Reize, die zum Beispiel dazu führen, dass eine Person vergangene, traumatische Ereignisse noch einmal durchlebt. So wird durch einen Auslösereiz (den Trigger) ein Gefühl aus der Vergangenheit im Hier und Jetzt wieder aktiviert.[1]

Vielleicht hast du schon einmal von Krieg-Flashbacks gehört. Die traumatischen Erfahrungen des Krieges werden erneut erlebt, obwohl die Gefahr vorbei ist. Für die betroffenen Personen ist das natürlich eine enorme

Belastung. Doch auch Menschen, die keine traumatischen Erlebnisse wie Krieg, Missbrauch oder Gewalt erleben mussten, können »getriggert« werden. Denn auch weniger gravierende Situationen hinterlassen manchmal emotionale Wunden und Verletzungen. Diese können in der Kindheit, in der Schule oder in Beziehungen entstanden sein und uns womöglich ein Leben lang begleiten. Hierzu ein paar Beispiele:

- Einem Kind wird immer wieder indirekt gezeigt, dass es nur dann Liebe bekommt, wenn es Leistung zeigt. Die Eltern können trotzdem fürsorglich sein und sich um alle Belange des Kindes kümmern. Doch das Gefühl, nicht gut genug zu sein, zieht sich oft wie ein roter Faden durch sein Leben.
- In der Schule gehänselt zu werden und sich oft allein zu fühlen, würden die meisten auch nicht per se als »traumatisch« bezeichnen. Doch auch diese wiederholten Erfahrungen können zu einer Belastung werden. Jeden Tag allein zu Mittag zu essen, während die anderen Kinder miteinander lachen, kann zum Beispiel den Glauben manifestieren, »merkwürdig« oder »fehlerhaft« zu sein.
- Aber auch von einem Ex-Partner betrogen worden zu sein, beeinflusst uns oft später noch. Vielleicht haben wir Schwierigkeiten, uns zu öffnen oder spüren starke Verlustängste, sobald die Bindung zu jemandem enger wird. Wir werden »getriggert«, sobald unser aktueller Partner ausgeht, da wir den Betrug bereits antizipieren.

Diese Arten der Trigger sind weit verbreitet und lösen in den meisten Fällen einen geringeren Leidensdruck aus als die Trigger aus traumatischen Situationen. Trotzdem ist es wichtig, sie zu erkennen und zu beruhigen, denn sie haben einen massiven Effekt auf unsere Kommunikation und damit auch auf die Qualität unserer Beziehungen.

Vielleicht fragst du dich an dieser Stelle, ob es auch in deiner Beziehung wunde Punkte gibt, die der Kommunikation Schaden zufügen. Ein klassisches Indiz hierfür sind Streitgespräche, die durch Kleinigkeiten ausgelöst werden. Schauen wir uns dazu ein Beispiel von Hannah und Timo an:

Hannah möchte etwas in den Mülleimer werfen und bemerkt, dass dieser voll ist. Genervt dreht sie sich zu ihrem Freund um und sagt: »Du hast vergessen, den Müll rauszubringen.«
Timo: »Das mach ich nachher noch.«
Hannah: »Das hast du letztes Mal auch gesagt und dann hab ich es wieder gemacht.«
Timo: »Ich sage doch, dass ich es gleich erledige. Ist doch okay jetzt.«
Hannah: »Was soll das wieder heißen?«
Timo: »Nichts. Dieses Gespräch geht mir auf den Keks.«
Hannah: »Ja?! Und weißt du, was mir auf den Keks geht? Dass du dich nicht an unsere Absprachen hältst.«
Timo: »Was hat das denn jetzt wieder damit zu tun? Du übertreibst mal wieder total.«
Hannah: »Ich übertreibe? Muss ich dich daran erinnern, wer nach der Arbeit immer die Wohnung saugt und putzt und macht und tut?«

Aus einer Kleinigkeit wurde in Sekundenschnelle ein Streit, der beide verletzt und Distanz zwischen ihnen schafft. Hast du den Bruch in diesem Gespräch bemerkt? Bei den ersten Sätzen geht es noch darum, Informationen auszutauschen. Doch spätestens ab dem dritten Satz haben sich die beiden verloren. Sie verteidigen sich nur noch, sind genervt und das Gespräch eskaliert Schritt für Schritt.

Hier kommen plötzlich Emotionen hoch und alte Verletzungen mit ins Spiel. Hannah hat ihren Freund sicher nicht zum ersten Mal gebeten, etwas wegzuräumen, und sich darüber geärgert, dass er es dann doch nicht getan hat. Und Timo fühlt sich sicher nicht erst seit gestern bevormundet und überfordert.

Diese aufgestauten Gefühle erkennt man in ihrem Gespräch. Ab einem bestimmten Zeitpunkt geht es überhaupt nicht mehr darum, etwas zu klären, sondern nur noch darum, zu gewinnen. Muss ich mich gegen jemanden durchsetzen, heißt das, dass wir nicht im gleichen Team spielen. Wir sind Gegner. Und das ist natürlich ein großes Problem für eine Beziehung.

Wenn unsere Kommunikation immer wieder abreißt und wir uns wie Gegner fühlen, kann das mit der Zeit tiefe Wunden reißen. Habe ich oft das Gefühl, nicht verstanden zu werden, bin ich irgendwann davon überzeugt, dass mein Gegenüber mich nicht verstehen *will.* Und wenn ich mit jemandem zusammenlebe, der mich nicht verstehen will, dann zeige ich ihm irgendwann auch keine Nähe und Wertschätzung mehr. Mit der Person kuscheln, die mich immer wieder verletzt und eigentlich nicht auf meiner Seite steht? Sicher nicht!

So entsteht ein Kreislauf. Wahrscheinlich kränkt diese abweisende Haltung wiederum die andere Person. Und was passiert dann? Sie ist verletzt und geht vielleicht in den Angriff über, klammert oder kritisiert. Das Ende vom Lied: Beide entfernen sich mehr und mehr voneinander.

Das geschieht viel zu oft. Und es sind genau diese negativen Muster, die Paare auseinanderbringen. Natürlich trennen sich Paare auch, weil sie nicht mehr die gleichen Zukunftsvorstellungen haben oder Vertrauensbrüche zwischen ihnen entstanden sind. Aber die meisten sind irgendwo in diesen Kreisläufen gefangen und finden einfach nicht mehr zueinander. Sie sind verschlossener, haben eine kürzere Zündschnur oder werden grob zueinander.

Bei Hannah und Timo konnten wir das eben feststellen. Eigentlich ging es nur um eine Kleinigkeit, aber beide haben die Aussagen des anderen in den falschen Hals bekommen und deutlich genervt reagiert. Sie schaffen es nicht mehr, offen zu kommunizieren und die andere Person zu verstehen, denn die wiederholten Verletzungen sind mit der Zeit zu Triggerpunkten geworden.

Leider ist diese Entwicklung keine Seltenheit. Viele Paare erleben eine Veränderung in ihrer Kommunikation, die sie unglücklich macht und frustriert zurücklässt. Das bedeutet aber auch, dass du nicht allein mit diesem Problem bist. Ich sehe jeden Tag Menschen in meiner Praxis, denen es ganz genauso geht und die sich fragen, wie sie wieder zueinanderfinden können.

Was dabei immer wieder an Kommunikationsproblemen sichtbar wird, ist zum Beispiel,

- dass man in einem Kreislauf aus Schuldzuweisungen gefangen ist. Sobald eine Person Kritik äußert oder ein Problem anspricht, werden die Fehler des anderen mit in den Ring geworfen. Damit spielt man so lange Pingpong, bis die Situation eskaliert.
- dass man Probleme passiv-aggressiv austrägt, indem man meckert oder Seitenhiebe verteilt. Diese emotionalen Sticheleien fühlen sich wie viele kleine Messerstiche an.
- dass man nicht mehr wirklich miteinander spricht. Der Alltag ist geregelt, doch man fühlt sich mit den eigenen Problemen und Emotionen alleingelassen.

All diesen Problemen ist gemein, dass Kommunikation nicht mehr länger positive Gefühle wie Verbundenheit und Nähe herstellt, sondern negative Emotionen wie Frustration, Wut oder Traurigkeit fördert. Je weiter diese Entwicklung fortschreitet, desto mehr wird Kommunikation zu einer Waffe, anstatt dass sie eine Brücke zwischen uns schlägt.

Jetzt könnte man sagen: »Hannah und Timo müssen einfach netter zueinander sein. Dann haben sie das Problem gelöst.« Was meinst du, wie die beiden reagieren würden, wenn ihnen jemand gesagt hätte: »Seid einfach etwas netter zueinander«?

Nicht so gut, oder?

Ich weiß nicht, wie es dir geht, aber wenn ich genervt oder frustriert bin, dann wäre meine erste Reaktion darauf sicherlich nicht: »Ach, super, danke, dass du mich daran erinnerst. Ja, klar, dann bin ich jetzt mal nett.« Das wäre vielleicht die »richtige« Reaktion, aber die Wahrscheinlichkeit ist doch deutlich höher, dass ich sogar noch genervter werde, als ich es ohnehin schon bin. Doch es ist nicht so, als würden die Paare, die in einer derart negativen Dynamik gefangen sind, nicht versuchen, etwas an ihr zu verändern.

Hannah und Timo ärgern sich über sich selbst. Wenn sie nach einem Streit auf die Situation zurückschauen, denken sie meist: »Das war doch wirklich unnötig. Das hätte man sicherlich auch anders regeln können.« Und doch stehen sie beim nächsten Mal wieder an genau der gleichen

Stelle, nur mit noch einer emotionalen Verletzung mehr auf dem Buckel und einer etwas größeren Distanz zwischen sich.

Als Paartherapeutin ist es mir möglich, von außen auf diese Situationen zu schauen. Wenn man ein geschultes Auge hat, kann man schnell erkennen, wann ein Gespräch zu kippen droht. Gerne stoppe ich das Paar dann und versuche, das Geschehene in meinen Worten zusammenzufassen.

Bei dem Beispiel von Hannah und Timo wäre das vielleicht so etwas gewesen wie:

»**Hannah**, du bist wahrscheinlich gerade genervt, weil dein Freund dich nicht unterstützt. Womöglich fühlst du dich im Stich gelassen und hast das Gefühl, alles bliebe an dir hängen. Ich kann mir auch gut vorstellen, dass es dir auf der anderen Seite auf die Nerven geht, ihn immer wieder an dieselben Dinge erinnern zu müssen, und dass du vielleicht auch gar nicht diese Person sein willst, die ständig meckert.«

Hannah: »Ganz genau!«

Ich: »Timo, ich kann mir vorstellen, dass du dich gerade sehr unter Druck gesetzt fühlst. Vielleicht möchtest du endlich einmal ruhigere Gespräche mit Hannah führen, und es strengt dich an, dass schnell Emotionen mit ins Spiel kommen. Du möchtest wahrscheinlich mehr gehört werden, ohne dass das Gespräch sofort eskaliert.«

Timo: »Ja, absolut. Das will ich schon lange.«

Ich: »Viel von dem, was in euch abläuft, kommt in eurer Kommunikation überhaupt nicht vor. Ist euch das aufgefallen? Die Sätze, die ich gerade formuliert habe, waren der Subtext eurer Unterhaltung.«

Hannah: »Ja, schon. Aber wie zum Teufel soll ich das so schön ruhig formulieren, solange ich noch in dieser angespannten Lage bin? Ich kann das doch nicht einfach auswendig lernen und aufsagen.«

Es gibt genau zweieinhalb Gründe, warum ich diese Sätze formulieren kann, meine KlientInnen aber häufig nicht.

Grund Nummer 1: Emotionen. Da ich kein Teil der Paarbeziehung bin, fällt es mir viel leichter, nicht emotional in die Geschehnisse verwickelt zu werden. Ich kann ganz bei mir bleiben, weil ich nicht involviert bin. So habe ich die nötige Ruhe und Distanz, um mich nicht mitreißen zu lassen.
Grund Nummer 2: Verständnis. In der Sitzung versuche ich, mich in dic jeweilige Person hineinzuversetzen und sie wirklich zu verstehen. Das bedeutet, dass ich offen bin für das Erleben und die Geschichte jedes Menschen. Ich habe keine Vorbelastung (zum Beispiel durch emotionale Verletzungen) und kann mein Verständnis für die Situation so ohne Barriere ausdrücken.
Und der halbe Grund: Ich habe Psychologie studiert und arbeite jeden Tag mit diesen Themen.

Emotionen zu regulieren und Verständnis aufzubauen – das sind zwei wichtige Themen, die du in dem vorliegenden Buch immer wieder finden wirst. Wir werden daran arbeiten, dass die Emotionen dich nicht vom Kurs abbringen, dass du Verständnis für dich selbst und dein Gegenüber aufbringen kannst. Dabei wirst du das nötige Wissen und die richtigen Übungen an die Hand bekommen, um all dies auch in die Praxis umzusetzen. Du wirst eure Trigger erkennen und beruhigen können, sodass der Umgang miteinander wieder gelassener wird.

Am Ende des Buches wirst du in der Lage sein, Kommunikation als Brücke zwischen euch zu nutzen, sodass wieder Nähe und Verständnis hergestellt werden können. Du wirst lernen, aus destruktiven Kreisläufen auszubrechen und neue Strategien anzuwenden, um Probleme wirklich zu lösen. Wir arbeiten gemeinsam daran, dass du:

- weißt, wann und wie man problematische Kommunikationsmuster verlässt;
- deine eigenen Trigger erkennst und aus ihnen ausbrechen kannst;
- gelassener gegenüber der anderen Person wirst und sie besser verstehst.

Wirklich gute Kommunikation braucht zum einen eine gewisse Ruhe, sodass man nicht von seinen Emotionen überschwemmt wird, zum anderen die richtigen Informationen über sich selbst und die andere Person. Das sind keine Informationen im Sinne von Mitteilungen über das Datum des Jahrestages oder darüber, was man mittags gegessen hat. Nein, es sind Informationen, die Auskunft über die großen emotionalen Themen eines Menschen geben. Diese müssen wir zunächst einmal kennenlernen und uns damit beschäftigen.

Du merkst vielleicht: Gute Kommunikation ist das Produkt eines längeren Prozesses. Wenn Kommunikation nicht funktioniert, brauchst du keine besseren Wörter, sondern die Möglichkeit, den Ablauf aus Emotionsregulation und Verständnis füreinander zu verbessern. Was wäre zum Beispiel geschehen, wenn Hannah ihre Emotionen gezielt reguliert oder Timo seiner Freundin mehr Verständnis entgegengebracht hätte? Die beiden hätten sicher ein ganz anderes Gespräch geführt.

Ich erinnere mich an ein Paar – Elli und Francesca –, die am Ende des therapeutischen Prozesses zu mir sagten: »Als wir mit der Paartherapie angefangen haben, schien eine Veränderung so weit weg. Wir waren total in unseren Mustern und negativen Gefühlen gefangen. Die Beziehung war fade geworden und es gab kaum noch emotionale Nähe. Jetzt schauen wir manchmal zurück und erkennen uns selbst nicht wieder. Wir mussten Stück für Stück lernen, diese alte Beziehung hinter uns zu lassen und neue Verhaltensweisen zu entwickeln. Inzwischen sind wir an einem ganz anderen Punkt angelangt.«

Dieses Paar war zwar nicht in eskalativen Dynamiken gefangen, doch eine gesunde Kommunikation fand trotzdem nicht statt. Es gibt auch Konstellationen, die wenig eskalativ sind und dennoch ein problematisches Muster bedienen.

Schauen wir uns dazu die Situation zwischen Elli und ihrer Partnerin Francesca genauer an. Die beiden sind schon seit einigen Jahren ein Paar und streiten so gut wie nie. In ihrem Freundeskreis gelten sie als *das* Vorzeigepaar. Vielen ist es ein Rätsel, dass die beiden bei der Dauer ihrer Beziehung noch nie aneinandergeraten sind und eine konstant harmonische Beziehung aufrechterhalten. Doch ihre FreundInnen wissen nicht, dass die beiden kaum miteinander sprechen. Beide erleben Konflikte als sehr unangenehm und vermeiden die Konfrontation schwieriger Themen. Dies hat mit der Zeit dazu geführt, dass keine der beiden sich wirklich öffnet. Sie sprechen über den alltäglichen Kleinkram, das Wetter, ihre Jobs. Doch Francesca weiß nicht, dass Elli oft einsam ist. Und Elli hat keine Ahnung davon, dass Francesca sich manchmal von ihren Routinen eingeengt fühlt und sich mehr Abwechslung in der Beziehung wünscht.

Zusammen managen sie ihren Alltag; dabei ging mit der Zeit die Leidenschaft und Neugier auf ein gemeinsames Leben verloren. Keine traut sich an die gemeinsamen Probleme heran. So bleiben ihre Gespräche stets an der Oberfläche, wodurch auch die Intensität ihrer positiven Gefühle weiter abnimmt.

Hier und dort brechen kleine Hinweise aus ihnen heraus, anhand derer man erahnen könnte, was in ihnen vorgeht. Als Francesca eines Abends mal wieder später als vereinbart nach Hause kommt, sagt Elli, den Tränen nahe: »Du machst eh, was du willst. Was ich fühle, ist dir vollkommen egal.«

Man erkennt, wie verletzt sie durch das Wegbleiben ihrer Freundin ist. Mit der Zeit hat sich eine große emotionale Wunde gebildet, doch beide versäumen, offen und ehrlich darüber zu sprechen. So auch, als Francesca genervt reagiert und deutlich macht: »Ich brauche das jetzt für mich, Elli. Lass mich doch einfach mal machen.« Da es überhaupt keinen Austausch über ihre tieferen Gefühle gibt, fühlen sich beide konstant missverstanden und frustriert durch die Handlungen der anderen.

Es sind also nicht immer die großen Streits, die Hinweise auf eine schlechte Kommunikation geben. Auch in scheinbar harmonischen Beziehungen kann die Interaktion zu wünschen übrig lassen. Die Frage ist demnach: Wie viel von den emotional wichtigen Themen und Problemen teilen wir miteinander? Geben wir der anderen Person die Chance, zu verstehen, was uns wirklich bewegt oder belastet?

Veränderungen kamen auch für die beiden nicht über Nacht. Sie benötigten einiges an Geduld und auch die Möglichkeit, Fehler zu machen.

Denn diese sind Teil des Prozesses. Besonders in stressigen Situationen verabschiedet sich das »richtige« Verhalten in Windeseile. Hannah kann davon ein Lied singen. Immer wenn auf der Arbeit eine Projektabgabe ansteht, ist ihre Zündschnur noch kürzer als gewöhnlich. Dann fällt es ihr besonders schwer, ruhig zu bleiben und ihre unguten Verhaltensweisen zu reflektieren.

Vielleicht geht es dir ja wie Hannah und Timo. Du möchtest lernen, wie man nicht mehr in die immer gleiche Falle tappt, wie man Gespräche lenken kann und sich nicht in ihnen verliert. Womöglich hast du selbst schon erlebt, wie es ist, sich von einem geliebten Menschen mehr und mehr zu distanzieren – und wahrscheinlich hast du es satt. Sicher sagst du dir: »So kann es nicht weitergehen! Ich will einen Weg finden, der unsere Kommunikation zum Besseren wendet.«

Dazu möchte ich dir erst einmal gratulieren. Die meisten Menschen machen diesen ersten wichtigen Schritt nämlich nicht. Sie bleiben in ihren Mustern stecken, auch wenn ihnen das nicht guttut. Indem du dieses Buch liest und dir die Zeit nimmst, dich mit dir selbst und deiner Beziehung zu beschäftigen, investierst du in deine Zukunft. Das klingt womöglich etwas abgedroschen, à la Fitnessguru oder Mindset Coach, aber es beinhaltet einen wahren Kern. Denn wer Veränderung möchte, muss bereit sein, etwas dafür zu tun.

An diesem Punkt möchte ich gar nicht erst falsche Hoffnungen aufkommen lassen. Das ist kein Buch, bei dem du schnell ein, zwei Tipps abgreifen kannst, mit deren Hilfe sich dein Leben wie von Zauberhand verändert. Es ist kein Buch, das dir eine lange Liste mit Techniken an die Hand gibt, die du bloß einmal anzuschauen – aber nicht einzuüben – brauchst, um auf alle Eventualitäten vorbereitet zu sein. Kein Buch, das dir eine wirkmächtige Formel verspricht, mit deren Hilfe ihr nie wieder streitet, sondern einträchtig in den Sonnenuntergang reitet.

Dieses spezielle Buch ist für Menschen, die sich selbst und ihre Beziehungen ganzheitlich und nachhaltig weiterentwickeln möchten. Für Menschen, denen es wichtig ist, das Problem an der Wurzel zu packen und nicht bloß ein wenig Symptombekämpfung zu betreiben. Das heißt im Umkehrschluss aber auch, dass dieses Buch vor allem für diejenigen ist, die sich trauen, genauer auf sich selbst zu schauen, die gewillt sind, neue Dinge auszuprobieren, und die genug Motivation haben, dranzubleiben.

Sollte das auf dich zutreffen, dann wird dir dieses Buch helfen, zu verstehen, welche elementaren Muster deinem Verhalten zugrunde liegen. Es wird dich dabei unterstützen, deine persönlichen »Schwachstellen« zu identifizieren und dir verschiedene Möglichkeiten bieten, an ihnen zu arbeiten. Du wirst in diesem Buch immer wieder kleine und größere Übungen finden, um das Gelernte in die Tat umzusetzen. Die schlechte Nachricht lautet allerdings: Du musst sie auch wirklich machen, um Veränderungen zu erzielen. Ich wünschte, es würde ausreichen, die Problematik auf einer theoretischen Ebene abzuhandeln. Aber leider funktioniert es so nicht.

Das Gute wiederum ist: Die Übungen sind so konzipiert, dass sie leicht in deinen Alltag zu integrieren sind. Sie werden dir helfen, deinem Ziel einer offenen und gesunden Kommunikation Schritt für Schritt näher zu kommen. In diesem Prozess wirst du dich selbst und dein Gegenüber besser kennenlernen.

Das Buch ist so aufgebaut, dass du sofort anfangen kannst, damit zu arbeiten. Du musst es nicht komplett durchgelesen haben, um erste Veränderungen zu erzielen. Es ist sogar sehr ratsam, sofort loszulegen. Ich habe die Übungen an deinen jeweiligen Wissensstand angepasst. Dieses Verfahren ist an den Paartherapieprozess angelehnt. Hierbei arbeiten sich die Paare stückchenweise voran. Ich empfehle dir, die Übungen, so wie sie auftauchen, auch mitzumachen, um schnell Veränderungen und Entwicklungen anzustoßen.

Da du das Buch bis jetzt noch nicht weggelegt hast, freue ich mich darauf, dich auf diesem Weg begleiten zu dürfen. Und das nicht nur über diesen geschriebenen Text, sondern auch live und in Farbe via Social Media. Wenn du Lust hast, dich mit mir und anderen LeserInnen auszutauschen und zusammen die Übungen und Geschichten dieses Buches zu besprechen, dann mach bitte Folgendes: Teile ein Foto dieses Buches in deiner Instagram-Story und verlinke meinen Account @paarpsychologie. Ich werde dich dann zu einer geheimen Instagramgruppe hinzufügen, in der wir uns austauschen können. Stelle dich dort gerne kurz vor oder teile einige deiner Fragen mit der Gruppe. Ich freue mich auf dich!

Zusammenfassung

Wir alle wissen, dass Schuldzuweisungen, Kritik oder Schweigen nicht förderlich für eine erfolgreiche Kommunikation sind, doch leider kommt es in den meisten Beziehungen früher oder später dazu. Als Konsequenz leiden unsere Gespräche, aber auch die Qualität der Partnerschaft. Bist du wie Hannah und Timo in einem Muster aus Angriffen und Rückzug gefangen oder leidet deine Beziehung eher unter dem Muster des Vermeidens wie bei Elli und Francesca? Du wirst in diesem Buch Techniken kennenlernen, um aus solchen und weiteren Mustern auszusteigen und wieder mehr Nähe aufzubauen. Hierbei werden wir deinen individuellen Triggern auf den Grund gehen und herausfinden, was es braucht, um diese zu beruhigen und mehr Gelassenheit in dein Leben zu bringen.

Doch lass uns zunächst einmal über all jene Dinge sprechen, die man uns für gewöhnlich nicht beibringt. Unsere blinden Flecken in Beziehungen. Denn nur das, was wir kennen, können wir auch verändern.

KAPITEL 2: WAS UNS KEINER BEIBRINGT

Lass uns das gleich zu Beginn klären: Es ist nicht deine Schuld, dass du Schwierigkeiten mit der Kommunikation hast, denn gute Kommunikation ist nicht einfach. Sie besteht eben nicht nur aus aneinandergereihten Worten, sondern ist deutlich mehr als das. Wir kommunizieren häufig auf mehreren Ebenen gleichzeitig miteinander. Auf den ersten Blick geht es dabei um irgendeine Kleinigkeit. Aber wenn man sich die Zeit nimmt, die Situation genauer auseinanderzunehmen, sind wir sehr schnell bei den wirklich großen Themen. Leider übersehen wir diese sehr häufig und verfehlen uns dementsprechend schnell.

Das Problem besteht darin, dass uns niemand beibringt, gut zu kommunizieren.

Dazu ein kleines Gedankenexperiment: Stell dir vor, dein Traumjob ist die Herzchirurgie. Du hast dich fürs Medizinstudium eingeschrieben, um alles dafür zu lernen. An deinem ersten Tag bist du überrascht, dass man dich sofort in den OP führt. Dir werden die Instrumente vorgelegt und der Patient wird reingebracht. Entgeistert schaust du die Umstehenden an: »Aber ich weiß doch gar nicht, wie das geht!«, rufst du aus. »Ich sollte erst lernen und üben, bevor ich an ein echtes Herz gelassen werde.«

Was hier so vollkommen absurd wirkt, ist in Beziehungen Realität. Wer bringt uns bei, richtig zu kommunizieren, bevor wir Beziehungen führen? Zwar geht es bei der Kommunikation meist nicht um Leben oder Tod – geschenkt. Doch wie die Paartherapeutin Esther Perel es bereits so schön auf den Punkt gebracht hat: »Die Qualität unserer Beziehungen bestimmt die Qualität unseres Lebens.«[2] Die Art, wie wir unsere Beziehungen gestalten, hat einen großen Einfluss auf unser Sein. Und doch überlassen wir die Ausgestaltung dieses wichtigen Teils unseres Lebens häufig dem Zufall. Entweder es klappt und wir führen eine glückliche Beziehung mit guter Kommunikation oder eben nicht.

Infobox Studie: Beziehungen und mentale Gesundheit[3]

In einer Metaanalyse wurden unterschiedliche Studienergebnisse zum Thema Beziehungen und zu ihrem Einfluss auf unsere mentale Gesundheit untersucht. Es wurde deutlich, dass die Arbeit an unseren Beziehungen auch eine Investition in unser eigenes Wohlbefinden ist. Lernen wir, Beziehungen besser zu gestalten – zum Beispiel durch eine offene Kommunikation –, hat das weitreichende positive Einflüsse auf unser gesamtes Leben.

Doch wer sagt uns, worauf wir achten sollten und was wir erst noch üben müssen? Wenn wir Glück haben, geben die Menschen in unserem Umfeld uns mehr oder weniger gute Ratschläge. Oder wir holen uns Informationen aus dem Internet und hoffen auf das Beste. Ist es nicht verrückt, dass wir für so viele Dinge, die uns wichtig sind, spezielle Ausbildungen, Anleitungen, Abläufe oder Techniken zur Verfügung haben, aber wenn es um unsere Beziehungen geht, hoffen müssen, dass alles schon irgendwie klappt?

Es geht sogar noch weiter: Für viele Menschen ist es ein schlechtes Zeichen, wenn die Beziehung nicht einfach so läuft, sondern man Arbeit in sie investieren muss. Wer würde von einer Ärztin verlangen, dass sie instinktiv weiß, was sie tut, ohne sich jemals mit dem Thema Anatomie beschäftigt zu haben? Ich würde mich bei ihr ganz sicher nicht unters Messer legen.

Wenn Beziehungen also einfach nur laufen *müssen*, ist es auch nicht weiter verwunderlich, dass wir keine Ahnung haben, was geschehen soll, sobald es mal nicht mehr so gut läuft. Wenn unsere Kommunikation den Bach runtergeht, merken wir das zwar an den negativen Konsequenzen, wissen aber nicht, worauf wir jetzt unsere Energie richten sollen. Wir operieren quasi blind. Und das am offenen Herzen. Daraus ergeben sich häufig Missverständnisse, Kritik und Anschuldigungen.

Wie das typischerweise aussehen kann, schauen wir uns jetzt noch einmal am Beispiel von Hannah und Timo an.

Die beiden planen gerade einen gemeinsamen Urlaub. Hannah hat enorm viel auf der Arbeit zu tun und wartet ungeduldig auf die freie Zeit, um mal abzuschalten. Timo ist etwas angespannt, da er weiß, dass Hannah unter Stress steht und sich die beiden dann schnell streiten. Der Urlaub rückt näher und sie müssen noch ihre Unterkunft buchen. Also setzt sich Hannah eines Abends an den Küchentisch und recherchiert. Als Timo in die Küche kommt, um sich ein Getränk zu holen, fragt sie ihn:

Hannah: »Du, sag mal, wir müssen ja noch unsere Unterkunft für den Urlaub aussuchen. Ich habe hier etwas gefunden, das ich dann buchen würde.«

Timo: »Bitte noch nicht. Ich will selbst erst noch schauen.«

Hannah: »Dann mach es aber auch direkt.«

Timo: »Ich mach's die Tage.«

Hannah (genervt): »Nee, so langsam müssen wir mal zu Potte kommen. Das wird sonst immer teurer.«

Timo: »Es ist doch noch Zeit bis dahin. Warum machst du schon wieder so einen Druck?«

Hannah (wird lauter): »Na ja, im Gegensatz zu dir kümmere ich mich wenigstens darum. Manchmal frage ich mich, was passieren würde, wenn ich nicht immer alles übernähme.«

Timo: »Du gibst mir überhaupt keine Chance, mich einzubringen. Du entscheidest einfach.«

Timo geht aus dem Raum, Hannah ihm nach.

Hannah: »Timo, ich will das jetzt klären.«
Timo: »Ja, dann buch doch einfach. Es läuft am Ende eh immer nur nach deinen Vorstellungen.«
Hannah: »Wenn du so drauf bist, müssen wir auch gar nicht in Urlaub fahren. Da hab ich echt keinen Bock drauf!«
Timo: »Dann halt nicht. Ist mir egal.«
Hannah: »Klasse!«

In diesem Gespräch geht es um so viel mehr als nur um die Unterkunft. Hier werden – ohne dass sie konkret benannt werden – große Themen zwischen den beiden ausgefochten, doch eben blind, also ohne dass ihnen bewusst ist, was genau geschieht. Nehmen wir das Ganze einmal auseinander.

Das Einstiegsthema ist die Buchung der Unterkunft. Hiermit beginnt das Gespräch. In diesem Kontext tauchen bald weit wichtigere Themen auf. Bei Timo kann man bei genauerem Hinsehen Folgendes identifizieren: Druck in der Beziehung, Bevormundung und fehlendes Verständnis vonseiten Hannahs.

ÜBUNG

Geh noch einmal Timos Sätze durch und schau, ob du diese Themen erkennst. Frag dich, was wohl hinter seinen Aussagen steckt und ihn wirklich beschäftigt.

Auflösung: Timos Sätze

»Bitte noch nicht. Ich will selbst erst noch schauen.«

Hier ist Timo relativ gelassen. Man spürt noch keinen starken Druck in der Konversation.

»Ich mach's die Tage.«

Die Knappheit des Satzes zeigt, dass Timos innere Anspannung steigt. Er hätte auch ausführen können, warum er die Unterkunft erst in den kommenden Tagen buchen will. Doch der aufkommende innere Druck lässt ihn wortkarg werden.

»Es ist doch noch Zeit bis dahin. Warum machst du schon wieder so einen Druck?«
Timo zeigt seine Verärgerung deutlicher. Er benennt seinen inneren Druck, doch auf eine anklagende Art und Weise, die seine Freundin verletzt.

»Du gibst mir überhaupt keine Chance, mich einzubringen. Du entscheidest einfach.«
An diesem Punkt fühlt sich Timo nicht verstanden und ist entsprechend frustriert. Für ihn scheint sich hier ein Phänomen zu wiederholen: Er fühlt sich von Hannah bevormundet. An der verallgemeinernden Formulierung merken wir, dass dies für ihn nicht zum ersten Mal geschieht.

»Ja, dann buch doch einfach. Es läuft am Ende immer nur nach deinen Vorstellungen.«
Timo wird immer frustrierter und trotziger. Er hat das Gefühl, nicht gesehen zu werden.

»Dann halt nicht. Ist mir egal.«
An diesem Punkt ist Timo endgültig aus dem Gespräch ausgestiegen. Trotz, Widerstand und Rückzug bestimmen seine Kommunikation.

Man merkt in dem Gespräch, wie Timo immer wortkarger und passivaggressiv wird. Seine Sätze scheinen flapsig und unterkühlt. Sähe man genauer hin, würde man erkennen, dass er eigentlich verletzt und gestresst ist. Das wird besonders deutlich daran, dass er während des Gesprächs den Raum verlässt. Er fühlt sich unwohl und will sich der Situation entziehen. Dies zeigt, wie angespannt er ist, auch wenn er nach außen hin kühl und unemotional wirkt.

Doch woher kommt diese Anspannung bei ihm? Er sagt zu Hannah: »Warum machst du schon wieder so einen Druck?« Hier wird deutlich, dass er die Situation als sehr angespannt erlebt. Als Hannah nicht auf seine Idee, sich die Unterkunft später noch einmal anzusehen, eingeht, kommt noch ein weiteres heikles Thema zum Vorschein. Er hat das Gefühl, dass über seinen Kopf hinweg entschieden wird (»Du entscheidest einfach«).

Außerdem zeigen generalisierte Aussagen wie: »Es läuft am Ende immer nur nach deinen Vorstellungen«, dass sich für Timo hier eine bestimmte Situation wiederholt. Für ihn ist klar: »Meine Freundin zeigt mir mal wieder, dass ihr egal ist, was ich denke, und dann setzt sie mich auch noch unter Druck.« Das ist ein schwerwiegendes Thema, denn es greift die Grundfesten ihrer Partnerschaft an. Wer will schon in einer Beziehung leben, in der man nicht gehört wird?

Der Subtext zu Timos Kommunikation lautet also in etwa so: »Ich fühle mich von dir übergangen und unter Druck gesetzt. Wenn du laut wirst, fühle ich mich in die Ecke gedrängt und klein gemacht. Ich habe den Eindruck, dass ich überhaupt nicht stattfinde in unserer Beziehung.«

Dieser Subtext beschreibt das eigentliche Problem, über das Timo spricht, ohne es explizit zu benennen. Die Urlaubsunterkunft an sich ist nicht entscheidend. Wichtig ist, wofür sie steht. Wenn wir uns eines grundlegenden Problems nicht wirklich bewusst sind, gibt es keine Chance, es zu lösen. Dann streiten wir weiter über Kleinigkeiten und merken nicht, dass es uns eigentlich um etwas ganz anderes geht.

Schauen wir uns nun Hannahs Seite an.

ÜBUNG

Geh noch einmal durch den Text und versuche, ihre zentralen Themen zwischen den Zeilen zu erkennen. Hier geht es *nicht* darum, die perfekte oder richtige Antwort zu geben, sondern dich zunächst einmal darin zu schulen, auf den Subtext eines Gesprächs zu achten und diesen zu identifizieren.

Hannahs eigentliche Anliegen in dem Gespräch könnten zum Beispiel folgende sein: zu wenig Verantwortungsübernahme von Timos Seite, fehlende Augenhöhe zu ihrem Partner sowie dessen Kälte ihr gegenüber.

Auflösung: Hannahs Sätze

»Du, sag mal, wir müssen ja noch unsere Unterkunft für den Urlaub aussuchen. Ich habe hier etwas gefunden, das ich dann buchen würde.«
Man spürt, dass Hannah die Situation klären möchte. Sie ist noch ruhig, aber bestimmt.

»Dann mach es aber auch direkt.«
Hannahs Kommunikation verändert sich innerhalb von Sekunden. Sie wird knapper und angespannter.

»Nee, so langsam müssen wir mal zu Potte kommen. Das wird sonst immer teurer.«
Hannah versucht die Kontrolle zu behalten, ist aber auch schon sichtlich genervt.

»Na ja, im Gegensatz zu dir kümmer ich mich wenigstens darum. Manchmal frag ich mich, was passieren würde, wenn ich nicht immer alles übernähme.«
Hier kommt nun das große Thema der Verantwortungsübernahme mit ins Spiel. Hannah fühlt sich mit den Aufgaben im Stich gelassen.

»Timo, ich will das jetzt klären.«
Hannah bemerkt, dass sich ihr Partner distanziert. Sie versucht, ihn im Gespräch zu halten.

»Wenn du so drauf bist, müssen wir auch gar nicht in den Urlaub fahren. Da hab ich echt keinen Bock drauf!«
Timos Rückzug und seine Kälte machen sie wütend. Hannah reagiert trotzig und abweisend.

Schon zu Beginn des Gesprächs ist sie angespannt und will die Aufgabe schnell erledigen. Da ihr Freund die Entscheidung lieber vertagen möchte, macht sie das ungeduldig und noch gestresster. Als er sie kritisiert, dass sie ihn unter Druck setzt, erreicht das Gespräch eine problematische Ebene. Sie schießt zurück und öffnet damit ein neues Konfliktfeld: »Im Gegensatz zu dir kümmere ich mich um die Angelegenheit.« Hannah spricht wie Timo auch sehr verallgemeinernd, als sie behauptet, »immer alles« selbst machen zu müssen. Daran kann man erkennen, dass sie sich häufiger mit den Aufgaben alleingelassen fühlt und sich mehr Verantwortung und Unterstützung von ihrem Partner wünscht. Doch genau wie Timo auch, spricht sie diese gravierenden Probleme nicht direkt an.

Hier sind wir wieder bei elementaren Inhalten. Wenn ich mich zunehmend weniger auf Augenhöhe mit meinem Partner erlebe, fange ich wahrscheinlich irgendwann an, mich zu fragen, ob diese Beziehung noch die richtige für mich ist. Als Timo sich dann aus der Situation herauszieht, ist Hannah nur noch wütend und geht auf Konfrontationskurs. Seine Kälte hat sie verletzt, doch nach außen hin zeigt sie nur ihre Wut.

Der Subtext von Hannahs Kommunikation lautet: »Ich habe das Gefühl, dass die gesamte Verantwortung bei mir liegt. Ich muss alles selbst regeln und werde damit alleingelassen. Wenn du dich so zurückziehst, ist das ein Schlag ins Gesicht für mich.«

Wir haben also in dieser kurzen Interaktion ein Gespräch über:

1. Die Unterkunft
2. Druck
3. Gesehen werden
4. Augenhöhe
5. Verständnis
6. Verantwortung
7. Das Gefühl, alleingelassen zu werden
8. Bevormundung
9. Verlorene Nähe zueinander

Infobox Kommunikationsmodelle

Hier kommt eine kleine Sammlung an interessanten Fakten zu verschiedenen Kommunikationsmodellen (so interessant, wie Fakten zu Kommunikationsmodellen halt sein können):

Der Psychotherapeut und Kommunikationswissenschaftler Paul Watzlawick benannte als eine Grundregel der Kommunikation, dass sie einen Beziehungsaspekt und einen Inhaltsaspekt hat.[4] Bei Hannah und Timo können wir beobachten, was passiert, wenn man den Beziehungsaspekt außer Acht lässt und sich nur auf den Inhaltsaspekt konzentriert. Das bedeutet konkret: Sie sprechen nur über die Unterkunft und ignorieren, wie sie sich dabei miteinander fühlen.

Das Sender-Empfänger-Modell nach Shannon und Weaver[5] zeigt uns, dass die Inhalte, die man senden will, nicht auch unbedingt bei der anderen Person so ankommen müssen. Unsere Kommunikation ist anfällig für Störungen, was dazu führen kann, dass wir einander verpassen und uns missverstehen. Wenn Timo sagt: »Warum machst du so einen Druck?«, will er damit senden, dass er angespannt ist und sich ein ruhigeres Gespräch wünscht. Doch Hannah empfängt wahrscheinlich eher: »Du gehst mir auf den Keks.«

Eine meiner liebsten Metaphern ist das Eisbergmodell. Das, was wir aktiv kommunizieren, sind nur die oberen paar Prozent eines Eisbergs, der Teil also, den wir sehen beziehungsweise hören können. Die Dinge, die wir nicht oder nur indirekt kommunizieren, liegen dagegen unterhalb der Wasseroberfläche und machen den viel größeren Teil der Kommunikation aus. Da wir diese Dinge nicht so leicht erkennen können, fällt es uns schwer, darauf zu reagieren.

Das Wesentliche ist also nicht sichtbar. Bei Hannah und Timo erkennt man die unterschwelligen Problematiken erst auf den zweiten Blick. Sie ragen nicht über die Oberfläche hinaus, werden also nicht aktiv angesprochen, und dennoch beeinflussen sie das Gespräch maßgeblich.

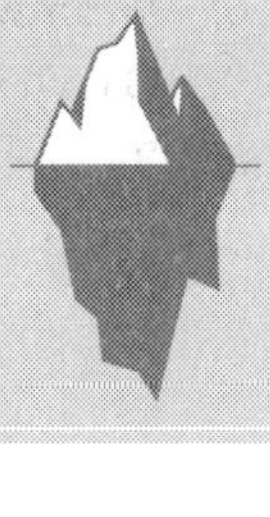

Häufig sind diese Kleinigkeiten, über die wir streiten, bloß Stellvertreter für ein viel größeres Problem. Verschiedene Kommunikationsmodelle haben diese unterschiedlichen Ebenen bereits beschrieben. Für eine gute Kommunikation ist es daher elementar, dass wir uns dessen bewusst sind und merken, wann wir aneinander vorbeireden.

Vielleicht befürchtest du, dass dich das alles überfordern könnte, und denkst: »Oh Gott, muss ich jetzt an jedes unserer Gespräche mit Bleistift und Papier rangehen, um dann die tiefer liegenden, unausgesprochenen Themen zu analysieren? Das funktioniert doch nie im Leben!« Keine Sorge, es ist nicht so, dass jetzt bei jedem Gespräch zehn neue große Themen hinzukämen. Meistens gibt es nur einige wenige, die sich jedoch wie ein roter Faden durch die Beziehung ziehen und eure Kommunikation immer wieder untergraben.

Wichtig ist also, diese empfindlichen Punkte auch als solche wahrzunehmen, sobald sie im Gespräch aufkommen. Nur so kann man vermeiden, dass man wie Hannah und Timo eigentlich komplett aneinander vorbeiredet und sich mehr und mehr voneinander entfernt.

Wie so vieles im Leben, ist auch dies eine Frage der Übung. Viele Menschen lassen sich von der scheinbaren Größe der Aufgabe abschrecken. Diejenigen, die es schaffen, ihre Kommunikation nachhaltig zu verändern, üben und machen Fehler. Und dennoch fahren sie damit fort. Sie setzen einen Fuß vor den anderen und probieren sich aus. Ich weiß, dass es manchmal schwer ist, diese Leichtigkeit an den Tag zu legen, wenn einem das Thema so schwer im Nacken sitzt. Fokussiere dich auf die verschiedenen Kapitel in diesem Buch und auf die jeweiligen Übungen. Für den Moment brauchst du nicht viel weiter vorauszudenken – mache einen Schritt nach dem anderen.

ÜBUNG
Erinnere dich an die letzte Begegnung, die zwischen dir und einer anderen Person nicht so gut verlaufen ist. Das kann ein Gespräch mit deinem Vater gewesen sein, bei dem ihr euch nur noch angeschwiegen habt, oder eine Interaktion mit der besten Freundin, bei der ihr beide frustriert und genervt wart. Egal, was es war, versuche dich grob an den Ablauf zu erinnern und schreibe ihn auf. Was war die eine Kleinigkeit oder der eine Funke, an dem sich die Diskussion entzündet hat? Was wolltest du in dem Gespräch vermitteln, das aber dann doch irgendwie nicht zu deinem Gegenüber durchgedrungen ist? Wie könnte man dies mit einem Oberbegriff beschreiben?

Natürlich ist es nicht so, dass bei jedem Gespräch unterschwellig zentrale Motive mitschwingen. Manchmal geht es wirklich nur darum, eine banale, alltägliche Sache zu klären. Doch diejenigen Gespräche, bei denen wir grundlegende Inhalte eigentlich nicht kommunizieren, erkennst du häufig an folgenden Punkten:

- Es entstehen starke Emotionen.
- Es entsteht das Gefühl, nicht verstanden zu werden.
- Probleme können nicht gelöst werden, obwohl man es versucht.
- Jeder beharrt auf seinem Standpunkt.
- Die Aussagen stören oder verletzen sogar.
- Man hat das Gefühl, dass etwas Wichtiges beim Gegenüber nicht angekommen ist.

Gespräche, bei denen es eigentlich um ganz andere Fragen als die vordergründigen geht, zeichnen sich meist durch eine gewisse Schwere beziehungsweise Anspannung bei den Gesprächsteilnehmern aus. Wenn man sich die Zeit nimmt, achtsam auf die Situation zu schauen, merkt man, dass aufgestaute Emotionen und vielleicht sogar drängende Probleme unausgesprochen im Raum stehen bleiben. Es ist essenziell für eine Beziehung, diese Qualität in einem Gespräch wahrzunehmen und richtig einzuordnen. Wir müssen wissen, wann wir Gefahr laufen, uns zu verlieren, damit wir bewusst eine Veränderung initiieren können.

Wenn du dir nicht sicher bist, rufe dir noch weitere Situationen ins Gedächtnis und notiere sie. Schau nach, ob es Wiederholungen gibt und ihr über ähnlich unterschwellige Themen gesprochen habt. Frage dich: Was wollte die Person damit ausdrücken? Was fehlt ihr? Warum macht sie das so traurig / wütend / gestresst?

Beachte bei dieser Übung, dass man die eigentlichen Verletzungen bei anderen Menschen oft schlecht erkennt, weil sie von Wut oder vermeintlicher Gleichgültigkeit verdeckt werden. Wie man sie erkennt und zu verstehen lernt, besprechen wir im weiteren Verlauf.

Bei dieser Übung kommt es nicht darauf an, dass du alle Inhalte sofort identifizieren kannst. Es geht momentan nur darum, ein Gefühl dafür zu bekommen, dass wir häufig über mehrere wichtige Dinge gleichzeitig sprechen.

Ich habe dir hier einige Beziehungsthemen und die dafür typischen Beispiele zusammengestellt. Wenn du dein Erleben vergangener Situationen betrachtest, kannst du abgleichen, ob dir einige dieser Gefühle bekannt vorkommen, und schauen, welcher Oberbegriff für dich am besten passt.

Thema: Fehlende Empathie / nicht gesehen werden

Marie hat das Gefühl, emotional immer wieder von ihrem Partner *abgewiesen* zu werden. Sie meint, mit einem *Eisblock* zu reden, wenn sie sich öffnet. Die Gesichtszüge ihres Partners sind dann wie versteinert und er *reagiert kaum noch* auf das Gesagte. Marie erwartet schon gar keine *Empathie* mehr von ihrem Partner. Ihr Bild von ihm hat sich gewandelt. Jetzt denkt sie immer öfter, dass ihm *alles egal* ist und er *nur an sich selbst* denkt.

Thema: Fehlende Unterstützung

Feza fühlt sich von ihrem Mann *im Stich gelassen*. Er schenkt ihrem Bemühen kaum noch Beachtung und *überlässt ihr die meisten Aufgaben*. Zu Hause geht er seinen eigenen Wünschen nach. Dadurch fühlt sich Feza *wenig unterstützt* und mit den Aufgaben allein gelassen. Als er eines Abends vergisst, etwas fürs Essen mitzubringen, sagt sie genervt: »Das ist mal wieder typisch. Natürlich hast du nicht daran gedacht! Da bitte ich dich einmal, etwas zu erledigen! Ist das etwa zu viel verlangt?«

Thema: Fehlendes Vertrauen / wenig Sicherheit

Richard ist in letzter Zeit sehr *verunsichert* von dem Verhalten seiner Freundin. Da sie sich ihm gegenüber *wenig öffnet*, weiß er nie so richtig, woran er mit ihr ist. Er hat das Gefühl, sie würde für einen Arbeitskollegen schwärmen. Er ertappt sich dabei, auf ihren Handybildschirm zu schauen und *hellhörig* zu werden, sobald der Name dieses betreffenden Kollegen fällt. Es stört ihn, dass sich seine Partnerin nicht mehr öffnet und sie es nicht gemeinsam schaffen, mehr *Sicherheit* herzustellen.

Thema: Einsamkeit / sich alleingelassen fühlen

Nadias Beziehung ist nach außen hin sehr harmonisch. Doch sie fühlt sich schon seit Langem *einsam* in der Beziehung. Ihr Partner arbeitet viel, kommt spät nach Hause und ist an den Wochenenden immer beschäftigt. Nadia verspürt einen *Stich in der Brust*, wenn er aus der Tür geht, ohne sich von ihr zu verabschieden. Manchmal schlägt ihre *Traurigkeit* in *Wut* um und sie sagt sich: »Dann mach doch dein eigenes Ding, *ich brauche dich nicht!* Ich erwarte schon gar nichts mehr von dir.«

Thema: Sich nicht begehrt fühlen

Karl *vermisst die körperliche Nähe* in seiner Beziehung. Wenn sein Partner sich zurückzieht und ihn kaum noch berührt, ist er immer wie *vor den Kopf gestoßen*. Karl hat das Gefühl, dass *etwas mit ihm nicht stimmt* und sein Partner ihn *nicht mehr attraktiv* findet. Sein *Selbstwertgefühl* leidet darunter, und er macht sich große *Sorgen*, dass sein Partner fremdgehen könnte.

Thema: Keine Priorität für die andere Person sein

Wenn Paul über seine Karriere oder sein Hobby spricht, blüht er richtig auf. Ist er nicht auf der Arbeit, trifft man ihn meistens beim Tennis. Für seine Partnerin Eva *bleibt dann kaum noch Zeit und Energie übrig*. Sie hat mittlerweile das Gefühl, im Leben ihres Partners *nicht mehr wirklich stattzufinden*. Arbeit oder Tennis sind *immer wichtiger als alles andere*. Sie sehnt sich danach, die *Nummer eins* für Paul zu sein und zu spüren, dass sie ihm wichtig ist.

Thema: Fehlende Freiheit

Hendrik fühlt sich von seiner Beziehung manchmal regelrecht *erdrückt*. Ihm fehlt *Zeit für sich selbst,* um Energie zu tanken und die Ruhe zu genießen. Er wird in den letzten Monaten immer *reizbarer*, sobald er das Gefühl hat, seine Partnerin könnte anfangen zu *klammern*. Dann sagt er oft: »Du *engst* mich ein! Nie kann ich etwas für mich allein unternehmen. Ich brauche Raum für mich!«

Thema: Geringe Wertschätzung

Sarah leidet unter dem *Verlust an Zuneigung und Aufmerksamkeit*. Sie wünscht sich von ihrer Partnerin mehr *Zuspruch* und *Commitment*. Doch stattdessen verringern sich die positiven Gefühle durch Streitigkeiten nur noch mehr. Von ihrer anfänglichen Begeisterung füreinander ist kaum noch etwas übrig geblieben. In ihrer *Verzweiflung* sagt Sarah zu ihrer Partnerin: »Du hast mich schon lange *nicht mehr in den Arm genommen*. Wir entfernen uns immer weiter voneinander. Wann haben wir das letzte Mal *Zeit nur für uns gehabt?*«

Wenn wir uns Zeit nehmen, unsere Gefühle besser zu verstehen, können wir sie auch klarer kommunizieren. Vielleicht ist es dir schon bei Hannah und Timo aufgefallen: Ihr Gespräch war von unverarbeiteten Emotionen geprägt. Man spürte die Wut, Verletzung und den Trotz in ihnen aufsteigen. Diese Emotionen haben sie negativ beeinflusst und leider auch dafür gesorgt, dass sie nicht mehr darauf achteten, was ihre Worte bei dem jeweils anderen anrichteten.

Vielleicht kennst du das auch: Dein Gegenüber braucht bloß ein bestimmtes Thema anzusprechen, das dich triggert und eine Welle an Emotionen auslöst. Manche Menschen zeigen das nach außen hin zum Beispiel in Form von Angriffen oder Tränen, während andere wiederum ihre Gefühle für sich selbst behalten.

Egal, ob man sie wahrnimmt oder nicht – starke Emotionen haben einen enormen Einfluss auf unsere Kommunikation. Denn häufig führen sie dazu, dass wir reaktiv werden. Das bedeutet, dass wir wie im Autopilotmodus handeln und erst später aus diesem Modus wieder »aufwachen«.

Zusammenfassend lässt sich sagen, dass unsere Kommunikation oft aus folgenden Komponenten besteht:

1. dem augenscheinlichen Gegenstand (zum Beispiel eine Unterkunft zu buchen);
2. den großen Themen, über die wir nicht direkt sprechen (zum Beispiel das Gefühl, nicht gehört oder bevormundet zu werden);
3. den Emotionen, die während des Gesprächs in uns aufkommen und uns reaktiv machen (zum Beispiel Wut oder Frustration).

Häufig vollzieht sich der Übergang von einer ruhigen zu einer emotionsgeladenen Situation sehr schnell. In der einen Minute wollen wir noch eine mutmaßlich unwichtige Sache besprechen, in der nächsten hauen wir uns die Vorwürfe nur so um die Ohren. Dieser Mechanismus stellt ein großes Problem in der Kommunikation dar. Denn wie sollen wir die vielversprechenden Techniken und Tipps nur anwenden, wenn wir in den entscheidenden Momenten wie in einem emotionalen Tunnel gefangen sind?

All diese Dinge zusammengenommen ergeben also eine ziemlich komplexe Situation, für die wir im Normalfall kaum Handwerkszeug zur Verfügung haben. Es ist – wie eingangs schon erwähnt – somit kein Wunder, dass gelungene Kommunikation mitunter als schwer durchführbar empfunden wird. Damit man nun nicht das Gefühl hat, vor einer unüberwindbaren Hürde zu stehen, ist es enorm wichtig, zu wissen, worauf man seine Kräfte lenken sollte.

Zusammenfassung

Kleinigkeiten sind meistens nicht so unbedeutend, wie sie scheinen, denn sie haben in vielen Fällen die Kraft, ernste Beziehungsthemen, die wir schon eine ganze Weile lang mit uns herumschleppen, zu triggern. Diese Themen sind emotional aufgeladen, das bedeutet: Wenn wir einen wunden Punkt treffen, kommen mitunter viele alte Verletzungen zum Vorschein, die wir nie wirklich geklärt haben. In diesen Fällen sind wir meist meilenweit von guter, offener Kommunikation entfernt.

Dafür braucht es nicht immer laute Streits, die uns das womöglich signalisieren. Auch bei Paaren, die zu weniger Eskalationen neigen, können sich wunde Punkte und Beziehungsthemen ansammeln. Diese sind dann eher von Schweigen, Kälte und passiv-aggressiven Verhaltensweisen bestimmt.

In diesem Kapitel haben wir uns vergegenwärtigt, welcher Subtext in einer Kommunikation mitschwingen kann und geübt, diesen zu identifizieren und zu analysieren. Im Folgenden werden wir einen entscheidenden Faktor betrachten, der dazu führt, dass wir unaufmerksam werden und uns nur noch verteidigen wollen: unsere Emotionen.

KAPITEL 3: WARUM KANN ES NICHT EINFACH LEICHT SEIN?

Emotionen verbinden uns. Doch sie können auch das Gegenteil bewirken. Wenn starke negative Gefühle in schwierigen Gesprächen aufkommen, hebeln sie eine gute Kommunikation leicht aus. Dann sind wir wütend, frustriert, erstarrt oder kalt und schaffen es oft nicht, auf unser Gegenüber einzugehen. Diese Gefühle lösen in den meisten Fällen ein Verhalten aus, das dazu führt, dass wir uns weiter voneinander entfernen. Wir antworten einsilbig, sind passiv-aggressiv oder werden laut.

Hannah und Timo sind nach der Paartherapiesitzung auf dem Weg nach Hause. Doch die nächste Herausforderung lässt nicht lange auf sich warten.

Auf der Autofahrt möchte Hannah die Sitzung besprechen. Wie es ihre Art ist, fängt sie gleich an, ihre Eindrücke wiederzugeben und sich mit Timo auszutauschen. Obwohl man das kaum Austausch nennen kann, denn Timo nimmt an dem Gespräch nur sehr bedingt teil. Während Hannah redet, konzentriert er sich aufs Fahren.

Liebend gerne hätte er ihr gesagt, dass ihm das Gespräch nach der aufwühlenden Therapiesitzung einfach zu viel ist. Doch er ahnt, dass Hannah darauf nicht wohlwollend reagieren könnte. Also versucht er, sich weiterhin auf die Autofahrt zu konzentrieren, und sagt nur sehr wenig. Hannah fällt auf, dass Timo kaum etwas erwidert, und fühlt sich mit ihren Gedanken alleingelassen. Sie wird etwas traurig, da sie sich gewünscht hätte, mit ihm ihre Ideen und neuen Erkenntnisse auszutauschen. Dies hätte ihr gezeigt, dass er mit ihr zusammen an der Beziehung arbeiten wollte. Doch auch sie behält ihre Gedanken für sich.

Beide sind zu diesem Zeitpunkt ziemlich k. o.. Die Situation im Auto verstärkt Timos innere Anspannung und macht Hannah traurig und frustriert. Als sie gerade in ihre Straße einbiegen wollen, kommt es zu einer brenzligen Situation. Timo war kurz unaufmerksam und hätte beinahe einen Fahrradfahrer übersehen. An diesem Punkt sprudeln die aufgestauten Gefühle nur so aus ihnen hervor und machen aus ihrer Kommunikation einen Kampf.

> **Hannah:** »Timo, was war da los?! Du achtest einfach nicht auf andere Menschen!«
> **Timo:** »Was soll das denn bitte bedeuten? Du laberst mich die ganze Zeit voll, sodass ich mich nicht mehr konzentrieren kann.«
> **Hannah:** »Ich laber dich voll?! Wie sprichst du eigentlich mit mir? Das ist mal wieder so typisch, dass du mich als die Schuldige darstellst!«

Was wäre wohl passiert, wenn Timo weniger Druck erlebt hätte? Dann hätte er vielleicht adäquater ausdrücken können, was wirklich in ihm geschieht. Vielleicht auf diese Weise: »Es war ein langer Tag und ich bin immer noch ziemlich angespannt. Bitte gib mir ein paar Minuten Zeit, damit ich mich sortieren kann.«

Und wie hätte Hannah wohl reagiert, wenn sie einen kurzen Moment innegehalten und sich beruhigt hätte? Vielleicht folgendermaßen: »Mensch, Timo, das hat mir wirklich Angst gemacht. Wie konnte es dazu nur kommen?«

Wir sehen hier, wie essenziell der Umgang mit unseren Gefühlen und unserer inneren Anspannung ist. Gerade wenn sie uns über einen längeren

Zeitraum begleiten, machen sie uns mürbe. Das haben wir bei Hannah und Timo gesehen. Dann braucht es nur noch eine auslösende Situation und die gesamte negative Energie entlädt sich ungehindert.

Doch warum haben Gefühle einen so starken Einfluss auf uns? Negative Emotionen signalisieren unbefriedigte Bedürfnisse. Platt gesagt: Ich fühle mich einsam, weil mein Bedürfnis nach Verbindung und Nähe nicht gestillt wird. Dieses ungute Gefühl soll uns zeigen, dass etwas nicht stimmt, und uns im besten Fall motivieren, etwas daran zu ändern. Doch wenn das so einfach wäre, bräuchtest du dieses Buch nicht zu lesen. Dann würdest du deine Emotionen wahrnehmen, das Bedürfnis dahinter erkennen und dementsprechend kommunizieren können.

Aber wer sagt schon: »Du, ich fühle mich gerade ziemlich frustriert, weil ich das Gefühl habe, dass du mich nicht wirklich verstehst. Ich glaube, dass wir aneinander vorbeireden und noch einmal zwei Schritte zurückgehen müssten, um das zu klären«? Keine Frage, es wäre großartig, wenn wir so kommunizieren könnten. Doch leider klappt das meist nicht so einfach.

Hier tritt ein zweiter wichtiger Aspekt in Erscheinung: Emotionen werden nicht nur durch ein unbefriedigtes Bedürfnis aktiviert, sondern lösen auch sehr schnell Reaktionen aus. Dazu zählen verbale Angriffe oder schnippische Kommentare, die zu unserer Verteidigung dienen sollen. Doch auch die Momente, in denen man sich auf die Lippen beißt und schweigt, zählen dazu. Ebenso die, in denen man versucht, die andere Person zu beschwichtigen oder das Gespräch abzubrechen.

Diese Reaktionen geschehen meistens nicht grundlos. Sie sollen dafür sorgen, dass wir nicht noch stärker verletzt werden. Jemand, der mitten im Gespräch aufhört zu antworten und innerlich auf Durchzug stellt, dem geht es nicht gut. Dieser Mensch steht unter Druck und versucht, sich zu schützen. Eine Möglichkeit, nicht noch weiter beeinträchtigt zu werden, besteht darin, sich von dem Gespräch abzuschotten und geistig nicht mehr anwesend zu sein. Solch ein Verhalten provoziert natürlich den Gesprächspartner, der seinerseits negative Emotionen erlebt.

Ein typischer Ablauf kann dann beispielsweise folgendermaßen aussehen: Die Situation gewinnt durch irgendeinen x-beliebigen Auslöser eine Eigendynamik. Das können ganz banale Sachen sein, die eigentlich leicht zu klären wären. Sagen wir, Hannah kritisiert Timo für eine Bagatelle. Diese Kritik untergräbt Timos Bedürfnis, wertgeschätzt zu werden. Er fühlt sich vor den Kopf gestoßen und hat das Gefühl, ein schlechter Freund zu sein. Er zieht sich zurück, um nicht mehr länger der Verletzung ausgesetzt zu sein, presst die Lippen zusammen, schaut Hannah böse an und wendet sich von ihr ab.

Diese Reaktionen bleiben Hannah natürlich nicht verborgen. Sie kann nicht verstehen, dass Timo sie abstraft, nur weil sie ihm etwas scheinbar Belangloses mitgeteilt hat. Timos Verhalten führt bei Hannah also wiederum zu einem verletzten Bedürfnis. Sie hat das Gefühl, Timo würde sich von ihr entfernen, um sie zu bestrafen. Das löst bei ihr Wut und Empörung aus. Sie macht ihrem Ärger durch ihre Stimme und Gestik Luft, was wiederum negative Emotionen bei Timo auslöst. So spielen die beiden Pingpong mit ihren verletzten Gefühlen und dem sich gegenseitig beeinträchtigenden Verhalten.

Aus solchen Situationen resultieren emotionale Verletzungen, die sich mehr und mehr ins Gedächtnis einbrennen. Es sind die kleinen Stiche, es ist das Gefühl, plötzlich alleingelassen zu sein und nicht mehr gesehen zu werden. Die Momente, in denen wir den Eindruck gewinnen, unser Gegenüber will uns etwas Schlechtes antun, und sich zwischen uns eine Eiseskälte ausbreitet. Diese Kränkungen spielen eine enorm wichtige Rolle in unseren Beziehungen, denn sie machen etwas mit uns und unserer Kommunikation. Diese Veränderung ist nicht sofort sichtbar, sondern schleicht sich allmählich in unsere Gedanken und Herzen ein. Je mehr sich die emotionalen Verletzungen häufen, desto dringlicher habe ich das Gefühl, mich schützen zu müssen. Und je mehr ich mich schützen muss, desto heftiger fallen meine Reaktionen aus. Dann bleibt meist keine Zeit, um kurz innezuhalten und darüber nachzudenken, wie die andere Person das eigentlich gemeint haben könnte. Ich *weiß* ja, dass sie mich verletzen wollte. Plötzlich haben wir eine Situation, in der beide mit starken Gefühlen und dem damit einhergehenden Verhalten zu tun haben. In diesem Zustand einen Schritt auf den anderen zuzugehen, stellt für die meisten eine enorme Herausforderung dar.

Infobox Studie: Was macht Beziehungen (un-)glücklich?[6]

Der amerikanische Psychologe John Gottman und sein Team haben sich der Aufgabe verschrieben, zu analysieren, was glückliche von unglücklichen Beziehungen unterscheidet. Sie konnten herausfinden, dass bei unglücklichen Paaren ein »negative sentiment override«, also eine Überschreibung durch negative Gefühle stattfindet.

Dies bedeutet, dass bei ihnen neutrale oder sogar positive Situationen wie durch eine negative Brille gesehen werden. Ein harmloser Kommentar wird dann oft als Provokation oder Angriff verstanden.

Die Partner unterlassen es, negative Situationen mit positiven auszugleichen, und bauen so immer weiter ungute Gefühle auf. Dies führt dazu, dass die kleinen Verletzungen sich stetig anhäufen und die Verbundenheit zueinander abnimmt.

So verändert sich mit der Zeit die Wahrnehmung der anderen Person. Vieles wird in einem negativen Licht gesehen, was der Kommunikation natürlich abträglich ist.

An sich ist es nicht tragisch, wenn man mal verbal aneinandergerät oder sich nicht hundertprozentig auf den anderen einlassen kann, wenn – und das ist ein großes Wenn – man es danach wieder schafft, zusammenzufinden und Verständnis füreinander aufzubauen. Die Probleme beginnen spätestens dann, wenn wir diese Situationen, in denen wir uns emotional verpassen und verletzen, zur Routine verkommen lassen. Sie entstehen dort, wo wir im Lauf der Zeit immer mehr dieser Momente ansammeln, ohne dass sie wirklich geklärt würden.

Bei Hannah und Timo kann man diese Entwicklung im Rückblick gut beobachten. Wir sind in unserer zweiten gemeinsamen Sitzung und sprechen über den Verlauf ihrer Beziehung. Ich habe die beiden gefragt, wann es denn anfing, dass sie sich mehr und mehr voneinander entfernt hätten, und wie es dagegen am Anfang ihrer Beziehung aussah.

> **Timo:** »Zu Beginn war es angenehm. Wir haben uns auf einer Dating-App kennengelernt und uns direkt gut verstanden. Bei den ersten Treffen redeten wir viel über unsere Hobbys. Wir beide lieben es, zu reisen. Da konnten wir ewig drüber reden. Es war so leicht damals.«
> **Hannah:** »Stimmt! Da hat es noch ganz einfach funktioniert. Ich kann mich noch gut daran erinnern, dass es am Anfang nur schön war. Nach ein paar Wochen hatten wir dann unseren ersten Streit. Über irgendein belangloses Thema. Ich glaube, ich war genervt, dass du mich deinen Freunden nicht vorgestellt hast. Aber das hat sich irgendwann auch wieder eingerenkt.«
> **Timo:** »Ich weiß ehrlicherweise nicht genau, wann es sich grundlegend verändert hat. Das war eher ein schleichender Prozess. Klar, wir hatten unsere Streitereien, aber am Anfang war alles okay. Da konnte ich es dann auch ziemlich schnell wieder gut sein lassen. Ich habe mir einfach gesagt, dass es nicht so schlimm sei. Das geht inzwischen nicht mehr. Jetzt ziehe ich mich tagelang zurück.«
> **Ich:** »Was habt ihr nach euren Streits gemacht?«

Timo: »Nichts.«
Hannah: »Meistens bin ich während eines Streits laut geworden, da ist dann alles aus mir rausgebrochen. Doch wirklich geklärt haben wir nichts, sondern einfach nur versucht, irgendwie weiterzumachen.«
Timo: »Am nächsten Tag war es meist wieder okay. Dann hat man sich blöd gefühlt, dass es so eskaliert ist, und wir haben versucht, es zu vergessen. Das hat auch eine Weile lang ganz gut funktioniert.«
Hannah (lacht auf): »Ja, für dich vielleicht. Ich habe es gehasst, dass du die Gespräche immer wieder blockiert hast. Für mich waren die Probleme halt nicht geklärt. Aber ich wollte auch nicht immer die Dumme sein, die wieder einen neuen Konflikt vom Zaun bricht.«

Was haben wir hier über die Veränderung in der Beziehung von Hannah und Timo erfahren? Sie kam schleichend. Das ist bei den meisten Paaren so. Man merkt gar nicht, dass man immer noch ein Stückchen angespannter und genervter wird. Da es keinen eindeutigen Wendepunkt gibt, ist es auch schwer, zu realisieren, dass man etwas ändern müsste. Die ungelösten Konflikte wie die daraus resultierenden emotionalen Verletzungen haben die Leichtigkeit ihrer Kommunikation untergraben. Das bedeutet: Je mehr sie sich gestritten haben, desto schwieriger wurde es, sich wieder verständnisvoll aufeinander zuzubewegen und ruhig miteinander zu reden. Je mehr ungeklärt und unverarbeitet blieb, desto mehr Verletzungen stauten sich auf. Man spürt es vielleicht nicht jeden Tag, aber man trägt ständig eine gewisse Last mit sich herum. Und je schwerer diese Last wird, desto weniger Kapazitäten haben wir, um gut mit schwierigen Situationen umzugehen.

Am Anfang einer Beziehung fühlt es sich häufig ganz leicht und natürlich an. Da haben unsere Gespräche einen gewissen »Flow«. Man muss sich meist nicht groß anstrengen, wenn man ein Gegenüber hat, das an einem interessiert ist. Hannah beschreibt diesen Zustand wie folgt:

Hannah: »Als wir uns kennengelernt haben, war es toll für mich, mit dir zu sprechen. Du hast mich ausreden lassen, warst mein Fels in der Brandung. Ich konnte mit all meinen Gefühlen zu dir kommen, und du hast mir zugehört, ohne mich zu verurteilen. Ich kam vorher aus einer ziemlich toxischen Beziehung, in der ich ständig kleingemacht wurde. Ich war so überwältigt von unserer Dynamik! Umso trauriger macht es mich jetzt, dass wir das verloren haben.«
Timo: »Ja, ich erinnere mich sehr gut. Ich dachte damals, wie klasse es ist, dass du so offen bist. Ich selbst hatte Schwierigkeiten, mich zu öffnen. Bei dir habe ich gesehen, wie das klappen kann. Es war einfach nur schön, für dich da zu sein. Jetzt kommt das Gefühl nicht mehr so leicht auf.«

Am Anfang einer Beziehung haben sich meist noch keine größeren Verletzungen ereignet. Wir erinnern uns an die zentralen Themen von Hannah und Timo aus dem vorherigen Kapitel. Diese Problematiken, die mit der Zeit immer größer wurden, belasten die Kommunikation. Und was erzeugt diese Schwere? Die angestauten Emotionen, die nicht geklärt werden, das Gefühl von Abstand und des Nicht-verstanden-Werdens.

Hannah hat sich früher sehr wohl verstanden und gesehen gefühlt. Damals war die Kommunikation noch leichter. Erst mit der Zeit reagierte sie gereizter.

Wie konnte aus »Du bist mein Fels in der Brandung« ein »Ich hasse es, wenn du so kalt wirst« werden?

Wann ist der Moment gekommen, dass man das Gefühl hat, die andere Person ist nicht bedingungslos *für* einen, sondern *gegen* einen? Wenn es immer so wie am Anfang bliebe, dann würden die meisten von uns sicher gut in ihren Beziehungen leben und auch mit größeren Problemen umgehen können. Dann hätten wir stets das Gefühl, unterstützt zu werden und gemeinsam ein Team zu bilden. Doch diese Leichtigkeit verschwindet schnell, wenn man glaubt, die *andere Person* sei das Problem.

Das ist ein enorm wichtiger Punkt, deshalb nehmen wir uns etwas Zeit, ihn genauer zu betrachten. Nehmen wir an, jemand ist von Natur aus impulsiv veranlagt so wie Hannah. Wenn sie etwas nervt, äußert sie ihren Ärger umgehend. Timo ist davon überrascht und weiß nicht, wie er darauf reagieren soll. Also sagt er erst einmal gar nichts. Hannah hätte sich vielleicht ein nettes Wort oder eine Umarmung von ihm gewünscht und fühlt sich alleingelassen. Timo hingegen fühlt sich überrumpelt und dieser Situation hilflos ausgeliefert. Wäre dies ein einmaliges Ereignis, würde es ihrer Partnerschaft kaum einen Schaden zufügen. Häufen sich solche Interaktionen jedoch, verändert sich schließlich etwas grundlegend in der Beziehung. Hannah ist dann nicht mehr bloß von der Sache an sich genervt, sondern auch von Timos Reaktion. Und Timo fängt an, Hannah aus dem Weg zu gehen, sobald er merkt, dass sie gereizt ist, um so den drohenden Ausbruch nicht abzubekommen.

Die Veränderung geschieht also immer dann, wenn Hannah vom Verhalten ihres Freundes genervter ist als von der eigentlichen Situation, und Timo Hannahs Reaktion problematischer findet als ihr tatsächliches Anliegen.

Auf einmal ist nicht die Sache an sich das Problem, sondern der Umgang mit ihr. Die Gedanken verändern sich unmerklich von »Mich nervt das dreckige Geschirr« zu »Du nervst mich, weil du keinen Gedanken an das Spülen des Geschirrs verschwendet hast«.

Merkst du, wie sich die Wahrnehmung des Problems verschoben hat?

Wenn wir mehr und mehr unser Gegenüber als das Problem ansehen, dann ist das Gift für die Kommunikation und folglich für unsere Beziehung. Je mehr diese Gedanken und Gefühle sich verfestigen, desto drastischer verändert sich auch das Bild, das wir von der anderen Person haben, und das wiederum beeinflusst, wie wir einander begegnen. Wenn ich das Gefühl habe, dass du mir zuhörst und mich wertschätzt, dann fühle ich mich sicher bei dir. Mein Bild von dir ist positiv. Du bist ein Mensch, dem ich vertrauen kann und der auf meiner Seite steht. Einem solchen Menschen würden wir sicher schneller verzeihen, falls er sich einmal im Ton vergreifen oder patzig werden würde. Wir gewähren ihm einen gewissen Vertrauensvorschuss.

Doch wenn ich immer wieder erfahren muss, dass du *nicht* auf meiner Seite stehst, ändert sich Stück für Stück auch das Bild von dir. Vielleicht wirst du zu jemandem, den ich zwar liebe und auch wertschätze, aber bei dem ich mir nicht sicher sein kann, dass er immer und überall zu mir hält. Dann denke ich womöglich: »Meistens kann ich mich zwar auf dich verlassen, doch manchmal bist du wirklich egoistisch.« Und vielleicht geht es sogar so weit, dass ich mir irgendwann sicher bin: »Ich weiß jetzt, dass du *nicht* auf meiner Seite stehst und ich muss vor dir auf der Hut sein.«

Die vielen kleinen Verletzungen verändern unser Bild voneinander. Je häufiger das passiert, desto mehr gewinnt die negative Einschätzung an Kraft. Das hat wiederum enorme Auswirkungen auf unsere Kommunikation.

Ein neutraler Satz wie »Du hast vergessen, die Einkäufe einzuräumen« kann sich schnell ganz anders anhören. Stell dir vor, jemand fühlte sich in letzter Zeit immer wieder kritisiert. Wie würde dieser Mensch wohl den Satz interpretieren? Wahrscheinlich so: »Du hast es mal wieder nicht richtig gemacht.« Jemand, der sich bevormundet fühlt, wird wahrscheinlich hören: »Du musst es so machen, wie ich es will.« Und wieder jemand anderes, der sich mit den Aufgaben allein gelassen fühlt, wird hören: »Ich mache keinen Finger krumm.«

Je nachdem, welche Erfahrungen wir gemacht haben und welche Verletzungen daraus resultierten, verändert sich unsere Interpretation des Gesagten und damit auch unsere Kommunikation. Deshalb ist es so wichtig, zu erkennen, wann wir etwas in eine bestimmte Richtung interpretieren und sich das Bild von der anderen Person entsprechend verändert.

Je weniger Vertrauensvorschuss die andere Person genießt und je mehr Abstand zwischen euch beiden besteht, desto wahrscheinlicher hat sich das Bild von der anderen Person inzwischen gewandelt. Du bemerkst die Veränderung häufig an verallgemeinernden Sätzen, die typischerweise mit »immer« beginnen, an dem Gefühl, es doch gewusst zu haben, dass sich diese oder jene Vermutung mal wieder bestätigt, oder an dem Nichtvorhandensein von Alternativerklärungen für ein bestimmtes unliebsames Verhalten.

ÜBUNG
Frage dich, inwiefern sich dein Bild des anderen verändert hat. Wie erklärst du dir das verletzende Verhalten? Beende dafür den nächsten Satz mit den Worten, die dir als Erstes in den Sinn kommen:

Die andere Person verletzt mich, weil …
… ich ihr nicht mehr wichtig bin.
… sie nur noch auf sich schaut.
… sie mir mal richtig eins auswischen will.
… ich ihr egal bin.
… sie ihr Ding durchziehen will.

Womöglich bezieht sich die veränderte Sichtweise aber lediglich auf bestimmte Aspekte, die zudem nicht ununterbrochen präsent zu sein scheinen. So etwas wie: »Manchmal wird er halt gefühlskalt und dann habe ich den Eindruck, als wäre ich ihm komplett egal.« Es ist elementar, sich diesen Prozess zu vergegenwärtigen, wenn wir in unserer Kommunikation wieder einen Schritt auf die andere Person zu machen wollen. Denn nur wenn ich einen Moment innehalte und diese Gedanken hinterfrage, kann ich auch anders auf die Situationen reagieren.

Andernfalls geht man irgendwann davon aus, dass der andere Mensch einen einfach nicht unterstützen *will.* Zu Beginn einer Beziehung ist man noch optimistisch nach dem Motto: »Du wirst das schon nicht so gemeint haben.« Doch unser Gehirn beherrscht nun einmal diese großartigen Dinge, die wir *interpretieren* und *lernen* nennen. Wenn ich bemerke, dass ich nicht unterstützt werde, dann brauche ich eine plausible Erklärung dafür. Am Anfang sage ich mir: »Sie ist nur nicht gut drauf.« Doch wiederholt sich das Geschehene, dann suche ich nach einem Grund, der mir leichter einleuchtet. Man kann ja nicht ständig schlecht drauf sein. Aber wenn es nicht das ist, was ist es dann? Vielleicht *willst* du mir gerade einfach nicht helfen? Ich interpretiere also die Situation und ziehe daraus meine Schlüsse. Das nächste Mal erwarte ich vielleicht schon, dass du mir nicht helfen wirst. Wenn sich diese Ahnung dann tatsächlich bestätigt, schlussfolgere ich daraus, dass meine Interpretation korrekt war.

Solcher Gedanken ist man sich in den meisten Fällen jedoch nicht explizit bewusst. Ich frage also Hannah und Timo in unserer Sitzung nach dieser Veränderung:

Ich: »Wie hat sich die Wahrnehmung des anderen im Verlauf eurer Beziehung verändert?«
Timo: »Ich habe das Gefühl, als sähe Hannah in mir einen Feind. Sie geht mit ihren Kolleginnen, die sie nicht ausstehen kann, in Stresssituationen viel gelassener um als mit mir. Ich sehe es in ihren Augen, wenn sie wütend auf mich ist. Sie betrachtet mich als ihren Gegner.«
Hannah: »Das stimmt nicht ganz. Es ist nicht so, als würde ich dich permanent nicht ausstehen können. Aber es gibt Momente, in denen sehe ich dich – zugegeben – als Gegner an. Als müsste ich mich vor dir schützen.«
Timo: »Das hat sich aber geändert. Früher hieß es doch: ›Wir beide gegen den Rest der Welt‹, heute bin ich in Streitsituationen die Person auf deiner Abschussliste. Jetzt werde ich angepampt und schlechtgeredet, obwohl ich nur versuche, zu helfen. Da kann ich machen, was ich will. Wenn du in deinem Film bist, ist alles andere egal.«
Hannah: »Du stellst es so hin, als wäre ich immer die Böse, die den armen Timo fertigmacht. Du bist auch kein Unschuldslamm!«
Ich: »Hannah, kann es sein, dass du *jetzt gerade* das Gefühl hast, dich vor Timo schützen zu müssen?«
Hannah: »Ja! Er tut immer so, als wäre ich an allem schuld, wenn ich aus der Haut fahre. Aber er vergisst dabei ganz gern einmal, dass er überhaupt nicht auf mich eingeht und kalt zu mir ist! Wenn er mich als die Böse hinstellt, kann ich meistens nicht mehr ruhig bleiben. Das ist für mich der ultimative Beweis dafür, dass er nicht auf meiner Seite steht und mich nicht begreift.«

Hannah interpretiert Timos Aussagen als Angriffe gegen sie. In Timos Kommunikation schwingt einiges an emotionalen Verletzungen mit, doch diese werden nicht offen gezeigt. Wir erkennen sie am ehesten daran, dass er sich von Hannahs Verhalten abgrenzen will. Diese indirekte Schuldzuweisung ist ein typischer Indikator dafür, dass jemand verletzt ist.

Hannah sieht diese Kränkungen jedoch nicht, sondern versteht lediglich, dass sie selbst das Problem sein soll. Bei ihr fangen alle Alarmglocken an zu schrillen und sie interpretiert das Gesagte als einen Beweis dafür, dass Timo sie nicht versteht. Hier zeigt sich das veränderte Bild, das sie von ihm hat. Und jetzt verschärft sich das Problem auch noch: Um sich zu schützen, beginnt sie, zurückzuschießen und sich zu verteidigen. Die vielen kleinen Verletzungen führen zu einer negativen Interpretation des Gesagten, was ein problematisches Verhalten in Gang setzt.

Hannahs Gehirn hat ihr in der Situation gemeldet, dass Gefahr im Anmarsch ist. Wahrscheinlich kennt sie diese Haltung von Timo und hat sich schon öfters davon verletzt gefühlt. So signalisiert ihr Gehirn ihr nun, dass sie erneut verletzt werden könnte. Andere Menschen wären in der Situation vielleicht gar nicht auf Timos Sticheleien eingegangen. Doch bei Hannah fahren die Abwehrreaktionen sofort hoch, da sie aus den vergangenen Situationen ihre Schlüsse gezogen hat.

Infobox Negativitätsbias[7]

Der Negativitätsbias beschreibt die Tendenz, negative Erfahrungen und Gefühle stärker wahrzunehmen und zu behalten als positive. Dies hat evolutionäre Vorteile und kann unser Überleben sichern, indem wir besonders vorsichtig und aufmerksam in kritischen Situationen agieren. In Beziehungen sorgt dieser Effekt jedoch dafür, dass die Probleme und verletzenden Erfahrungen immer präsenter sind als die schönen. Hannah interpretiert Timos Aussagen eher negativ als neutral und reagiert dementsprechend auf ihn.

Wenn Hannah zurückschießt, hat das natürlich auch einen Effekt auf Timo. Dieser hat höchstwahrscheinlich das Gefühl, wie auf rohen Eiern zu gehen. Ziemlich sicher denkt er sich im Stillen: »Egal, was ich auch sage, es wird eh gegen mich verwendet und falsch ausgelegt werden. Deshalb schweige ich lieber.«

Das Thema der Schuld kommt in diesem Zusammenhang häufig auf. Wer trägt Verantwortung wofür? Wer hat mehr oder weniger geleistet? Wer weiß besser, wie es eigentlich abgelaufen ist und wer einen Streit angefangen hat? Diese Fragen führen uns in einen Strudel aus Angriffen und Rechtfertigungen. Keiner will zugeben, einen Fehler gemacht zu haben, und jeder sucht nach immer neuen Punkten, die er oder sie als Verteidigung heranziehen kann. Dazu ein Gedanke: Die Schuldfrage kommt immer nur dann auf, wenn es beiden Parteien *nicht* gut geht. Menschen, die ruhig und entspannt sind, müssen ihrem Partner oder ihrer Partnerin nicht klarmachen, dass die betreffende Person das Problem sei. So verhalten wir uns unseren Liebsten gegenüber nur dann, wenn wir das Gefühl haben, uns vor ihnen schützen zu müssen.

Wenn ihr also immer wieder in Anschuldigungen und Schuldzuweisungen stecken bleibt, ist das für euch ein Hinweis darauf, dass die Kommunikation von all den vergangenen, ungeklärten Verletzungen geprägt ist. Diese behindern euren Zugang zueinander und machen gute Kommunikation unmöglich.

Unsere Kommunikation ist somit abhängig davon, wie wir mit erlittenen Verletzungen umgehen. Wenn sich immer wieder Emotionen aufstauen, wir uns immer weniger verstanden wissen und gesehen fühlen, dann ändert sich das Bild von der anderen Person drastisch. Dann geht man schneller zu einer Abwehrhaltung über, was das Ende für jede offene Interaktion bedeutet. Schlechte Kommunikation kann also nicht nur ein Symptom für fehlende Verbundenheit oder aufgestaute Emotionen sein, sondern auch selbst zu emotionalen Verletzungen und Problemen führen.

Die meisten Paare merken sehr wohl, dass ihre Interaktion immer schlechter wird, und versuchen, aus diesem Kreislauf auszubrechen, indem sie die bekannten Konfliktherde meiden, nach dem Motto: »Wenn wir da nicht weiter drüber reden, dann gibt es auch keine schlechte Stimmung mehr.« Haben diese Menschen einen Partner oder eine Partnerin, die die gleiche Taktik verfolgt, dann wird in dieser Beziehung wenig gestritten, aber auch ebenso wenig emotionale Nähe aufgebaut werden können. Diese Paare spüren mit der Zeit eine sich vergrößernde Distanz und fühlen sich ab einem gewissen Punkt eher wie zwei Mitbewohner und nicht als Liebespaar.

Diese Dynamik sehen wir auch bei Elli und Francesca. Beide ziehen sich in der Beziehung immer weiter zurück und sprechen kaum noch über ihre Gefühle. Auch wenn sie hin und wieder versuchen, etwas daran zu ändern, was dann zum Beispiel so aussieht:

Francesca: »Elli, ich bin morgen Abend verabredet und komme erst spät wieder zurück.«
Elli: »Ah, okay. Mit wem bist du unterwegs?«
Francesca: »Die kennst du nicht. Ist ja auch nicht wichtig.«
Elli: »Na ja schon. Aber gut, wenn du nicht darüber sprechen möchtest.«
Francesca: »Bist du jetzt genervt?«
Elli: »Nee, nee.«

Auch in diesem Gespräch geschieht unterschwellig sehr viel. Beide sind schnell von den Antworten der anderen irritiert und ziehen sich in sich selbst zurück. Ganze Wagenladungen bleiben ungesagt. Kannst du dir vorstellen, was sich die beiden eigentlich gern gesagt hätten?

Francesca verschweigt, wie eingeengt und wie wenig verbunden mit ihrer Partnerin sie sich fühlt. Elli kommuniziert nicht, dass das Verhalten ihrer Freundin sie verletzt hat und sie sich ausgeschlossen fühlt. Beide ahnen, dass die andere mit negativen Gefühlen zu kämpfen hat. Doch keine traut sich, wirklich offen zu sein. Sie versuchen, den Konflikt zu vermeiden, und reden aneinander vorbei.

Andere Menschen versuchen vielleicht, die schlechte Stimmung dadurch zu bekämpfen, dass sie noch stärker auf die andere Person einreden.

Das Problem ist, dass sie dabei häufig Druck ausüben, der bei der anderen Person dazu führt, dass diese sich verschließt. Beide Taktiken – Problemthemen ganz vermeiden oder sie mit 180 Sachen frontal anzugehen – führen in den meisten Fällen nicht zum gewünschten Ziel. An sich ist es schon positiv, dass man versucht, etwas zu verbessern. Problematisch wird es nur, wenn diese Taktiken automatisiert ablaufen. Dann steuern wir sie nämlich nicht mehr wirklich.

Würden wir das tun, müsste uns relativ schnell klar werden, dass wir gute Kommunikation weder durch Ignorieren noch durch Erzwingen aufbauen können.

Ich kann mir vorstellen, dass es sich an diesem Punkt für dich gerade etwas überfordernd anfühlt. Du hast die ersten Kapitel gelesen und hoffentlich vieles verstanden. Wenn ich meinen Job gut gemacht habe, hat sich dein Sichtfeld auf das Thema Kommunikation erweitert. Du siehst mehr Zusammenhänge und hast das große Ganze im Blick. Doch leider kann der Nebeneffekt von so viel Information der sein, dass man nicht genau weiß, wo man anfangen soll, oder sich von der Fülle zunehmend erschlagen fühlt. Darum musst du dir jedoch keine allzu großen Sorgen machen. Wir werden alle wichtigen Schritte gemeinsam ausführen. Mein Tipp an dich ist, weiter offen zu bleiben und dir erst einmal alles genau durchzulesen. Wie man das dann letztendlich zusammenfügt und in die Praxis umsetzt, das schauen wir uns in Ruhe im zweiten Teil des Buches an.

Kommunikation fällt am Anfang einer Beziehung eher leicht, wird jedoch mit der Zeit häufig schwieriger. Diese Schwere resultiert aus all den nicht aufgearbeiteten Momenten, die zu emotionalen Verletzungen geführt haben. Wenn sich solche Situationen häufen, müssen wir eine Erklärung dafür finden. Wir fangen an, das Verhalten des anderen zu interpretieren. Je mehr diese Deutungen in unserer Vorstellung bestätigt werden, desto mehr verändert sich auch das Bild, das wir von der anderen Person haben. Hat man schließlich das Gefühl, sie wäre »das eigentliche Problem« oder »die Gegnerin«, dann führt das zu immer massiveren Abwehrreaktionen. Das geht mit verletzten Gefühlen auf beiden Seiten einher, die wiederum unser negatives Bild voneinander bestätigen. Dieser Zyklus befeuert sich stetig selbst, bringt uns weiter auseinander und verhindert gute Kommunikation.

Solch ein Prozess kann sich in etwa folgendermaßen abspielen:

1. *Kennenlernen:* Die Kommunikation ist womöglich noch zurückhaltend, aber man ist interessiert, beschnuppert sich.
2. *Annäherung:* Man fasst mehr Vertrauen zu der anderen Person und öffnet sich. Es werden viele Themen angesprochen und Meinungen ausgetauscht.
3. *Vertrautheit:* Man weiß immer besser, was dem Gegenüber wichtig ist, man teilt Gefühle und Erfahrungen.
4. *Erster Bruch:* Man gerät aneinander und streitet sich. Doch nach einiger Zeit geht man wieder aufeinander zu. Man versucht vielleicht, die verletzten Gefühle zu verdrängen.
5. *Alltag:* Man kommuniziert weniger Gefühle und tauscht sich mehr über Alltägliches aus. Es kommt immer wieder zu Streitigkeiten oder Missverständnissen.
6. *Stagnation:* Mit der Zeit haben sich Themen angesammelt, die nicht mehr gelöst werden. Es gibt Dinge, über die man nur ungern spricht, da man sich unverstanden fühlt. Das Bild von der anderen Person beginnt sich zu verändern.
7. *Eskalation:* Immer wieder führen Kleinigkeiten zu problematischen Situationen und emotionalen Verletzungen. Man entfernt sich voneinander, sieht die andere Person mehr und mehr als Gegner an und gerät immer schneller in eine Abwehrhaltung. Die negative Wahrnehmung des anderen verfestigt sich. Dieser Teufelskreis wird immer wieder vom Neuen befeuert.
8. *Trennung:* Man spürt keine gemeinsame Basis mehr. Die Verbundenheit ist mit der Zeit verloren gegangen, und man schafft es nicht mehr, normal zu kommunizieren.

Viele Menschen durchleben diese oder ähnliche Zyklen immer wieder in ihren Beziehungen. Man merkt zwar, dass man sich zu viel gestritten oder mit der Zeit auseinandergelebt hat, doch niemand weiß genau, was dahintersteckt und wann dieser Prozess eigentlich begonnen hat.

Das Problem in unserer Kommunikation besteht also nicht darin, dass wir nicht die richtigen Worte finden. Wir fanden sie ja zu Beginn einer Beziehung. Das Problem ist, dass sich irgendetwas massiv zwischen uns gedrängt hat. Und das sind all die kleinen Verletzungen und unguten Gefühle, die unsere Wahrnehmung verändert und uns reaktiv gemacht haben.

Zusammenfassung

Man kann sich Kommunikation als einen Fluss vorstellen. Am Anfang der Beziehung kann er ungehindert strömen. Alles, was man hineingibt, kommt tatsächlich auch am anderen Ufer an. Wir erinnern uns an das Sender-Empfänger-Modell: Alles, was ich sende, wird ohne größere Störung auch richtig empfangen. Doch mit der Zeit sammeln sich immer mehr Treibgut und Schutt an, bestehend aus emotionalen Verletzungen. Je mehr sich davon aufstaut, desto stockender fließt es. Das, was ich versuche zu senden, kommt nicht mehr oder nur noch bruchstückhaft an. Dann fühlen wir uns häufig so, als würden wir nicht mehr die gleiche Sprache sprechen.

Wir betrachten jetzt, was passieren muss, damit die Dinge wieder in Fluss geraten, wie schon zu Beginn der Beziehung. Denn kaum jemand weiß, was wir dafür eigentlich brauchen.

KAPITEL 4: WAS KAUM JEMAND ÜBER KOMMUNIKATION WEISS

Wir haben in den letzten Kapiteln viel über die Probleme gesprochen, die im Zusammenhang mit hochkochenden Emotionen entstehen können. Wir haben erkannt, dass sie unsere Kommunikation erschweren und letztendlich verhindern, weil sie uns reaktiv machen. Zudem können die daraus resultierenden Verletzungen unser Bild von der anderen Person negativ beeinflussen. Vielleicht fragst du dich an dieser Stelle: »Wenn Emotionen alles so kompliziert machen, warum versuchen wir sie dann nicht aus der Beziehung herauszuhalten? Vielleicht sollten wir alles dafür tun, keine negativen Gefühle in unsere Beziehung zu lassen.«

Ich kann diesen Gedankengang gut verstehen: »Es gibt etwas, das große Probleme verursacht; wäre es nicht mehr da, sollten auch die Probleme verschwunden sein.« Doch ich wäre keine richtige Psychologin, wenn meine Antwort hierauf nicht lautete: »Ja und nein. Es ist komplexer, als es scheint.«

Wir brauchen Emotionen, um emotionale Nähe herzustellen. Es steckt ja schon im Namen. Zu wenig Gefühle bedeuten emotionale Kälte. Keine gute Voraussetzung für eine glückliche und stabile Beziehung. Zu viele Emotionen können dagegen Eskalation bedeuten. Auch das hilft uns nicht weiter. Viele Menschen fallen in eine der beiden Kategorien: Entweder sie belassen die Gefühle in ihrem Inneren oder sie lassen sie ungehindert heraus. Ich vergleiche das gerne mit Eis und Feuer. Wo würdest du dich einordnen? Bist du eher emotional und lässt deinen Gefühlen freien Lauf? Oder verschließt du dich in Stresssituationen und wirst kalt? Oder bist du vielleicht eine Mischung aus beiden und schwankst zwischen Feuer und Eis?

Wir werden uns das in diesem Kapitel ein wenig genauer ansehen. Denn es ist wichtig zu verstehen, was genau in einem passiert. Beginnen wir mit »Eis«.

Ich sehe in meiner Praxis immer wieder Menschen, die den Emotionen vermeintlich abgeschworen haben. Im Job funktionieren sie durchaus gut. Sie sind effiziente Mitarbeitende und ChefInnen, doch zu Hause sieht es meistens ganz anders aus. Wären sie alleinstehend, würde es ihnen wohl gar nicht auffallen, dass etwas nicht stimmt. Sie sind gut gelaunt, bekommen ihr Leben geregelt und haben wahrscheinlich auch häufig einen handfesten Ratschlag für andere parat. Doch den PartnerInnen dieser Menschen fehlt häufig etwas Entscheidendes. Manchmal können sie gar nicht richtig in Worte fassen, was genau das ist. Eine Klientin hat es einmal so ausgedrückt: »Er ist da, aber irgendwie auch abwesend. Es ist so, als würden wir uns nicht *richtig* unterhalten. Wir sprechen über unseren Alltag, und ich weiß, was er den ganzen Tag gemacht hat. Aber all das wirkt so zweidimensional. Wir erreichen nie eine gewisse Tiefe. Wenn ich wissen will, wie es ihm *wirklich geht*, stoße ich auf Granit.«

Auch hier sehen wir wieder: Das Problem ist nicht, dass die beiden nicht kommunizieren. Sie reden ja über all die Dinge, die in ihrem Alltag geschehen. Dennoch fehlt ihrer Kommunikation etwas, und das sind die Emotionen.

Jetzt denkst du vielleicht: »Moment! Gerade waren die Emotionen noch das Problem und jetzt sollen sie die Lösung sein. Liebe Anouk, bitte entscheide dich doch! Was stimmt denn jetzt?«

Unsere Kommunikation ist immer nur so stark wie der Umgang mit unseren Emotionen.

Ich wiederhole das, weil es so wichtig ist: Unsere Kommunikation ist immer nur so stark, wie der *Umgang* mit unseren Emotionen. Wenn wir zum Beispiel von unseren Gefühlen überflutet werden, gehen wir in einen Angriffsmodus über oder werden laut. Beides ist nicht wirklich geeignet, um Nähe herzustellen. Unsere Kommunikation ist schlecht. Wenn wir unsere Emotionen verdrängen, sind wir kalt und für andere nicht richtig zu greifen. Auch kein sinnvolles Mittel, um Verbundenheit aufzubauen. Unsere Kommunikation ist schlicht und ergreifend nicht existent.

Falls wir es schaffen, *mit* unseren Emotionen zu arbeiten und sie auf eine konstruktive Art und Weise in unsere Kommunikation mit einzuflechten, dann kann die andere Person uns wirklich verstehen und uns nahe sein. Und erst dann bauen sich Vertrauen und Bindung auf, was wiederum unsere Beziehungen innig und resilient macht.

Woran kann man nun aber erkennen, ob man die eigenen Gefühle tatsächlich wegschiebt und dadurch eine gute Kommunikation verhindert? Schauen wir uns dazu Timos Verhalten noch einmal etwas genauer an.

Bislang lag der Fokus eher auf Hannah. Sie ist die Impulsive. Der Strom ihrer Emotionen und die damit verbundenen Konsequenzen sind nicht zu übersehen. Doch das bedeutet noch lange nicht, dass sie die Einzige ist, die etwas zur Verbesserung der gemeinsamen Kommunikation beitragen kann.

Timos Verhaltensmuster ist nicht so leicht zu entdecken, da es primär *in* ihm abläuft. Bei Hannah erkennt man ihre Gefühle in ihrem Gesicht und an der Art, wie sie redet. Ihre Emotionen sprudeln nur so aus ihr hervor. Timos Gefühle bleiben dagegen verborgen und schaffen es oft nicht an die Oberfläche. Das bedeutet jedoch nicht, dass sie nicht vorhanden sind. Und mitnichten, dass sie ihn nicht beeinflussen.

Wir sind in unserer ersten Einzelsitzung. Timo sitzt mir gegenüber und wippt mit dem Fuß. Ich sehe ihm an, dass er die Situation – allein mit mir über seine Gefühle und Gedanken reden zu müssen – als unangenehm empfindet. Ich habe ihn gerade gefragt, ob er sich vorstellen kann, was Hannah bei ihren Gesprächen immer derart wütend macht.

Timo: »Ich weiß es nicht. Irgendwie beißt sie sich immer an meinen Aussagen fest. Dabei versuche ich doch, so wenig Angriffsfläche wie möglich zu bieten.«
Ich: »Und wie sieht das konkret aus?«
»Na ja, häufig sag ich es gar nicht mehr, wenn mich etwas stört. Ich gehe oft wie auf rohen Eiern. Ich wäre schön dumm, wenn ich auch noch meine eigenen Probleme anspräche.«
»Was würde dann passieren?«
»Sie würde mich wahrscheinlich falsch verstehen und am Ende wütend auf mich sein. Die Worte, die ich sage, werden meist anders interpretiert, als sie gemeint sind.«
»Ja, daran sieht man, wie die Bilder, die ihr voneinander habt, sich mit der Zeit grundlegend verändert haben. Darüber hatten wir ja schon gesprochen. Doch versteh ich das richtig: Du vermeidest es, dich zu öffnen, weil du Angst vor einem drohenden Konflikt hast?«
»Schon.«
»Und dann ziehst du dich immer weiter zurück, um eine Eskalation zu vermeiden?«
»Ganz genau.«
»Aber führt das nicht unweigerlich dazu, dass die ganze Situation noch mehr eskaliert?«
Timo schaut mich fragend an.
»Dein Automatismus besteht darin, den Konflikt zu vermeiden und dich immer mehr zurückzuziehen. So hast du das Gefühl, keine Angriffsfläche zu bieten. In der Theorie sollte damit der Konflikt so klein wie möglich gehalten werden. Doch das Gegenteil ist der Fall. Je weiter du dich zurückziehst, desto entschiedener geht deine Freundin hinter dir her. Je weniger du von dir preisgibst, desto mehr verliert sie den Kontakt zu dir. Stell dir vor, wie es für sie sein muss, mit dir zu sprechen. Sie ist aufgewühlt und versucht, dir etwas mitzuteilen, und du wirst immer weniger ansprechbar und machst schließlich komplett zu. Für sie muss es sich anfühlen, als würdest du ihr den Kontakt entziehen, vielleicht sogar sie bestrafen. Und

was passiert dann? Sie ist so verletzt, dass sie noch wütender wird. Auf die Art befeuert ihr euch gegenseitig immer weiter.«

»Hm, so habe ich das noch gar nicht gesehen. Ich dachte immer, es hilft, wenn ich so rational wie möglich bin.«

Die Idee, dass Emotionen ein Problem darstellen könnten und möglichst nicht vorkommen sollten, hält sich hartnäckig. Und gerade Männern wird immer wieder vermittelt, dass sie »kühl« und »rational« sein sollten. Das führt dann dazu, dass sie mit emotional aufgeladenen Situationen in Beziehungen häufig schlecht umgehen können.

Wenn mir immer wieder explizit oder implizit gesagt wird, dass Emotionen hinderlich sind, dann haben sie schließlich keinen Vorteil mehr für mich. Ich fühle mich schlecht, sobald sie aufkommen, und denke automatisch: »Stell dich doch nicht so an!« In diesen Momenten lerne ich, mich von meinen Gefühlen zu distanzieren oder sie ganz zu verdrängen. Sie gehören immer weniger zu meinem Leben und es wird immer anstrengender, wenn ein anderer starke Emotionen zeigt.

Infobox[8] (Triggerwarnung: Suizid)

Australische Wissenschaftler haben den Zusammenhang zwischen Geschlecht, Suiziden und emotionaler Restriktion untersucht. Die Mehrheit der Suizidenten war männlich. Eine Theorie besagt, dass gerade Männer zu »rationalen« Menschen erzogen werden und sich kaum verletzlich zeigen dürfen. In dieser Studie wurden verschiedene Männer, die einen Suizidversuch unternommen hatten, befragt. Viele berichteten, dass es für sie gerade in der Kindheit kaum eine Möglichkeit gab, emotionale Verletzlichkeit auszudrücken. Für sie bedeutete dies die Aufgabe ihrer Männlichkeit, und sie versuchten, ihre Emotionen eher durch Wut zu kompensieren, ganz wegzudrängen oder mit Substanzen wie Alkohol zu betäuben.

Timo ist ein moderner Mann. Er ist nicht mit der Idee aufgewachsen, dass Emotionen Schwäche bedeuten. Und doch sind sie für ihn eine heikle Angelegenheit. Sie zu zeigen und sich zu öffnen, fällt ihm nicht leicht. Manchmal möchte er tiefe Gespräche mit seiner Freundin führen, doch die passenden Worte wollen ihm einfach nicht kommen. Sollte er es dann doch einmal versuchen, schämt er sich für seine Gefühle. Er wird den Gedanken nicht los, dass es nicht richtig ist, sich verletzlich zu zeigen. Denn auch Timo hat über die Jahre hinweg viele Ideen davon aufgenommen, wie er als Mann mit Gefühlen umzugehen hat. Diese unterschwelligen Überzeugungen abzuschütteln ist nicht einfach.

Würde ich Kommunikation als reine Technik ansehen, könnte ich Timo einfach einige gute Sätze mit an die Hand geben. So etwas wie »Ich fühle mich gerade unter Druck gesetzt« oder »Ich brauche gerade ein paar Minuten für mich, um nachzudenken«. Nicht falsch verstehen, diese Sätze sind durchaus geeignet, eine angespannte Situation zu entschärfen. Doch wenn sie nur einstudiert sind, bringen sie überhaupt nichts. Worte sollen Gefühle transportieren. Wenn ich aber etwas anderes fühle, als ich sage, transportieren sie überhaupt nichts. Dann habe ich womöglich formal alles richtig gemacht, aber echte Nähe und wirklich gute Kommunikation entstehen trotzdem nicht.

Worte ohne Emotionen sind bloße Hülsen.
Wir müssen sie mit unserem Erleben füllen.

Doch wie soll das gehen, wenn man gar nicht weiß, was man fühlt?

Darin liegt auch Timos Dilemma. Er bleibt in den Gesprächen mit Hannah meist passiv und hält sich zurück. Er lässt nicht zu, dass Hannah ihn wirklich verstehen kann, weil er sich ihr gegenüber nicht öffnet. Er spürt eine Hemmschwelle *in sich,* über die Dinge zu reden, die ihn belasten, auch wenn man diese Hürde und die Angst vor dem Konflikt von außen nicht sieht. Man bemerkt nur, dass nicht wirklich kommuniziert wird.

Welcher dieser Aussagen würdest du am ehesten zustimmen?

1. Ich stehe in direktem Kontakt mit meinen Gefühlen, auch den negativen. Manchmal vielleicht sogar ein wenig zu sehr. Wenn mich etwas berührt oder beschäftigt, spreche ich es sofort an. Mir ist es fremd, mit meinen Emotionen hinterm Berg zu halten.
2. Ich glaube, dass Gefühle prinzipiell enorm wichtig sind. Aber wenn ich ganz ehrlich bin, fällt es mir manchmal sehr schwer, über meine eigenen negativen Emotionen zu sprechen. Ich habe dann oft die Vorstellung, andere damit zu belästigen.
3. Für mich sind negative Gefühle eher nervig. Sollten sie doch einmal aufkommen, mache ich sie mit mir selbst aus oder treibe zum Beispiel Sport, bis sie wieder verschwunden sind.

Wenn du, wie Timo, einer der beiden letzten Aussagen zustimmst, dann muss ich dir leider eine unangenehme Wahrheit mitteilen: Es hat große Nachteile in einer Partnerschaft, Gefühle bloß mit sich selbst auszumachen. Natürlich ist es auch problematisch, alle Emotionen einfach so rauszulassen, wie Hannah das tut (die wohl eher dem ersten Punkt zustimmen würde). Keine Frage. Doch bei ihr weiß man zumindest, woran man ist.

Zu wenig Emotionen in der Kommunikation können also viele negative Konsequenzen haben:

- Man wird als kalt erlebt.
- Die andere Person kann einen nicht wirklich verstehen.
- Man baut keine emotionale Bindung auf.
- Nach langem Schweigen platzen plötzlich alle aufgestauten Emotionen aus einem hervor.
- Wichtige Informationen über das eigene Erleben werden nicht kommuniziert.
- Man fühlt sich von der anderen Person nicht gesehen.

Damit das nicht passiert, müssen uns diese Situationen früher auffallen. Betrachten wir dafür eine klassische Streitsituation. Hannah ist genervt, dass Timo zu spät zu ihrer Verabredung erscheint. Sie begrüßt ihn mit einem scharfen Kommentar, der ihn innerlich erstarren lässt. Er ist gleich angespannt und wappnet sich für weitere Kritik. An diesem Punkt könnte der sich anbahnende Streit noch abgewendet werden, indem Timo etwa ruhig erklärt, warum er zu spät gekommen ist.

Zum Beispiel so: »Ich kann verstehen, dass du genervt bist. Du hast dich auf unser Essen gefreut und ich habe dich warten lassen. Ich wurde bei der Arbeit von meiner Chefin aufgehalten, die mit mir noch ein wichtiges Projekt zu besprechen hatte. Ich habe die ganze Zeit über nur daran gedacht, dass ich endlich zu unserer Verabredung will, weil mir diese Abende so wichtig sind. Auf dem Weg hierhin war ich schon extrem angespannt, weil ich wusste, dass du wartest.«

In diesem Szenario hat Timo Hannah mitgenommen. Er hat sich geöffnet und ihr ehrlich gesagt, dass er selbst gerade sehr angespannt ist, weil er sich bereits dachte, dass sie enttäuscht von ihm sein würde. Hätte er einfach gar nichts gesagt, hätte seine Freundin auch nie die Chance bekommen, mit ihm zu fühlen und ihn zu verstehen. Doch gerade in solchen Fällen, in denen unsere Offenheit uns aus schwierigen Situationen retten könnte, fällt sie uns am schwersten. Denn es braucht schon einiges an Kraft und Ruhe, um sich zu öffnen und damit eben auch angreifbar zu machen.

Woran erkennt man nun aber, dass man, wie Timo, wenig über die eigenen Gefühle redet und die andere Person meist nicht mitnimmt?

Das sind typische Anzeichen:

- Du bist in Gesprächen wie versteinert.
- Du hast Angst, dass die andere Person schlecht auf dich reagieren könnte.
- Du distanzierst dich innerlich in Gesprächen.
- Du willst aus emotionalen Situationen fliehen.

Viele Menschen erleben Emotionen als hinderlich bei dem Versuch, vermeintlich gut zu kommunizieren. Diese Vorstellung finden wir – wie schon erwähnt – besonders häufig im beruflichen Kontext. Dort wird es oft nicht gern gesehen, wenn wir auf eine Situation emotional reagieren, sogar als unprofessionell empfunden. So verwundert es vielleicht gar nicht, dass viele Menschen diese Idee auch auf private Kontexte übertragen und etwa in Gesprächen mit FreundInnen, Eltern oder PartnerInnen versuchen, emotional aufgeladene Gespräche schnell wieder in ruhigere Fahrwasser und rationale Bahnen zu lenken.

Im beruflichen Umfeld funktioniert das womöglich gut, doch im Privaten kann es fatale Folgen haben. Wenn wir nämlich auf emotionale Probleme mit einer rationalen Kommunikation antworten, entsteht oft eine Dissonanz. Die zwei Sachen passen einfach nicht zusammen. Rationale Probleme, also so etwas wie »Ich habe keinen konkreten Plan, um mit der Situation umzugehen«, erfordern natürlich auch rationale Lösungen: »Erledige folgende Punkte A, B und C möglichst in dieser Reihenfolge.«

Bei rationalen Problemen rational zu antworten – das sind zwei Dinge, die gut zusammenpassen. Man spricht hier vom Schlüssel-Schloss-Prinzip. Doch bei emotionalen Anliegen im Privaten passt es meist nicht so gut. Falls wir derart auf emotionale Probleme reagieren, könnte es heftig im Getriebe knirschen. Unser Gegenüber wird vielleicht ungeduldig, sauer oder zieht sich zurück. Das führt oft dazu, dass auch gut gemeinte Ratschläge nicht angenommen werden und beide Parteien frustriert zurückbleiben.

Sie wollte eine empathische und verständnisvolle Reaktion und bekam einen Drei-Punkte-Plan.

Ein echter Klassiker unter den Kommunikationsproblemen: Eine Person möchte lediglich ihren Gefühlen freien Lauf lassen und sich Luft verschaffen, und die andere Person fühlt sich dadurch aufgefordert, eine Lösung für das Problem bereitzustellen. So kommunizieren beide aneinander vorbei und erleben ein Gefühl von Distanz und Fremdheit. Damit das nicht passiert, muss klarer kommuniziert werden, um welches Ziel es gerade geht. Also in etwa: »Ich möchte jetzt einfach nur erzählen, wie es mir geht. Ich brauche bloß ein offenes Ohr und noch keine konkrete Lösung.« Beim Gegenüber braucht es vielleicht eine kurze Reflexion, ob die automatische Reaktion (eine Lösung zu präsentieren) auch wirklich gewünscht wird. Wir sollten also anfangen, unsere automatischen Strategien und Reaktionen ein Stück weit zu hinterfragen und zu prüfen, ob sie auch im privaten Kontext angebracht sind.

Bei dem Versuch, eingefahrene Verhaltensweisen zu überwinden, mag eine Herangehensweise hilfreich sein, die du vielleicht aus dem Sport kennst. Sagen wir, du möchtest Muskelmasse aufbauen. Das ist dein Ziel. Jetzt weißt du aber, dass du erst einige Zeit trainieren musst, bevor du erste Ergebnisse erreichst. Dich immer wieder aufzuraffen, um zum Fitnessstudio zu gehen, obwohl du die Veränderungen nicht sofort siehst, ist anstrengend. Du hältst dir jedoch vor Augen, dass der langfristige Nutzen (dein Fitnessziel zu erreichen) die kurzfristigen Kosten (von der Couch aufzustehen) bei Weitem übersteigt. Würdest du nur danach handeln, was sich gerade gut anfühlt, würdest du dein Ziel nie erreichen.

In der Beziehung sollten wir eine ganz ähnliche Haltung einnehmen. Das Ziel einer liebevollen Partnerschaft werden wir nicht über Nacht erreichen. Klar, es kann verlockend sein, einfach wie bisher weiterzumachen und die kurzfristigen Kosten (zum Beispiel sich mit seinen Emotionen zu beschäftigen und offener zu kommunizieren) zu vermeiden. Doch so ernten wir auch nie den langfristigen Nutzen.

Doch nicht nur die »Eis«-Strategie hat ihre Nachteile. Auch »Feuer« kann Schaden anrichten.

Hannah hat ganz andere Probleme als Timo. Sie hält mit ihren Gefühlen nicht hinterm Berg, verpasst aber regelmäßig den Zeitpunkt, aus der emotionalen Spirale auszusteigen. Ab einem gewissen Punkt kann sie ihre Emotionen nicht mehr kontrollieren. Manchmal schämt sie sich im Nachhinein für das, was sie gesagt oder getan hat. In unserer ersten Einzelsitzung hat sie es so formuliert:

Hannah: »Manchmal wache ich erst wieder auf, wenn alles vorbei ist, wenn wir uns richtig gezofft haben und ich laut geworden bin. Das fühlt sich dann so an, als würde ich auftauchen oder am Ende eines Tunnels wieder ans Tageslicht gelangen. Manchmal gibt es aber auch Situationen, in denen ich merke, wie stark die Gefühle sind, doch der Zug ist schon abgefahren. Ich kann ihn einfach nicht mehr anhalten. In solchen Momenten ist meine Kommunikation natürlich auf dem Tiefpunkt angelangt. Ich werde gemein und kritisiere nur noch. Es muss dann einfach aus mir raus!«

Ich: »Hast du schon einmal versucht, etwas zu verändern, bevor der Zug abgefahren ist?«

Hannah: »Wie meinst du das? Bevor meine Emotionen zu stark geworden sind?«

Ich: »Genau. Es gibt ja einen gewissen Zeitraum zwischen Reiz und Reaktion, also zwischen der Auslösesituation und deinem Ausbruch. Wenn die Emotionen einen mitreißen, ist es enorm schwierig, sich zu besinnen. Vorher hast du größere Chancen, etwas zu ändern oder auf ein anderes Gleis abzubiegen. Woran merkst du denn, dass die Emotionen in dir aufsteigen?«

Hannah: »Das geht so schnell! Manchmal sind es nur Sekunden und ich bin schon auf 180.«

Ich: »Es ist wichtig, dass du deine Wahrnehmung für die Momente sensibilisierst, in denen du deine Gefühle kaum noch regulieren kannst. Versuch dich zu erinnern – was könnten diesbezügliche Warnsignale sein?«

Hannah: »Ich spüre auf jeden Fall eine Hitze im Körper. Ich werde ungeduldig und kribbelig.«

Ich: »Sehr gut. Wo genau spürst du diese Hitze?«

Hannah: »Erst in der Brust, dann im Gesicht. Es steigt so richtig nach oben.«

Ich: »Okay, deine Aufgabe wird darin bestehen, diese Hitze zu erkennen und als Symptom einzuordnen. Denn sie zeigt dir, dass du gerade mit großen Schritten auf eine Eskalation zusteuerst. Du hast es vorhin schon gesagt: Deine Kommunikation leidet enorm darunter. Und deine Partnerschaft natürlich auch.«

Hannah: »Das stimmt. Und es ist ein merkwürdiges Gefühl, die Kontrolle zu verlieren. Ich will das auch gar nicht mehr.«

In dieser Sitzung ging es darum, die Emotionen abzufangen, bevor sie die Kommunikation aushebeln. Welche Warnsignale kennst du von dir selbst, die dir zeigen, dass eine offene Kommunikation bald nicht mehr möglich sein wird?

Warnsignale könnten sein:

- Hitze im Körper;
- schwitzige Hände;
- Unruhe;
- Druck auf der Brust;
- Kribbeln;
- innere Anspannung;
- Kneten der Hände;
- die Kiefer werden zusammengepresst;
- die Schultermuskulatur verkrampft sich;
- ein Rauschen in den Ohren.

Schau dir diese Liste genau an und reflektiere, was auf dich zutrifft. Vielleicht fallen dir auch noch andere Warnsignale ein. Notiere sie dir in dein Handy oder auf ein Stück Papier. Diese Informationen werden wir später noch brauchen. Was du aber jetzt schon tun kannst, ist, deine Wahrnehmung für diese Signale zu schärfen. Wenn du das nächste Mal in einer schwierigen Situation bist, schreibe dir danach alle Anzeichen auf, die dir an dir selbst aufgefallen sind. Das ist ein enorm wichtiger erster Schritt.

Lässt sich Hannah von ihren Emotionen fortreißen, resultieren daraus Verletzungen auf beiden Seiten. Ihr Umgang mit ihren Gefühlen verhindert also eine bessere Kommunikation und somit eine erfüllte Beziehung. Bei Timo ist es ähnlich. Auch sein Umgang mit Emotionen verhindert eine offene und authentische Kommunikation und steht tieferer Verbundenheit im Wege. Hannah sollte lernen, ihre Emotionen stärker zu regulieren, und Timo, eben diese besser zu zeigen.

Das Gute daran ist: Sie können voneinander lernen. Denn beide haben etwas, das die andere Person nicht hat. Hannah steht in Kontakt zu ihren

Emotionen und Timo hat die Fähigkeit, ruhig zu bleiben. Also genau das, was sie ganz am Anfang ihrer Beziehung so aneinander bewundert haben. Wenn wir mit dieser Haltung an den gemeinsamen Prozess herangehen, wird es uns viel leichter fallen, an einem Strang zu ziehen und uns zusammen weiterzuentwickeln.

Zusammenfassung

Viele wissen nicht, wie wichtig der Umgang mit ihren Emotionen für eine gelungene Kommunikation ist. Die meisten Menschen lassen sich entweder von ihren Gefühlen leiten oder behalten sie für sich. Beides sorgt dafür, dass wir nicht offen und fokussiert miteinander interagieren können. Gute Kommunikation zeichnet sich vor allem dadurch aus, dass wir sowohl einen Zugang zu uns selbst als auch zu der anderen Person finden. Hannah weiß womöglich genau, was sie stört, doch fällt es ihr schwer, auch Timos Seite zu sehen und offen für ihn zu bleiben. Timo ist nach außen hin vielleicht geduldiger mit Hannah, schafft es aber meist nicht, seine Bedürfnisse offen zu kommunizieren, sondern vergräbt sie tief im Innern.

Kaum jemand weiß, wie wichtig es für eine gute Kommunikation ist, die automatischen Abläufe von Feuer und Eis zu erkennen und einzufangen.

Gute Kommunikation bedarf der Ruhe, nicht der Kälte, der Offenheit, nicht unkontrollierter Explosionen. Wir suchen also den goldenen Mittelweg zwischen den Kommunikationsstilen. Dieser wird uns enger in Kontakt mit unseren eigenen Glaubenssätzen und Mustern bringen und unsere persönliche Weiterentwicklung vorantreiben. Denn Kommunikation besteht nicht nur aus Worten. Sie hat so viel mehr mit uns selbst und unseren Automatismen und Geschichten zu tun. Wie genau, das schauen wir uns in den kommenden Kapiteln an.

KAPITEL 5: UND WAS IST DIE LÖSUNG?

Wenn wir über gute Kommunikation reden, sprechen wir auch über den Umgang mit unseren Emotionen. Wie wir sie ausdrücken, gleichzeitig für die Emotionen des anderen offen bleiben, und auch, wie wir mit möglichen Konsequenzen umgehen.

Viele Menschen haben das Problem, dass sie den Umgang mit Emotionen nicht beherrschen. Dies merken sie daran, dass ihre Kommunikation sehr schnell problematisch wird, sobald Emotionen oder Druck aufkommen. Dann redet man aneinander vorbei, versteht sich nicht mehr richtig und reagiert mit wenig hilfreichen Verhaltensweisen. Wir sollten also lernen, besser mit unseren Gefühlen und denen des Gegenübers umzugehen. So bleiben wir miteinander verbunden und lassen den Kontakt nicht abreißen.

Für viele Menschen ist das ein neuer Gedanke: Wir brauchen einen guten Umgang mit unseren Gefühlen, um besser zu kommunizieren. Wenn wir dieses elementare Puzzleteil außen vor lassen, gelangen wir mit unserer Kommunikation nicht ans Ziel. Vielleicht fallen dir gleich einige Beispiele ein, bei denen du mir widersprechen möchtest. Es scheint dir womöglich merkwürdig, dass die Gefühle bei jedem Gespräch so wichtig sein sollen.

Sicherlich gibt es auch Situationen, in denen man einfach nur Fakten verhandelt. Da stimme ich dir zu. Es hängt immer vom Ziel der Kommunikation ab. Was willst du mit deinen Worten erreichen? Wenn es nur darum geht, sachlich einen Plan zu erstellen, brauchst du deine Gefühle nicht unbedingt mitzuteilen. Du bist ruhig, die andere Person ist ebenfalls gelassen, und ihr versucht gemeinsam, eine rationale Lösung zu finden. Großartig! Doch sobald dein Ziel »Nähe aufbauen«, »sich verstanden fühlen« oder »jemandem bei einem emotionalen Problem behilflich sein« heißt, spielen unweigerlich Gefühle die Hauptrolle.

In diesem Zusammenhang begehen viele Menschen nun folgenden Fehler: Sie schätzen die Situation falsch ein und denken, dass es keines emotionalen Umgangs bedarf, weil es sich um ein vermeintlich rationales Problem handelt. Sobald sich aber jemand angegriffen fühlt, verletzt ist oder sich nicht gesehen glaubt, haben wir zuallererst ein emotionales Problem. Ab diesem Punkt tritt das eigentliche Gesprächsthema in den Hintergrund. Denn solange wir uns nicht um unsere Emotionen kümmern, wird die Kommunikation von ihnen untergraben. Schauen wir uns das anhand von zwei Beispielen an. Das eine zeigt, wie Hannah und Timo normalerweise miteinander kommunizieren, das andere, was sich verändert, wenn sie auf ihre emotionalen Probleme achten.

Hannah: »Meine Kollegin hat sich heute wieder so danebenbenommen. Ich kann das nicht mehr ertragen.«
Timo: »Sprich das doch bei deiner Chefin an. Das geht jetzt ja schon superlange so.«
Hannah: »Nein, das kann ich nicht machen. Die beiden sind gut befreundet, und das spricht sich schnell rum, wenn ich jemanden an den Pranger stelle.«
Timo: »Du stellst sie ja nicht an den Pranger. Du musst auch mal was bei der Arbeit sagen, so oft, wie du dich bei mir über sie beschwerst.«
Hannah (atmet hörbar genervt aus): »Du verstehst das nicht. Bei deinem Job ist ja alles in Ordnung. Du bist nie mit unangenehmen Menschen konfrontiert. Ich habe damit jeden Tag zu tun.«
Timo (wird ungeduldig): »Ja, dann musst du eben etwas ändern!

> Geh doch zu deiner Chefin und beschwer dich … aber du machst ja eh, was du willst.«
> **Hannah:** »Du hörst mir nie richtig zu! Das kann ich nicht machen. Es ist sinnlos, mit dir über diese Dinge zu sprechen. Du verstehst mich einfach nicht!«

Beide sind nach diesem kurzen Gespräch sehr frustriert. Timo begreift nicht, warum Hannah die rationale Lösung nicht annehmen will, und Hannah fühlt sich mal wieder nicht verstanden. Timos Ziel in dem Gespräch war es, Hannah einen Rat zu geben und einen Plan zu erstellen. Er wollte ihr dabei helfen, das Problem schnellstmöglich zu beseitigen. In Timos Augen war es seine Rolle in dem Gespräch, eine konkrete Lösung für Hannahs Dilemma zu liefern. Hannahs Ziel bestand darin, ihren Freund an ihren Gefühlen teilhaben zu lassen und etwas von dem inneren Druck loszuwerden. Sie wollte sich mit ihm austauschen und eine Verbindung herstellen. Hannah war es wichtig, sich von ihrem Freund gesehen zu fühlen. Die beiden haben sich bereits ganz am Anfang des Gesprächs verpasst, weil ihnen nicht klar war, dass sie unterschiedliche Ziele verfolgten. Keiner der beiden hat zudem auf die emotionale Ebene ihres Gesprächs geachtet, sodass jeder sich von der anderen Person nicht verstanden und sogar zurückgewiesen fühlte. Hier beginnt das Gespräch zu eskalieren. Sie merken unbewusst, dass etwas schiefläuft. Sie ziehen nicht am gleichen Strang. Plötzlich wird aus dem Wunsch, etwas gemeinsam zu klären und sich zu öffnen, ein Kampf. Ich nenne diesen Moment gerne das Knirschen oder auch das Knirschgefühl. Das sind die Momente, in denen sich ein Gespräch plötzlich falsch anfühlt und negative Spannungen entstehen. Häufig sind diese Momente mit Irritationen, dem Drang, sich zu wiederholen, oder mit großer Frustration verbunden. Es ist enorm wichtig, darauf zu achten, wann es zu knirschen beginnt, denn dies zeigt an, dass wir uns auf einer neuen Eskalationsstufe befinden. Das Knirschgefühl ist ein Warnsignal, das uns sagt: »Pass auf! Ihr habt euch verpasst und fühlt euch nicht mehr als Team.«

Infobox Knirschgefühl

Das Knirschgefühl – mein unwissenschaftlicher, aber bildhafter Ausdruck für den Kipppunkt eines Gespräches, an dem wir uns verpassen und mit großen Schritten auf einen Streit zusteuern.

Merkmale des Knirschens:

- Wiederholungen;
- das Gefühl, sich im Kreis zu drehen;
- Irritation;
- Frustration;
- das Gefühl, dass bei der anderen Person nicht ankommt, was man sagen will;
- das Gespräch wird schwer und verliert seine Leichtigkeit;
- die Unterhaltung macht keinen Spaß mehr.

Das Knirschen bedeutet, dass wir uns emotional verpassen. Wir ziehen in zwei unterschiedliche Richtungen und verstehen nicht, was die andere Person eigentlich will. Es ist ein Signal, das uns zeigt, dass der Kontakt abgerissen ist. Wenn wir es abfangen könnten, hätten wir die Chance, einen Streit sowie emotionale Verletzungen zu vermeiden. Dann fiele uns sicher auf, dass wir gerade über zwei ganz unterschiedliche Themen geredet und verschiedene Dinge voneinander gebraucht hätten. Je länger wir das Knirschen aber ignorieren, desto genervter werden wir. Dies kann sich bis zur Eskalation aufschaukeln.

Schieben wir dieses Gefühl beiseite, wird das Gespräch mit hoher Wahrscheinlichkeit nicht gut ausgehen. In diesem Beispiel ist Hannah und Timo nicht klar geworden, dass sie sich verpasst haben. Sie erleben die Einwände des anderen als nervig und falsch. Hier kommen Emotionen ins Spiel. Beide ringen um das richtige Ziel, ohne dass einer dabei gewinnen könnte. Ihre Unterhaltung nimmt eine andere Wendung, und alte Verletzungen spielen erneut eine Rolle. Das Paar hat das Knirschgefühl ignoriert und steuert direkt auf eine Eskalation zu.

Ein paar Tage, nachdem ich diese Zeilen geschrieben hatte, ist etwas Interessantes passiert. Ich bin in genau dieselbe Falle getappt. Mein Partner setzte sich abends neben mich und erzählte mir von der Arbeit. Er war etwas gestresst, weil viele neue Projekte gestartet wurden und er diese managen musste. Ich vermutete sofort: »Ah! Er will einen Plan, um weniger gestresst zu sein. Also muss ich ihm dabei helfen.« Ich fing also fröhlich an, ihm jede Menge Tipps zu geben, die er gar nicht haben wollte. Wir drehten uns im Kreis und fingen an, uns zu wiederholen. Es knirschte gewaltig in unserem Gespräch. Ich wurde ungeduldig und er frustriert, der Stress war deutlich spürbar, aber keiner von uns konnte der Situation entkommen.

Irgendwann machten wir eine kurze Pause. Ich ging ein bisschen durch die Wohnung und musste lachen. »Genau wie bei Hannah und Timo!«, dachte ich. Ich ging zurück zu meinem Partner und sagte: »Wir haben das Knirschen überhört! Du willst doch überhaupt keinen Ratschlag von mir, oder?« Er schaute mich verdutzt an und musste auch gleich lachen. »Nein, ich wollte dir einfach nur erzählen, was heute passiert ist.« »Okay, das habe ich nicht gleich richtig mitgeschnitten. Und dabei habe ich erst letzte Woche noch darüber geschrieben. Wahnsinn, wie schnell man in so ein Verhalten fällt!«

Und dies ist der erfreuliche Teil der Geschichte: In dem Moment, in dem mir das auffiel, ist jegliche Anspannung von uns abgefallen. Auf einmal haben wir uns wieder verstanden, auch Verbundenheit und Leichtigkeit kehrten zurück. Wir haben darüber gesprochen, was wir gerade brauchen, und begonnen, am gleichen Strang zu ziehen, anstatt gegeneinanderzuarbeiten. So wurde die Kommunikation wieder zu einer Brücke zwischen uns.

Du siehst also, niemand ist unfehlbar. Selbst Menschen, die sich jeden Tag mit diesen Themen beschäftigen und schlaue Bücher darüber zu schreiben versuchen, machen Fehler. Und es ist auch überhaupt nicht schlimm, solche Fehler zu begehen. Viel wichtiger ist es, dass sie uns bewusst werden und wir gemeinsam daran arbeiten, uns ein kleines Stückchen weiterzuentwickeln.

ÜBUNG

Gehe den Dialog zwischen Hannah und Timo noch einmal durch und versuche, die verschiedenen Ebenen des Gesprächs zu erkennen. Welcher Stelle würdest du folgende Begriffe zuordnen:

Großes Beziehungsthema: Du bist kalt / unempathisch.
Großes Beziehungsthema: Meine Meinung wird nicht gehört.
Knirschgefühl 1: Ablehnung des Vorschlags.
Emotionales Problem: Druck auf der Arbeit.
Knirschgefühl 2: Wiederholung.
Lösung für ein scheinbar rationales Problem »Umgang mit Kollegin«.
Knirschgefühl 3: Abwehr.

Hannah: »Meine Kollegin hat sich heute wieder so danebenbenommen. Ich kann das nicht mehr ertragen.«

Timo: »Sprich das doch bei deiner Chefin an. Das geht jetzt ja schon superlange so.«

Hannah: »Nein, das kann ich nicht machen. Die beiden sind gut befreundet und das spricht sich schnell rum, wenn ich jemanden an den Pranger stelle.«

Timo: »Du stellst sie ja nicht an den Pranger. Du musst auch mal was bei der Arbeit sagen, so oft, wie du dich bei mir über sie beschwerst.«

Hannah (atmet hörbar genervt aus): »Du verstehst das nicht. Bei deinem Job ist ja alles in Ordnung. Du bist nie mit unangenehmen Menschen konfrontiert. Ich habe damit jeden Tag zu tun.«

Timo (wird ungeduldig): »Ja, dann musst du eben etwas ändern! Geh doch zu deiner Chefin und beschwer dich … aber du machst ja eh, was du willst.«

Hannah: »Du hörst mir nie richtig zu! Das kann ich nicht machen. Es ist eh sinnlos, mit dir über diese Dinge zu sprechen. Du verstehst mich einfach nicht!«

Kleine Hilfestellung

Sollte dir die Aufgabe schwerfallen, vergegenwärtige dir zunächst, wie das Gespräch verlief. Hannah kommt mit ihrem Problem auf Timo zu, der das Gefühl hat, die Situation lösen zu müssen. Damit beginnt das Gespräch. Da sie jedoch gar keine rationale Lösung will, verpassen sich die beiden, das Gespräch fängt an zu knirschen. Beide wiederholen sich und sind sichtlich irritiert von den Aussagen der anderen Person. Dieses negative Gefühl steigert sich und das Knirschgefühl wird immer lauter. Hannah und Timo sprechen aneinander vorbei. Das geht ein paarmal hin und her, bis die nächste Eskalationsstufe erreicht wird. Hier kommen dann die Beziehungsthemen der beiden zum Vorschein. Man erkennt das daran, dass es nicht mehr um das eigentliche Problem (Stress auf der Arbeit), sondern um das Gegenüber geht. Hier hören wir dann auch die Verletzungen heraus, die wir bei Hannah und Timo schon in den vorhergehenden Kapiteln kennengelernt haben.

Auflösung

Emotionales Problem: Druck auf der Arbeit

Hannah: »Meine Kollegin hat sich heute wieder so danebenbenommen. Ich kann das nicht mehr ertragen.«

Lösung für ein scheinbar rationales Problem »Umgang mit Kollegin«

Timo: »Sprich das doch bei deiner Chefin an. Das geht jetzt ja schon superlange so.«

Knirschgefühl 1: Ablehnung des Vorschlags

Hannah: »Nein, das kann ich nicht machen. Die beiden sind gut befreundet und das spricht sich schnell rum, wenn ich jemanden an den Pranger stelle.«

Knirschgefühl 2: Wiederholung

Timo: »Du stellst sie ja nicht an den Pranger. Du musst auch mal was bei der Arbeit sagen, so oft, wie du dich bei mir über sie beschwerst.«

Knirschgefühl 3: Abwehr

Hannah (atmet hörbar genervt aus): »Du verstehst das nicht. Bei deinem Job ist ja alles in Ordnung. Du bist nie mit unangenehmen Menschen konfrontiert. Ich habe damit jeden Tag zu tun.«

Großes Beziehungsthema: Meine Meinung wird nicht gehört

Timo (wird ungeduldig): »Ja, dann musst du eben etwas ändern! Geh doch zu deiner Chefin und beschwer dich … aber du machst ja eh, was du willst.«

Großes Beziehungsthema: Du bist kalt / unempathisch

Hannah: »Du hörst mir nie richtig zu! Das kann ich nicht machen. Es ist eh sinnlos, mit dir über diese Dinge zu sprechen. Du verstehst mich einfach nicht!«

Um aus diesen Dynamiken auszusteigen, müssen sie uns zunächst auffallen. Das ist der erste wichtige Schritt. Man sollte sich wirklich Zeit nehmen, sich damit auseinanderzusetzen. Zunächst wird es dir wahrscheinlich erst **nach** der fraglichen Situation auffallen, dass etwas schiefgelaufen ist. Später wirst du bereits während des Gesprächs »aufwachen« oder in der Lage sein, eine kurze Pause einzulegen. Lass uns schauen, wie genau dieses Gespräch hätte anders verlaufen können.

Nachdem Hannah und Timo sich in der Therapie damit beschäftigt haben, an welchem Punkt sie sich in ihrer Kommunikation verpassen, ist beiden bewusst geworden, dass sie häufig unterschiedliche Ziele verfolgen. Sie haben gelernt, die ersten Anzeichen der Eskalationsstufen zu bemerken, und gehen achtsamer in ihre Gespräche. Sie sind beide entschlossen, ihre Kommunikation zu verändern und sich bewusster in potenziell heiklen Situationen zu verhalten. In diesem Stadium ihrer gemeinsamen Entwicklung könnte ein deutlich besseres Gespräch etwa so verlaufen:

Hannah: »Meine Kollegin hat sich heute wieder so danebenbenommen. Ich kann das nicht mehr ertragen.«
Timo: »Sprich das doch bei deiner Chefin an. Das geht jetzt ja schon superlange so.«
Hannah: »Timo, ich will gerade keinen Plan. Es war einfach eine blöde Situation heute auf der Arbeit.«
Timo: »Ja, das verstehe ich. Aber das kann doch nicht immer so weitergehen.«
Hannah: »Nein, das weiß ich auch.«
Timo: »Ich habe gerade das Gefühl, dass du dich sträubst, eine Lösung zu akzeptieren, die so offensichtlich ist.«
Hannah (verärgert): »Ja, dann mach du es doch, wenn du es so gut kannst.«
Timo: »Das hab ich so nicht gemeint. Was kann ich denn tun?«
Hannah: »Einfach nur zuhören.«

Die Kommunikation zwischen den beiden ist nicht perfekt. Das muss sie auch nicht sein. Wenn du anfängst, dich mit den Themen in diesem Buch zu beschäftigen und die Ratschläge in die Tat umzusetzen, wird nicht alles auf Anhieb klappen. Es wird Zeit und Übung benötigen. Doch man kann bereits an diesem Punkt erkennen, dass die beiden es ernsthaft versuchen. Hannah macht ihr Ziel deutlicher, indem sie Timo sagt, was sie will. Und Timo spricht offener darüber, warum ihn das Gespräch so frustriert. Hannah hat also kurz innegehalten, anstatt sofort genervt zu reagieren, und Timo hat seine Gefühle offener kommuniziert. Beide arbeiten hier aktiv an ihrem Umgang mit ihren Emotionen, mit dem Ziel, die Kommunikation zu verbessern.

Indem Hannah anspricht, was sie will, und Timo sich erkundigt, wie er dabei behilflich sein kann, verändert sich das Resultat des Gesprächs. Es ist total normal, zwischen alter Dynamik und neuen Strategien hin- und herzupendeln. Die neuen Vorsätze müssen nicht sofort zu 100 Prozent umgesetzt werden. Das würde euch zu viel Druck machen und nur dazu führen, dass ihr nie damit anfangt. Viel wichtiger ist es, dass ihr einfach mal loslegt. Man sieht an diesem Beispiel auch schön, dass es nicht *die* perfekte Kommunikation braucht, um das Resultat eines Gesprächs positiv zu beeinflussen.

Timo und Hannah haben es geschafft, sich anzunähern, sich besser zu verstehen und nicht noch mehr Verletzungen anzuhäufen. Na klar, sie haben noch nicht vollständig dafür gesorgt, dass ihre Trigger gar nicht mehr ausgelöst werden. Dafür braucht es noch mehr Übung und Wissen, das sie aber mit der Zeit bekommen werden. Trotzdem hat sie das nicht davon abgehalten, das Gelernte bereits umzusetzen und einfach mal auszuprobieren.

Ich rate dir, nicht darauf zu warten, das gesamte Buch durchgelesen zu haben, bevor du anfängst, etwas zu verändern. Du kannst auch jetzt schon klein anfangen. Aus der therapeutischen Erfahrung kann ich dir versichern, dass es wichtiger ist, einfach mal loszulegen, als aus Angst davor, es nicht perfekt zu machen, gar nichts zu tun.

Ich denke, was Hannah und Timo geholfen hat, ihre Gespräche zu verändern, ist, dass es dabei nicht direkt um sie selbst ging. Es gibt bestimmte Themen zwischen den beiden, auf die sie inzwischen allergisch reagieren.

Diese Dinge sind meist ganz eng mit ihren großen Beziehungsthemen und emotionalen Verletzungen verknüpft. Je dichter etwas an diesen Themen ansetzt, desto schneller und heftiger ist meist auch die emotionale Reaktion darauf und desto weniger Spielraum haben sie, anders zu reagieren.

In diesem Beispiel ging es zunächst um Hannahs Kollegin, also nicht direkt um eines ihrer heiklen Themen. Erst gegen Ende hat sich das Gespräch in diese Richtung entwickelt. So hatten Hannah und Timo genügend Zeit, etwas von ihrem neu erworbenen Wissen anzuwenden. Hätte das Thema »Du entscheidest über meinen Kopf hinweg« gelautet, wäre es besonders für Timo schwierig geworden, offen für seine Partnerin zu bleiben, da es eine emotionale Wunde bei ihm berührt. Auf der anderen Seite wäre es für Hannah sicher sehr triggernd gewesen, wenn Timo seine Hilfe verweigert oder sie mit Liebesentzug bestraft hätte. Das wiederum träfe eine ihrer Wunden.

Reserviere die Techniken aus diesem Buch nicht nur für die großen Themen und heftigen Streits. Du brauchst Zeit, um zu üben. Wenn du direkt mit den großen Problematiken beginnst, dann ist die Wahrscheinlichkeit größer, dass du scheiterst, einfach weil du noch nicht genügend Erfahrung gesammelt hast. Außerdem kann man schnell den Mut verlieren, wenn man das Gefühl hat, dass es nicht klappt.

Mein Tipp also: Übe in Alltagssituationen, bevor du diese Techniken in schwierigen Gesprächen anwendest. Das kann konkret etwa so aussehen:

1. Ziel benennen

Zusammen wandern

Timo und Hannah unternehmen eine Wanderung. Da sie im Wald schlechten Handy-Empfang haben, verwenden sie eine Wanderkarte. Timo führt sie, doch es scheint, als hätten sie sich verlaufen. Darum will Hannah sich selbst die Karte anschauen, aber er nimmt sie ihr weg. Hannah beginnt, auf ihn einzureden, und merkt, dass sie damit nicht weiterkommt. Also sagt sie: »Ich versuche gerade, eine Möglichkeit zu finden, mit dir zu kommunizieren, damit wir hier wieder rauskommen. Lass uns doch gemeinsam einen Plan machen.« Hier hat Hannah mit ihren aufkommenden Gefühlen gearbeitet und eine Handlungsalternative gewählt, die das Gespräch nicht eskalieren ließ.

Den Einkauf erledigen

Timo fühlt sich kränklich und ziemlich gerädert. Wie jeden Freitag steht jedoch der gemeinsame Einkauf an. Er sagt sich, es sei schon nicht so schlimm, und fährt mit Hannah zum Supermarkt. Als sie dort angekommen sind, geht es ihm plötzlich deutlich schlechter. Hannah ist irritiert, weil er so kurz angebunden ist, und reagiert genervt. Timo sagt nichts, sodass Hannah auch weiterhin nicht versteht, was mit ihm los ist. Also stellt Timo klar: »Ich versuche, dir gerade zu erklären, warum es mir nicht so gut geht, damit wir nicht aneinander vorbeireden.« Timo hat sich nicht in sich selbst zurückgezogen, sondern offener kommuniziert, was in ihm passiert.

Weitere Formulierungen

- »Ich möchte dich gerade besser verstehen. Kannst du das noch einmal mit anderen Worten erklären?«
- »Ich will mich nicht mit dir streiten. Mir ist es wirklich wichtig, dass wir hier am gleichen Strang ziehen.«
- »Ich hake hier gerade nach, weil ich das Problem klären möchte, und nicht, um dich anzugreifen.«
- »Ich brauche gerade eine kleine Auszeit, um meine Gedanken zu ordnen. So kann ich gleich besser mit dir kommunizieren.«
- »Ich bin jetzt nicht still, um dich außen vor zu halten, sondern versuche gerade, die richtigen Worte zu finden.«

2. Knirschgefühl ansprechen

Einen Film aussuchen

Hannah und Timo haben es sich auf ihrem Sofa bequem gemacht, um einen Film anzusehen. Nach einigem Hin und Her sind beide etwas angefressen. Sie können sich einfach nicht auf einen Film einigen.

Als sie nun den fünften Trailer anschauen, sagt Hannah frustriert: »Wir verschwenden unseren Abend, lass uns doch einfach einen aussuchen, es muss ja nicht unbedingt *Terminator* sein.« Darauf erwidert Timo: »Ja, dann können wir es aber auch gleich sein lassen.« Beide sehen kurz in entgegengesetzte Richtungen, bis Timo kopfschüttelnd sagt: »Da hat's gerade wieder richtig zwischen uns geknirscht«, und Hannah ihn etwas schuldbewusst anlächelt.

Unterzuckerung

Als Hannah von der Arbeit nach Hause kommt, ist sie gestresst und unterzuckert. Der Arbeitstag war so vollgestopft mit Aufgaben, dass sie vergessen hat, zu essen. Sie hat einen Kloß im Hals und spürt bereits, dass ihre Zündschnur sehr kurz ist. Als sie bemerkt, dass Timo noch nicht da ist, ruft sie ihn an. »Wo bist du?«, meldet sie sich. Ihr Ton ist angespannt und verrät ihren inneren Druck. »Auf dem Weg, bin gleich da. Was ist denn los?«, fragt Timo. Hannah will schon patzig werden, aber sie hält inne und sagt: »Ich bin knirschig drauf.« Timo lacht und sagt: »Was heißt das denn?« »Ich bin total unterzuckert und merke gerade, dass ich einfach nur sauer bin, und es bei jedem Gespräch zwischen uns gerade richtig knirschen würde.«

Weitere Formulierungen

- »Wir drehen uns hier gerade im Kreis. Kann es sein, dass du eigentlich gar keine Lösung willst?«
- »Hast du auch das Gefühl, dass wir gerade gegen- anstatt miteinander arbeiten?«
- »Ich glaube, das Gespräch könnte gleich kippen. Es knirscht. Wenn wir so weitermachen, werden wir uns sicher streiten. Lass uns gerade mal unsere Gedanken sammeln.«
- »Irgendwie sind wir momentan nicht im selben Team. Was brauchst du denn?«
- »Spürst du das Knirschgefühl? Ich glaube, hier stimmt etwas nicht.«

3. Gefühle benennen

Verpasster Bus

Hannah ist spät dran für ihre Verabredung mit einer Freundin und rennt aus der Wohnung. Gerade als sie um die Ecke biegt, fährt ihr der Bus vor der Nase weg. Sie ist aufgebracht, doch anstatt die Wut in sich hineinzufressen, holt sie ihr Handy hervor und schreibt ihrer Freundin: »Ich habe gerade meinen Bus verpasst. Verspäte mich um ein paar Minuten. Dieser Tag macht mich echt fertig, ich bin die ganze Zeit über angespannt. Erzähl ich dir gleich genauer.«

Gemeinsamer Kochabend

Es ist Samstagabend und Hannah und Timo kochen gemeinsam. Als sie am gedeckten Tisch sitzen und über den Alltag reden, fällt Timo auf, wie schön es gerade ist. Also sagt er: »Ich finde das gerade sehr angenehm, hier mit dir zu sitzen und einfach den Abend zu genießen.«

Weitere Formulierungen

- »Ich bin gerade ziemlich angespannt. Könnten wir eine kurze Pause machen?«
- »Du bist genauso genervt wie ich, oder? Irgendwie haben wir uns wohl verpasst.«
- »Ich bin ziemlich frustriert von dem Gespräch. Wir sind alles andere als ein Team. Was können wir dagegen unternehmen?«
- »Ich finde es schön, wie du versuchst, mich an deinen Gefühlen teilhaben zu lassen. Danke dafür.«
- »Es ist gerade nicht einfach, mich so verletzlich zu zeigen.«

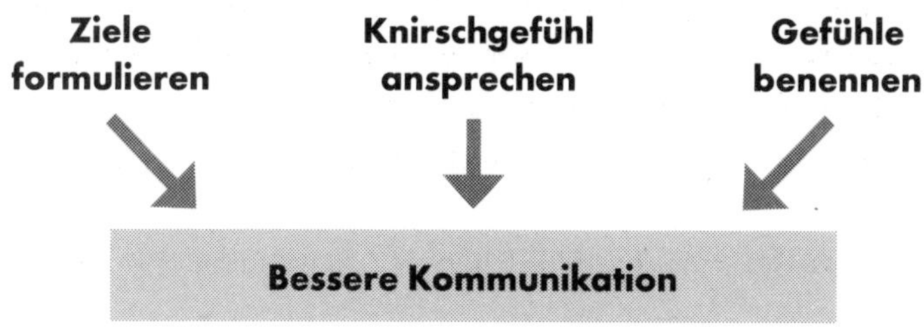

Diese kleinen Aufgaben können sich am Anfang etwas schräg anfühlen. Das ist ganz normal. Alle ungewohnten Verhaltensweisen fühlen sich zunächst etwas merkwürdig an. Viele der Paare, mit denen ich zusammenarbeite, müssen sich zunächst an die neuen Strategien gewöhnen. Doch ich kann dir versichern, dass es sich lohnen wird. Wir müssen sie so lange einüben, bis sie zur Normalität geworden sind. Dann werden wir sie auch viel selbstverständlicher in schwierigen Situationen anwenden können. Je mehr wir diese Verhaltensweisen trainieren, desto leichter werden sie uns fallen. Wenn ich zudem mit etwas Humor eine angespannte Situation entschärfen kann, ist es für mein Gegenüber auch viel einfacher, mit einer gewissen Leichtigkeit zu reagieren.

Übe dich darin, deine Komfortzone immer mal wieder zu verlassen und etwas Neues auszuprobieren. Nur so kannst du auch bessere Gewohnheiten schaffen. Letzte Woche erst habe ich mit einem Paar über ihre Streitkultur gesprochen. Sie waren davon frustriert, dass sich nichts veränderte. Als ich sie fragte, welche Techniken sie ausprobiert hatten, mussten beide zugeben, dass sie sich an keine Strategie herangetraut hatten. Veränderung kommt durch eine Veränderung. Lieber etwas ungeschickt das Knirschgefühl ansprechen, als sich erneut streiten und noch mehr emotionale Verletzungen anhäufen.

Ein Teil der Lösung besteht also darin, früh anzufangen und neue Strategien auszuprobieren. Such dir eine Technik aus und versuche, sie in deinen Alltag zu integrieren. Wenn das gut funktioniert, gehe zur nächsten über.

Sprich dich auch gern mit deinem Partner oder deiner Partnerin kurz ab. So könnt ihr einander unterstützen und euch über die Arbeit mit den neuen Strategien austauschen. Was lief schon ganz gut? Wo verpassen wir immer noch den geeigneten Zeitpunkt? Welche Gedanken helfen uns, schneller in die Umsetzung zu kommen?

Nutze das Ende des ersten Teils dieses Buches, um auf eure Beziehungsdynamik zu blicken. Welche wiederkehrenden Themen konntest du entdecken? Vielleicht:

- fehlende Empathie;
- wenig Sicherheit;
- Einsamkeit;
- keine Priorität genießen;
- mangelnde Wertschätzung;
- etwas anderes?

Welche alten Verletzungen / Emotionen kommen immer wieder an die Oberfläche? Vielleicht:

- Ich fühle mich hintergangen.
- Ich habe den Eindruck, als wollte die andere Person mich einfach nicht verstehen.
- Ich fühle mich mit meinen Problemen allein gelassen.
- Ich empfinde, dass ich häufig zurückgewiesen werde.
- Ich bin nicht selten überfordert und hilflos.
- Etwas anderes?
-

Wie hat sich dein Bild vom anderen verändert? Vielleicht:

- Ich sehe sie häufig als das eigentliche Problem an. Ich habe die meiste Zeit über nicht das Gefühl, als wären wir noch ein Team.
- Ich frage mich, ob sie noch auf meiner Seite steht.
- Ich habe das Gefühl, ich kann ihr einen Vertrauensvorschuss gewähren und stets nur das Beste annehmen.

Welchen Kommunikationsstil nutzt du? Vielleicht:

- Ich bin der Typ, der die Dinge eher mit sich selbst ausmacht.
- Ich kann laut werden und habe Probleme damit, meine Gefühle zu regulieren.
- Ich vermeide Konflikte und spreche problematische Themen eher nicht an.

- Ich bin eine Mischung aus all diesen Punkten, je nach meinem Gegenüber und der jeweiligen Situation.

Was fällt dir beim Kommunizieren besonders schwer? Vielleicht:

- offen zu bleiben;
- überhaupt zu kommunizieren;
- Ruhe zu bewahren;
- mich nicht verunsichern zu lassen und bei mir zu bleiben.

An Folgendem kannst du jetzt sofort arbeiten:

Verstehen

Was sind eure Beziehungsthemen?

Wie hat sich das Bild von der anderen Person mit der Zeit gewandelt?

Fühlen

Team Feuer: Woran erkennst du, dass deine Emotionen hochkochen?

Team Eis: Welche Hürden musst du überwinden, um dich mehr zu öffnen?

Kommunizieren

Achte auf das Knirschgefühl und sprich es offen an.

Kommuniziere deine Intention / dein Ziel schon zu Anfang, um die andere Person mit ins Boot zu holen.

Zusammenfassung

Es gibt einen guten Grund, warum unsere Kommunikation nicht funktioniert, und den müssen wir finden. Wir haben gesehen, wie wichtig der Umgang mit unseren Emotionen ist. Regulieren wir sie nicht, eskalieren unsere Gespräche. Schließen wir sie einfach weg, stellt sich keine echte Nähe ein.

Der Umgang mit unseren Emotionen ist also eine enorm wichtige Komponente, wenn wir unsere Kommunikation verbessern und wieder mehr Verbundenheit zwischen uns herstellen wollen. Denn am Ende geht es doch genau darum, Gefühle zu zeigen, sie zu kommunizieren und damit eine erfüllte Partnerschaft aufzubauen. Ohne sie haben wir im besten Fall eine Wohngemeinschaft und im schlimmsten Fall eine begehbare Tiefkühlkammer. Wenn du also Nähe, Leidenschaft und Verbundenheit möchtest, brauchst du einen unverkrampften Umgang mit deinen Gefühlen. Wir müssen lernen, gemeinsam an unserer Kommunikation zu arbeiten, gleichzeitig aber auch verstehen, was jeder von uns individuell zur Verbesserung beitragen kann.

Im nächsten Teil des Buches werden wir noch eine Ebene tiefer gehen. Wir werden uns die wunden Punkte und Trigger noch etwas genauer anschauen, um immer besser auf eure Dynamik und Kommunikationsprobleme eingehen zu können. Ganz nebenbei lernt man sich so ganz anders kennen. Wir werden im zweiten Teil neue Strategien entwickeln, mit denen ihr besser auf schwierige Situationen reagieren könnt und deutlich gelassener werdet.

ZWEITER TEIL: DAS FUNDAMENT AUFBAUEN

KAPITEL 6: DIE ALTE SCHUTZSTRATEGIE ERKENNEN

So! Du hast es also durch den ersten Teil des Buches geschafft! Das bedeutet, im besten Fall hast du jetzt eine Idee davon, was wirklich guter Kommunikation im Wege steht und welche typischen Probleme dabei auftauchen. In diesem zweiten Teil schauen wir uns genauer an, was man machen kann, um endlich aus den unproduktiven Kommunikationsmustern auszubrechen. Dabei wird uns das Wissen aus dem ersten Teil natürlich helfen.

Schauen wir noch einmal bei unserem Lieblingspaar Hannah und Timo vorbei und sehen wir nach, wo die beiden gerade in ihrem Paartherapieprozess stehen.

Ich: »Willkommen zurück! Wir haben uns jetzt ein paar Wochen nicht gesehen. Was ist denn in der Zwischenzeit passiert?«
Timo: »Wir haben versucht, einige der besprochenen Dinge auszuprobieren.«
Ich: »Super! Wie hat das funktioniert?«
Hannah: »Manche Sachen liefen ganz gut. Aber wir sind noch ein paarmal richtig aneinandergeraten. Ich merke, dass wir eigentlich

immer wieder über die gleichen Themen reden. Das ist irgendwie gut, aber auch sehr frustrierend, weil wir uns trotzdem hier und da heftig streiten.«
Timo: »Ja, das sehe ich genauso. Für mich ist es leichter geworden, zu verstehen, was Hannah von mir will, wenn es ihr nicht gut geht. Doch ich merke auch, wie ich immer wieder in alte Muster verfalle und den Rückzug antrete.«
Ich: »Es ist tatsächlich ganz normal, dass ihr euch in einem Zwischenstadium befindet und einiges besser klappt, anderes noch nicht so gut. Einsicht in eine bestimmte Situation zu erlangen, ist schon enorm hilfreich. Doch ihr merkt, dass es nicht für alle Momente ausreicht. Wenn man anfängt, neue Techniken zu implementieren, gibt es immer einige Bereiche, an die man noch nicht herankommt. Und das sind die Gebiete, wo besonders viele Emotionen, Verletzungen und Trigger sitzen. Dafür brauchen wir besondere Strategien.«
Hannah: »Ja, ich merke: Bei den Themen, die mich nicht so aufregen, kann ich die Sachen schon ganz gut umsetzen. Es fällt mir viel leichter, meine Intentionen und Gefühle ruhig anzusprechen, wenn mir die Situation nicht so nahegeht. Doch ganz bestimmte Dinge packe ich einfach nicht.«
Ich: »Ja, genau um solche Situationen, die sich gerade noch zu groß oder intensiv anfühlen, werden wir uns jetzt kümmern. Timo, gab es solche Momente auch für dich?«
Timo: »Für mich ist es schwieriger herauszufinden, wann ich emotional unter Druck stehe. Ich glaube, es ist besonders schwer für mich, wenn mich Hannah angreift. Dann offen zu bleiben und nicht einfach aus der Situation zu gehen, klappt selten.«

Vielleicht bist du ja an einem ähnlichen Punkt wie Hannah und Timo. Du hast angefangen, die Tipps aus diesem Buch anzuwenden, und ein paar Techniken haben auch schon ganz gut funktioniert. Doch es gibt immer wieder Momente, die einfach automatisch ablaufen, sodass du sie noch nicht einfangen kannst. Da dies genau die Situationen sind, die den größten negativen Einfluss auf die Beziehung haben, schauen wir sie uns noch einmal in Ruhe an.

Sicherlich fragst du dich, warum es dir nicht gelingt, einfach anders zu reagieren. Du hast bereits einige Möglichkeiten an die Hand bekommen, um besser zu kommunizieren. Warum sind diese Informationen dann plötzlich verschwunden, wenn du sie am meisten brauchst?

Um diese Frage zu beantworten, müssen wir einen kleinen Abstecher in die Neurowissenschaft machen und uns anschauen, woher wir als Menschen eigentlich kommen. Aber keine Sorge, ich werde dich nicht mit Fachbegriffen und abgehobenen Phrasen langweilen. Das hoffe ich zumindest. Ich habe häufig die Erfahrung gemacht, dass es vielen Menschen sehr guttut, zu verstehen, was da eigentlich in ihrem Kopf und Körper vor sich geht. Deshalb lass dich gern einmal auf die nächsten paar Zeilen ein, auch wenn du noch nicht sofort verstehen kannst, wie dies alles zusammenhängt. Ich verspreche, es wird am Ende Sinn ergeben.

Unser Gehirn ist ein Wunderwerk. Es ist enorm gut darin, zu lernen und uns zu schützen. Diese Dinge sind eng miteinander verknüpft. Wenn wir gefährlichen Situationen ausgesetzt sind, lernen wir daraus und reagieren beim nächsten Mal angemessener. Stell dir vor, du gehst über eine Straße und schaust auf dein Handy. Wie aus dem Nichts schießt ein Auto heran. Du springst zur Seite und das Auto fährt hupend an dir vorüber. Dein Herz pocht wie wild, während du dein Handy in die Tasche steckst und weitergehst.

Beim nächsten Mal, wenn du eine Straße überquerst und dein Handy in der Hand hältst, wird dein Gehirn dich warnen. Du wirst vielleicht einen leicht erhöhten Puls bekommen und bewusst schauen, ob ein Auto kommt. Dein Körper stellt also bereits Energie zur Verfügung, um schneller reagieren zu können. Außerdem ist deine Wahrnehmung ganz darauf konzentriert, heranrasende Autos zu erkennen.

Du hast also aus der Situation gelernt und dein Verhalten angepasst, um sicherzustellen, dass du überlebst. Danke, liebes Gehirn!

Jetzt stellen aber nicht nur Autos eine Gefahr für uns dar. Auch der Verlust von Bindung kann uns gefährlich werden. Tatsächlich ist es evolutionär für einen Homo sapiens ebenso problematisch, aus einer Gruppe ausgeschlossen zu werden, wie einem Säbelzahntiger zu begegnen. Als soziale Wesen sind wir auf andere angewiesen, um zu überleben. Denn im Vergleich zu anderen Spezies sind wir nicht besonders schnell, nicht besonders stark und auch nicht besonders gut getarnt. Aber wir haben ein Gehirn entwickelt, das vorausschauend planen kann und sehr gut darin ist, mit anderen Menschen zusammenzuarbeiten. Das ist unsere Überlebensstrategie.

Übertragen wir das Ganze nun auf den zeitgenössischen Menschen. Verlieren wir die Bindung zu einer nahestehenden Person, kann sich das enorm belastend anfühlen. Gerade wenn wir bereits die Erfahrung gemacht haben, dass ähnliche Situationen tatsächlich zu Trennungen oder Problemen führen können, sind wir doppelt angespannt. Denn es droht der Verlust eines Menschen, der uns wichtig ist, uns nahesteht und die Bedürfnisse nach Sicherheit, Nähe und Bindung befriedigt. Fangen wir also an, uns zu streiten oder uns voneinander zu distanzieren, stellt das für viele Menschen eine ernsthafte Bedrohung der Bindung dar.

Gerade im Kindesalter sieht man diese Abhängigkeit von unseren Bezugspersonen sehr deutlich. Wir brauchen unsere Eltern nicht nur, um uns mit Essen, sondern auch mit emotionaler Wärme zu versorgen. Fällt diese weg, bedeutet das Gefahr. Die Bindungstheorie beschreibt dieses Phänomen eindrücklich.[9] Unsere psychische Gesundheit wird maßgeblich davon beeinflusst, wie emotional verbunden wir uns mit anderen fühlen. Denn Bindung ist ein menschliches Grundbedürfnis. Wenn wir also den Kontakt zu unseren Nächsten verlieren, befindet sich unser Gehirn in Alarmbereitschaft.

Dazu gibt es ein sehr interessantes Video auf Youtube. Das »Still Face Experiment« von Dr. Edward Tronick[10] zeigt eine Mutter, die zunächst mit ihrem Einjährigen interagiert und emotional auf das Kind eingeht. In dieser ersten Phase des Experiments sieht das Baby gut gelaunt und vital aus. Im zweiten Teil ist die Mutter aufgefordert, nicht mehr auf das Kind zu reagieren. Sie schaut ausdruckslos und geht nicht mehr auf dessen Interaktionsversuche ein. Das Baby nimmt diese Veränderung sofort wahr. Zunächst versucht es mit Nachdruck, seine Mutter zu einer Reaktion zu motivieren, bis es sich schließlich von ihr abwendet. Selbst diese scheinbare Kleinigkeit – die Ausdruckslosigkeit der Mutter – hat einen großen Effekt auf den jungen Menschen. Jedes Mal, wenn ich dieses Video sehe, bekomme ich eine Gänsehaut. Man merkt deutlich, wie wichtig die emotionale Verbundenheit ist und was passiert, wenn sie wegfällt.

Wir wissen jetzt von unserem Gehirn, dass es eingreift, sobald es eine mutmaßliche Gefahr erkannt hat. Wie bei dem Reflex, einem herannahenden Auto auszuweichen, passiert etwas ganz Ähnliches auch im Beziehungskontext mit uns. Das sind vor allem Verhaltensweisen, die häufig analog zu den Überlebenstechniken im Tierreich verlaufen: *fight, flight and freeze*. Also Angriff, Flucht und Erstarren.

Kommt dir das Verhalten von Hannah und Timo bekannt vor? Wo würdest du die beiden einordnen?

In der Psychologie nennen wir diese Handlungsweisen auch Bewältigungstechniken. Wenn wir uns in einer (emotional) gefährlichen Situation befinden, dann kommen solche alten Strategien in uns hoch. Und zwar schnell und automatisch. Was uns vor einem Auto rettet, ist für unsere Beziehungen jedoch Gift. Denn das sind die Momente, in denen wir kopflos werden und Verhaltensweisen an den Tag legen, die sich später rächen.

Angriff, Flucht und Erstarren sind kurzfristig wirkende Strategien. Es geht nur darum, so schnell wie möglich aus einer gefährlichen Situation herauszukommen. Da ist es erst einmal egal, was danach geschieht. Derartige Überlebensstrategien sind sehr stark. Das macht es auch so schwer, sie zu überschreiben. Und zu allem Überfluss erfolgen diese Reaktionen äußerst schnell. Wenn ein Auto auf dich zufährt, kannst du nicht erst einmal stehen bleiben und überlegen, in welche Richtung du springen solltest. Du springst einfach. Dein Gehirn nimmt eine Abkürzung und lässt deine bewusste Entscheidung einfach ausfallen. Denn die Zeit und Kraft, die es dich kosten würde, bewusst über etwas nachzudenken, hast du im Ernstfall nicht.

Das bedeutet aber auch, dass du in einer heftigen Situation mit deinem Partner oder deiner Partnerin, mit deinen Eltern oder Geschwistern, deinen KollegInnen oder Bekannten all die guten Tipps und Techniken »vergisst«, weil dein Gehirn die schnelle und automatische Route einschlägt, die dich kurzfristig schützen soll, aber langfristig eher zu Problemen in der Beziehung führt.

Wenn uns ein Mensch angreift oder ausschließt, kann das für uns eine Gefahr bedeuten. Wir spüren, wie Kontakt abreißt und etwas in uns ausgelöst wird. Das ist unsere Gefahrenreaktion. Unser Herz rast wie wild, wir bekommen schwitzige Hände und denken nicht mehr klar. Das Verhalten, das darauf folgt, soll uns schnell aus der Gefahrensituation herausbringen. Das geschieht automatisch und ohne bewusste Steuerung. Viele Menschen beschreiben diesen Zustand auch als »getriggert sein«. Das bedeutet, dass die Person eine hohe emotionale Aktivierung erlebt, da eine alte Wunde in ihr getroffen wurde. Solche Punkte lösen starke Gefühle und meist problematische Verhaltensweisen aus. Sobald die Gefahrenreaktion vorüber ist, tauchen wir aus diesem Zustand wieder auf. Wir erkennen die Konsequenzen, die das Verhalten unseres Gehirns im Gefahrenzustand nach sich gezogen hat, und können nur mit dem Kopf schütteln.

Okay, puh! Kurz durchatmen.

Wie passt das alles zu den Aussagen von Timo und Hannah?

Die beiden sagten ja, dass sie in manchen Situationen schon einiges umsetzen könnten. Das sind sicher Momente, in denen sie nicht besonders stark emotional aktiviert sind. Sie sind vielleicht nicht komplett entspannt, aber ihr Gehirn hat noch nicht in den Gefahrenmodus gewechselt. Sie können ihr Verhalten aktiv gestalten und sich an die Tipps aus unseren Gesprächen erinnern. Natürlich klappt das nicht immer perfekt, aber sie verfügen schon über einen gewissen Handlungsspielraum.

Die Situationen, die ihnen entgleiten, gehen mit einer höheren inneren Anspannung einher. Das sind Momente, in denen sie in alte Muster zurückfallen, ohne dass sie dies verhindern könnten. Momente, in denen die

Aktivierung so hoch ist, dass ihr Gehirn in den Gefahrenmodus wechselt und die Führung übernimmt. Und genau das sind die Momente, die den größten Schaden in unserer Beziehung anrichten.

Wenn es dir also schwerfällt, in aufgeladenen Situationen ruhig zu bleiben, dann weißt du, gegen was du da eigentlich arbeitest. Versuche doch einmal, entspannt zu sein und locker zu bleiben, wenn alles in dir »GEFAHR!!!!« schreit.

Fühlst du dich kopflos oder erstarrt, passiert also jede Menge in dir. Der instinktive Teil deines Gehirns übernimmt, will dich schützen und greift dabei auf uralte Überlebenstechniken zurück. Es verfolgt dabei eine Strategie, die nur auf kurzfristige Sicherheit aus ist und nicht auf langfristige Bindung zielt.

Hannah verschafft sich diese kurzfristige Sicherheit, indem sie ihren Freund von sich wegstößt und in den Angriffsmodus wechselt. Die Idee dahinter ist also: Ich erlebe dich als Gefahr, da du mir den Kontakt entziehst, also greife ich dich an, damit du mich nicht mehr verletzen kannst. Wenn ich dich auf Abstand halte, kann mir nichts passieren.

Hilft Hannah diese Strategie? Ja und nein. Ihr Freund wird auf Abstand gehalten und sie fühlt sich kurzfristig vielleicht ein bisschen besser. Doch ihr Verhalten triggert wiederum Timo und gefährdet damit ihre Beziehung. So bekommt Hannah letztendlich nicht das, was sie eigentlich will, nämlich Verständnis und Nähe. Denn Timo ist mittlerweile so verletzt, dass er nicht mehr auf sie zugehen kann. Somit verhindert Hannahs Strategie, dass ihre Bedürfnisse von ihrem Freund erfüllt werden. Die Angriffe machen deutlich mehr kaputt, als sie retten. Dennoch kommt Hannah nicht von ihnen los, da sie automatisch ablaufen.

Timos Strategie läuft eher analog zum *flight* und *freeze* (Rückzug und Erstarren). Wenn er nicht gleich den Raum verlässt, hält er die Situation einfach aus. Auch dieses Verhalten hat langfristige Konsequenzen. Seine Freundin fühlt sich von ihm abgewiesen und bestraft. Sie kommt nicht mehr an ihn ran. Soll sie ja auch nicht, denn genau dafür ist die Überlebensstrategie da. Die Idee ist: Wenn ich mich innerlich abschotte, kannst du mich nicht mehr verletzen. Oder: Wenn ich der Situation entfliehe, kann mir nichts mehr passieren. Auch Timos eigentliche Bedürfnisse bleiben bei dieser Strategie auf der Strecke und können nicht erfüllt werden. Er möchte sich eigentlich verstanden und sicher mit Hannah fühlen. Doch wenn er sich abschottet, kommt niemand mehr an ihn ran und das macht Verständnis und Nähe unmöglich.

Ich erkläre Hannah und Timo dieses Phänomen in unserer Sitzung.

Timo: »Schon verrückt, was da alles passiert. Aber irgendwie finde ich den Begriff ›Überlebensstrategie‹ merkwürdig. Ich weiß ja, dass meine Partnerin kein Säbelzahntiger ist.«
Ich: »Das stimmt, in der Theorie weiß man das. Aber wir haben auch gesehen, dass das Bild, das wir voneinander haben, sich in der Beziehung verändert. Das heißt ja nicht, dass wir die andere Person permanent als Feind ansehen. Aber in ganz bestimmten Momenten verändern sich die Gefühle zueinander. Wenn wir unser Gegenüber tatsächlich als ruhig und die Situation als entspannt empfinden würden, bräuchten wir diese heftige Reaktion nicht.«
Hannah (im Scherz): »Ich glaube, du siehst mich schon als Säbelzahntiger, der dir ein Bein abreißen will. Deshalb rennst du auch so schnell vor mir weg.«
Timo grinst: »Du hast recht. Deine Angriffe sind mein Säbelzahntiger.«
Ich: »Das ist eine schöne Bezeichnung! Wir sollten alle unsere inneren Säbelzahntiger kennen. Was fühlt sich für uns individuell gefährlich an und lässt uns entsprechend reagieren?«
Hannah: »Ich glaube, mein Säbelzahntiger ist Liebesentzug und Alleinsein. Dieser Moment, in dem ich nur auf mich allein gestellt bin und du irgendwo hinter deiner Mauer verschwindest, lässt mich in den Gefahrenmodus wechseln.«

Eine kurze Stille breitet sich zwischen uns aus. Jeder lässt das Gesagte auf sich wirken. Dann sagt Hannah: »Aber das klingt jetzt irgendwie so, als könnten wir da nichts dran ändern. Wenn das eine so alte und heftige Reaktion ist, wie sollen wir jemals gegen sie ankommen?«

Ich: »Es ist sicher nicht einfach, aus diesem Muster auszubrechen. Wäre es so, hättet ihr keine Kommunikationsprobleme, sondern könntet einfach sagen, was euch belastet. Aber es ist auch nicht unmöglich. Stellt euch das wie Klavierspielen vor. Das ist auch eine neue Fähigkeit, die man erst entwickeln muss. Am Anfang lernt man die Theorie, dann setzt man sich ans Klavier und fühlt sich vollkommen überfordert. Die Finger müssen sich erst an die neuen Abläufe gewöhnen und man macht immer wieder Fehler. Aber je mehr man übt, desto leichter fällt es einem auch. Das bedeutet nicht, dass man sich gar nicht mehr verspielt. Manchmal ist man deutlich unkonzentrierter, manchmal hat man einen schlechten Tag.«

Timo: »Okay, also sollen wir das wie eine neue Fähigkeit behandeln, die man erlernen kann. Das verstehe ich. Aber *was genau* sollen wir lernen?«

Ich: »Es gibt drei Schritte, über die man aus solchen Mustern herausfindet. Diese sollten zunächst erlernt und dann stetig geübt werden.«

Hannah: »Das klingt nach einem Plan! Worin besteht der erste Schritt?«

Der **erste Schritt** ist: **die Wahrnehmung**. Ich muss erkennen, wann ich in den Gefahrenmodus zu wechseln drohe, sonst kann ich es nicht verhindern. Ich weiß, sobald ich erst einmal drin bin, wird es verdammt schwer, wieder rauszukommen. Ich kann es nur immer wieder betonen: Die Zeit ist nicht auf unserer Seite.

Wenn wir die Signale verpassen
und Zeit verstreichen lassen,
sind wir schneller getriggert,
als wir »Säbelzahntiger« sagen können.

Vielleicht denkst du jetzt: »Na ja, ich nehme doch die ganze Zeit über Sachen wahr. Dann ist der erste Schritt doch geritzt. Kann ich schon.«

Nein, leider nicht. Denn wir müssen unsere Wahrnehmung trainieren, uns *die richtigen* Informationen zuzuspielen. Jede Sekunde prasseln unzählige Eindrücke auf uns ein – elf Millionen, um genau zu sein. Von denen werden allerdings nur 40 *bewusst* verarbeitet.[11] Leider verbleiben die Signale, die für uns wichtig sind, meist im Bereich des Unbewussten. Irgendwo unter den restlichen 10.999.960 Informationen. Ist dir gerade in diesem Moment bewusst, wie sich dein Körper anfühlt? Wahrscheinlich hat sich dein Bewusstsein erst darauf gerichtet, als du darüber nachgedacht hast, oder? So verhält es sich oft. Die Informationen, die uns zeigen könnten, dass wir in unsere Muster abrutschen, sind zwar da, aber sie werden nicht bewusst ausgelesen.

Um dieses Bewusstsein zu trainieren, schauen wir uns jetzt einige Beispiele mit Triggerpotenzial an. Versuche, beim Lesen zu erkennen, was Warnsignale für die betreffende Person darstellen könnten. Notiere dir dabei gerne, was dir hiervon bekannt vorkommt.

Murat

Murat ist 39 Jahre alt und seit 15 Jahren mit seiner Partnerin zusammen. Die beiden haben eine gemeinsame Wohnung und zwei Kinder. Die Kleinen sind sein ganzer Stolz, doch sie bringen ihn auch zur Verzweiflung. Gerade wenn seine Partnerin außer Haus und er allein mit seinen Kindern ist, fühlt er sich oftmals überfordert. Die meiste Zeit über kann er einigermaßen gut mit der Situation umgehen, doch dann gibt es auch Momente, in denen er in ein bestimmtes Muster fällt. In seinem Magen spürt er dann eine Art Knoten, der sich immer weiter zusammenzieht. Murat wird immer angespannter und beginnt, mit den Zähnen zu knirschen.

In diesem hoch angespannten Zustand verharrt er meist einige Zeit. Wenn dann eines der Kinder ihn nervt, brechen Befehle und Kritik aus ihm hervor. Das ist der Moment, in dem er im Tunnel ist und hinterher vor sich selbst erschrickt.

Um sein Muster abzufangen, muss Murat lernen, diese Zeichen bewusst wahrzunehmen:

- Gefühle der Überforderung;
- Knoten im Magen;
- Zähneknirschen;
- Druck.

Diese Reaktionen zeigt Murat, sobald er etwas als Bedrohung wahrnimmt. Für ihn ist es gefährlich, wenn ihm die Situation entgleitet. Sein Säbelzahntiger ist die Hilflosigkeit, das Gefühl, etwas regeln zu müssen und doch nicht zu können. Emotionen, die für ihn enorm schwer auszuhalten sind. Er glaubt, dass er die Kontrolle über die Situation behalten *muss*. Dass es nicht okay ist, wenn er nicht mehr weiterweiß. Das lässt ihn in den Gefahrenmodus wechseln, wie wir an seiner heftigen Reaktion erkennen.

Sybell

Sybell ist 20 Jahre alt und gerade von zu Hause ausgezogen. An den Wochenenden fährt sie zu ihrer Familie zurück, um dort einige Stunden zu verbringen. Sybells Verhältnis zu ihrer Mutter ist sehr angespannt. Schon während der Autofahrt merkt sie, wie sie eigentlich den Wagen wenden und zurückfahren möchte. Sie hat Sorge vor einem möglichen Konflikt, da ihre Mutter oft eine starke Meinung vertritt. Als sie auf die Klingel der Haustür drückt, spürt sie, wie schwitzig ihre Hände sind. Sie trägt ihre innere Anspannung eine Weile lang mit sich herum, bis es tatsächlich zu einer Meinungsverschiedenheit kommt. Sie will sich erklären, doch ihre Stimme versagt ihr, bis sie irgendwann ganz still wird und sich in sich selbst zurückzieht. Erst als sie wieder im Auto sitzt, fällt ein Teil der Anspannung wieder von ihr ab.

Sybells Warnsignale sind:

- der Wunsch, aus der Situation zu fliehen;
- Sorgen;

- schwitzige Hände;
- Versagen der Stimme.

Sybells Säbelzahntiger sind die Meinungsverschiedenheiten mit ihrer Mutter beziehungsweise die Konsequenzen, die damit zusammenhängen. Sie hat Sorge, dass etwas schiefläuft und das Verhältnis zu ihrer Mutter langfristig darunter leidet. Die Anspannung zeigt ihr, wie wichtig ihr die Harmonie in dieser Beziehung ist und wie stark sie unter dem Konflikt leidet.

Jörg

Jörg ist 51 Jahre alt und hat gerade die Firma gewechselt. Leider kommt er mit seinem neuen Chef gar nicht gut aus. Er hat das Gefühl, übergangen zu werden, und fühlt sich nicht wertgeschätzt. Wenn er zu seiner Frau nach Hause kommt, ist er innerlich schon enorm geladen. Kommt dann noch ein schnippischer Kommentar von ihr dazu, sieht Jörg rot. Er hat das Gefühl, platzen zu müssen und keine Luft mehr zu bekommen. Die Energie des Zorns kündigt sich kribbelnd in seiner Brust an, bis sie nach ein paar Sekunden in lauten Angriffen mündet.

Wenn Jörg seine Beziehung retten will, muss er lernen, den Druck der Arbeit nicht mit nach Hause zu nehmen und auf folgende Signale zu achten:

- das Gefühl, übergangen oder nicht wertgeschätzt zu werden;
- geladen zu sein;
- rotzusehen;
- platzen zu müssen;
- ein Kribbeln in der Brust.

Hast du eine Ahnung, was Jörgs Säbelzahntiger sein könnte? Lies den letzten Abschnitt noch einmal durch und überlege, was der Grund für seinen inneren Druck sein könnte.

Ich vermute, dass es für ihn eine Gefahr darstellt, nicht wahrgenommen oder kleingemacht zu werden. Diesen Druck trägt er mit sich nach

Hause und dort wird er durch den Kommentar seiner Frau noch erhöht. Wahrscheinlich ist beiden Situationen – der beruflichen wie der privaten – gemein, dass er sich untergebuttert und kritisiert fühlt. Dies löst bei ihm eine heftige Abwehrreaktion aus.

ÜBUNG

Schauen wir uns nun deinen eigenen Säbelzahntiger an. Wenn du die Übung im vorherigen Kapitel zu deinen Warnsignalen gemacht hast, dann wird dir das nun helfen. Vergegenwärtige dir, was passiert, wenn du getriggert bist. Welche Körpersignale kennst du von dir? Überspringe diesen Schritt auf keinen Fall, sondern nimm dir jetzt ein wenig Zeit dafür. Spürst du Druck? Hitze? Kribbeln? Übelkeit oder Kopfschmerzen? Gehe gedanklich zu Situationen zurück, in denen du sehr angespannt warst, und erinnere dich an deine Körperempfindungen.

Okay, hast du dir Stichpunkte notiert? Gut. Dann versuchen wir jetzt herauszufinden, warum diese Reaktionen so stark sein mussten. Was hat dein Gehirn in dem Moment als Gefahr erlebt? Wenn dir das schwerfällt, orientiere dich zunächst an folgender Liste. Unterstreiche die Sätze, die etwas in dir auslösen.

Ich hatte das Gefühl,

- ausgeschlossen zu werden;
- auf mich allein gestellt zu sein;
- es nie richtig zu machen;
- nicht gut genug oder
- eine Enttäuschung zu sein;
- die Kontrolle zu verlieren;
- etwas leisten zu müssen, aber nicht zu können;
- austauschbar oder nicht wichtig zu sein;
- verlassen zu werden;
- nicht gehört,
- nicht verstanden oder

- eingeschränkt zu werden;
- nicht frei zu sein;
- fallen oder im Stich gelassen zu werden;
- etwas kaputt zu machen;
- Schuld zu haben;
- ohnmächtig zu sein.

Mein Tipp: Markiere dir diese Seite im Buch, damit du sie später schnell wiederfinden kannst. Wir werden noch darauf zurückkommen.

Natürlich spreche ich auch mit Timo und Hannah in der Paartherapie über die Wahrnehmung ihrer Trigger.

Hannah: »Ich merke das deutlich. Meine Wut ist nicht zu ignorieren.«
Ich: »Sehr gut! Ändert das etwas daran, wie du die Situationen zu meistern versuchst?«
Hannah: »Wenn ich ehrlich bin, kaum. Meistens raste ich trotzdem aus.«
Ich: »Dann bist du schon zu tief im Tunnel. Wenn die emotionale Aktivierung erst einmal zu hoch ist, können wir kaum noch etwas steuern. Wie sieht es mit den Signalen aus, die vorher kommen?«
Hannah: »Davor bin ich unruhig und genervt.«
Ich: »Wie kommt es, dass du da nicht schon ansetzt?«
Hannah: »Ich sage dann nichts, um nicht schon wieder die Blöde zu sein, die einen Konflikt vom Zaun bricht. Ich will ja eigentlich überhaupt keinen Streit mit Timo und habe Sorge, dass er das sonst missversteht.«
Ich: »Und doch führt genau dieses Verhalten dazu, dass dein Druck immer weiter ansteigt und neuen Streit und neue Missverständnisse verursacht.«
Hannah denkt darüber nach. Dann sagt sie: »Ich muss also früher kommunizieren, was in mir vor sich geht?«

Ich: »Absolut. Dabei wird es wichtig sein, deine alte Strategie zu erkennen und zu hinterfragen. Mein Tipp ist, im Gespräch einander immer wieder ein Update zu geben, wie es in einem aussieht. Das kann man zum Beispiel mit einer Ampel machen. Grün bedeutet ›Ich bin entspannt‹, gelb steht für ›Ich bin ziemlich angespannt, kann aber noch zuhören‹ und rot ist die Zone, in der man nur noch Sekunden davon entfernt ist, in sein altes Muster zurückzufallen. Der spannende Bereich hierbei ist gelb. Dort hat man noch die Möglichkeit abzubiegen und eine kurze Pause einzulegen.«
Hannah: »Hm, das verstehe ich. Also die Momente, in denen ich schon genervt bin, sind eigentlich der gelbe Bereich?«
Ich: »Ganz genau!«

Ich wende mich an Timo und frage ihn: »Und wie ist das für dich? Schaffst du es, deine Warnsignale besser wahrzunehmen?«
Timo: »Ich fürchte, ich bin da leider oft viel zu spät dran. Ich merke es erst, wenn ich unbedingt aus dem Zimmer rausgehen will. Also, wenn mein Fluchtimpuls durchkommt.«
Ich: »Und vorher?«
Timo: »Eigentlich ist es mir schon zu viel, wenn Hannah nur die Stimme erhebt. Aber ich weiß auch, dass ich ihr ihre Gefühle nicht verbieten darf. Also halte ich es einfach aus und mache weiter.« Timo hält kurz inne und sieht mich nachdenklich an. Dann sagt er: »Aber das wird ja wahrscheinlich das Gleiche zur Folge haben wie bei Hannah. Ich verpasse den Moment auszusteigen und dadurch wird alles nur noch schlimmer.«
Ich (nicke und frage): »Doch was ist der Grund, dass du deinen inneren Druck nicht schon früher kommunizierst?«
Timo: »Ich will ja auch keinen Streit! Wenn ich Hannah sage, dass ich eine Pause brauche, lässt sie nicht locker und wird nur noch wütender. Ich habe das schon ausprobiert. War nicht so gut, das kann ich dir sagen.«
Hannah: »Ja, aber nur, weil du dann gar nicht mehr darüber

sprichst. Wenn ich dir eine Pause gebe, verkrümelst du dich! Dann bekommen wir die Dinge nie geklärt. Und außerdem zeigst du mir das überhaupt nicht, dass du auch angespannt bist. Ich habe die meiste Zeit über das Gefühl, ich spreche mit einem Eisblock!«

Bevor Timo auf Hannahs Sticheleien eingeht, hake ich ein: »Nicht jeder Gefahrenmodus ist laut. Das heißt aber nicht, dass er nicht da ist. So kalt und distanziert zu werden, ist ebenfalls ein Versuch, sich zu schützen.«

Ich wende mich an Hannah: »Wenn du merkst, dass dein Partner kalt wird, dann flüchtet er sich gerade nach innen. Das ist ein Warnsignal.«

Timo: »Das stimmt. Mir ist das meist nicht bewusst, aber mir geht es dann ziemlich schlecht.«

Ich: »Ihr beide braucht Pausen bei euren Gesprächen, um euer Nervensystem herunterzuregulieren und den Druck aus der Situation zu nehmen. Besser als eine abrupte Vollbremsung sind immer wieder kurze Ruhepausen. So bleibt ihr im Gespräch und könnt euren Druck regulieren. Das klappt allerdings nur, wenn ihr früh genug damit anfangt und euch gegenseitig mitnehmt.«

Timo: »Ja, das finde ich gut. Aber ich weiß nicht, ob Hannah dabei ist.«

Hannah: »Ganz ehrlich, das ist mir lieber als diese Momente, in denen du einfach ohne einen Ton das Zimmer verlässt. Das triggert mich so viel mehr! Ich mache lieber eine Minute Pause, als das erleben zu müssen.«

Pausen sind wie Anker in unseren Gesprächen. Ich weiß, dass es sich manchmal komisch anfühlen mag, jemanden um eine Pause zu bitten. Aber sie sind essenziell. Denn wir müssen unsere Muster einfangen, um nicht in schlechte Kommunikation abzurutschen und uns gegenseitig zu verletzen. Und das macht man nicht mal so eben zwischen zwei Sätzen. Das braucht etwas Zeit und Reflexion. Den Raum dafür müssen wir uns aktiv nehmen und gestalten.

Mein Tipp ist, dass ihr euch auf eine bestimmte Dauer der Pausen einigt. Alles zwischen 30 Sekunden und drei Minuten sollte passen. Wenn eine Person feststellt, dass ihr innerer Druck anwächst und sie bereits im gelben Bereich angekommen ist, dann nehmt euch diese Zeit. Manchen Paaren hilft es, die Pausen mit ihrem Handy zu timen. Jetzt kommt allerdings der Clou: Ihr sitzt diese Zeit nicht einfach ab, nein! Dann bringt sie nämlich nichts. In dieser Spanne muss etwas geschehen. Beruhige deinen Körper, indem du bewusst atmest und dich fragst, was den Druck in dir ausgelöst hat. Mit dieser Information gehst du wieder zurück in das Gespräch.

Idealerweise kann dies so ablaufen:

1. Das Gespräch nimmt Fahrt auf. Man reagiert schneller, wird ungeduldiger.

2. Eine Person erkennt ihr Warnsignal. Sie sagt zum Beispiel:

- »Du, ich merke gerade diesen inneren Druck. Ich weiß, wenn ich jetzt einfach darüber hinweggehe, werden wir uns gleich streiten. Lass uns kurz zwei Minuten Pause machen.«
- »Ich muss grad mal durchschnaufen, ich bin im gelben Bereich. Ich will dieses Thema auf jeden Fall mit dir klären, aber ich kann gerade nicht richtig zuhören. Gibst du mir eine Minute?«
- »Warte bitte kurz! Das ist gerade wieder so ein Moment, in dem wir uns gleich verpassen werden. Ich merke deutlich mein Warnsignal. Das heißt also, wir sollten uns kurz runterregulieren. Startest du den Timer?«

3. Jeder nimmt sich Zeit, um ein wenig zu entspannen. Atemtechniken helfen da am schnellsten. Probiere zum Beispiel diese:

- Schließe die Augen und atme tief durch die Nase ein. Spüre, wie sich dein Bauch wölbt. Wenn dir das schwerfällt, lege eine Hand auf den

Bauch, um den Atem besser zu spüren. Halte ihn einige Sekunden an. Dann lass die Luft durch den Mund wieder ausströmen. Wiederhole die Atemtechnik einige Male.

4. Nachdem beide sich einige Zeit auf ihren Atem konzentriert haben, reflektieren sie kurz die Situation. Stelle dir dafür ein paar dieser Fragen:

- Was hat mich gerade unter Druck gesetzt?
- Welche Gefühle sind in mir aufgekommen?
- Welches Beziehungsthema wurde gerade getroffen?
- Was will mir mein Partner / meine Partnerin gerade wohl sagen?
- Was ist unser gemeinsames Ziel?
- Wie können wir einen kurzen Moment der Verbundenheit herstellen, bevor wir weitersprechen?

5. Wenn die Zeit abgelaufen ist, wendet ihr euch wieder einander zu. Startet das Gespräch mit den Antworten auf eure Fragen. Etwa so:

- »Deine letzte Aussage hat mich total verunsichert und eines unserer Themen bei mir aktiviert. Du weißt schon, das Gefühl, nicht wirklich von dir gewollt zu werden. Könntest du vielleicht kurz meine Hand halten, dann geht es gleich schon wieder besser.«
- »Wenn du lauter wirst, bekomme ich ein flaues Gefühl im Magen. Ich denke dann, dass ich gar nichts mehr sagen darf. Was wolltest du mir denn eigentlich mitteilen?«
- »Kann es sein, dass es dich verletzt hat, was ich gesagt habe? Ich weiß ja, dass wir damit ein Thema haben. Ich will nicht mit dir streiten. Ich möchte dich verstehen.«

6. Spürt dann nach, ob euer Druck gesunken ist. Wenn ja, könnt ihr mit dem eigentlichen Gespräch fortfahren. Falls nicht, solltet ihr noch einmal eine etwas längere Pause einlegen oder gegebenenfalls das Ge-

spräch sogar vertagen. Fahrt nicht fort, solange ihr beide geladen und getriggert seid! Das kann nur schiefgehen.

Vielleicht sind folgende Tipps noch hilfreich für ein reibungsfreieres Gespräch:

- Einigt euch auf ein Codewort, um schneller zu kommunizieren, dass etwas nicht stimmt.
- Schreibe dir die Fragen auf oder speichere sie in deiner Notizen-App, falls ihr den Handytimer benutzt. So kann man diese parallel durchgehen.

Lass dich von diesen sechs Schritten nicht verunsichern. Solltest du nur bis Schritt zwei kommen, ist das schon ein enormer Erfolg! Arbeite dich Stück für Stück vor. Das ist generell die beste und nachhaltigste Methode, um ans Ziel zu gelangen. Wir werden in diesem Buch weiter daran arbeiten, diesen Prozess zu perfektionieren. Deshalb stress dich nicht zu sehr, falls du jetzt noch nicht alles schaffst. Du hast genügend Zeit zu üben und bekommst im weiteren Verlauf des Buches noch mehr Hilfestellungen.

Je besser unsere Wahrnehmung wird, desto früher können wir also aus ungesunden Konfliktmustern aussteigen. Es ist fatal, wenn wir diese Zeichen übergehen. Dann steuern wir mit großen Schritten auf weitere Verletzungen zu, die wiederum das negative Bild voneinander bekräftigen.

Auf unserer Reise zu einer liebevollen Beziehung und besseren Kommunikation befinden wir uns also bei dem ersten großen praktischen Schritt: dem *Wahrnehmen*. Wenn man weiß, worauf man achten muss, erkennt man irgendwann sehr schnell die ersten Anzeichen eines Triggers.

Erst gestern hatte ich wieder eine Paartherapiesitzung, die dafür sehr bezeichnend war. Wir hatten soeben über Trigger gesprochen und die konkreten Themen der beiden herausgearbeitet. Kurze Zeit später sagte er etwas, von dem ich annahm, dass es genau in ihre Wunde passen würde. Ich schaute zu ihr rüber und sie erwiderte meinen Blick. In diesem kurzen Moment war klar, dass sie emotional getroffen war. Man konnte die innere Anspannung bereits erkennen. Ich habe ihn daraufhin unterbrochen und sie gefragt, ob ihr Trigger aktiviert wurde. Sie bejahte. Er schien erstaunt und musste kurz darüber nachdenken, wie das passiert war. Von außen betrachtet war mir die Bedeutung der Situation klar. Ich habe oft genug gesehen, was passiert, wenn wir Trigger nicht früh genug erkennen. Es wird zurückgeschossen, sich gegenseitig ins Wort gefallen, nicht mehr zugehört, mit den Augen gerollt und vieles mehr. Schön ist es nie. Doch in den Momenten, in denen wir sie erkennen, haben wir die große Chance, das Steuer wieder herumzureißen und aus unseren Mustern auszubrechen.

Ich schlage dir vor, in der nächsten Zeit daran zu arbeiten, deine Wahrnehmung zu schärfen. Je besser du im Erkennen bist, desto näher kommst du deinem Ziel einer guten Kommunikationskultur.

Jetzt stelle ich dir einige Übungen vor, die du nutzen kannst, um deine Wahrnehmung zu trainieren. Auch hier gilt: Suche dir zunächst eine aus und übe sie so lange, bis sie gut gelingt und du dich damit wohlfühlst. Dann gehe zur nächsten über. Nicht alle werden sich gleich gut anfühlen. Probiere ein wenig herum, welche für dich am besten passt.

ÜBUNG

1. Reflexionsfragen

Lerne deine Wahrnehmung zu schärfen, indem du dir diese Fragen regelmäßig stellst. Notiere sie dir auf einen Zettel und lege ihn neben dein Bett. Dann beantwortest du sie nach dem Aufwachen oder kurz vor dem Zubettgehen.

Wenn dein Leben besonders eng getaktet ist, kombiniere diese Übung mit einer Routine, etwa dem Zähneputzen. Schreibe dir die Fragen auf ein Post-it und klebe es an den Badezimmerspiegel. Gehe die Fragen dann während des Zähneputzens durch.

Wenn du besonders ambitioniert bist, kannst du einige der Antworten auch als Graph plotten. So kannst du die Veränderungen über die Zeit nachvollziehen. Zeichne dafür ein einfaches Koordinatensystem, bei dem die x-Achse den Tag und die y-Achse die Zahlen 1-10 (wenig bis viel) abbilden. Dann notiere dir für jeden Tag die entsprechende Zahl zu folgenden Themen:

- Wie hoch ist mein innerer Druck?
- Wie stark haben mich die Situationen heute belastet?
- Habe ich heute einen Trigger erlebt? Wenn ja, welchen und wie ausgeprägt war dieser?

2. Druckampel

Diese Übung bezüglich deines allgemeinen Drucks kannst du auch in akuten Momenten durchführen. Je angespannter du bist, desto behutsamer musst du mit dir umgehen. Sobald du also merkst, dass du allgemein schon sehr gestresst bist – dich etwa im gelben oder fast roten Bereich befindest –, solltest du dich besonders gut im Blick behalten. Ordne dafür deinen Druck auf dieser Skala ein:

Grün = Ich bin entspannt / ruhig / offen
Gelb = Ich bin angespannt und habe wenig Kapazitäten
Rot = Ich bin gestresst und im Tunnel

Entscheidend ist, den Übergang in den gelben Bereich mitzubekommen und auch zu kommunizieren, sodass die Mitmenschen erkennen, dass man weniger Kapazitäten hat. Damit beugt man Missverständnissen vor und fördert das gegenseitige Verständnis.

Ich habe KlientInnen, die mittels verschiedenfarbiger Sticker und eines gemeinsamen Kalenders signalisieren, dass sie gerade gestresst sind oder sich noch im grünen Bereich befinden. Diese Methode nutzen vor allem Paare, die einen sehr stressigen Alltag haben und sich tagsüber nur wenig sehen.

3. Körpersignale erkennen

Wir haben bereits darüber gesprochen, wie wichtig es ist, die Signale des Körpers richtig zu lesen. Mit dieser Übung lernst du, sensibler für diese Zeichen zu werden. Nimm dir dafür einige Minuten am Tag Zeit, um in Gedanken deinen Körper innerlich abzutasten. Setze dich dafür ruhig hin und schließe die Augen. Wandere durch deinen Körper von unten nach oben. Frage dich: Was spüre ich?

Spüre ich …
… ein Kribbeln?
… eine Anspannung?
… ein Ziehen?
… ein Unwohlsein?
… einen Schmerz?

Was passiert, wenn ich …
… ganz bewusst lockerlasse?
… tief in einen bestimmten Bereich hineinatme?

So kannst du Stück für Stück das Bewusstsein für deine körperlichen Signale sensibilisieren. Vielleicht fällt dir sogar auf, dass du manchmal im Alltag deine Schultern anspannst oder die Zähne zusammenbeißt. Je bewusster dir diese Dinge werden, desto leichter wird es dir fallen, in Gesprächen besser wahrzunehmen, dass dein Körper in den Gefahrenmodus wechselt. So kannst du früher aussteigen und bei dir bleiben.

Zusammenfassung

Wenn wir getriggert oder im Gefahrenmodus sind, können wir nicht gut kommunizieren. Um es noch klarer auszudrücken: Wir sind richtig, richtig schlecht darin. Denn unser Gehirn ist in diesen Momenten nicht darauf aus, Verletzlichkeit und Offenheit zu schaffen. Es ist bestrebt, uns zu schützen. In diesen Momenten kommen unsere Bewältigungsstrategien zum Tragen, die sich langfristig sehr negativ auf unsere Beziehungen auswirken können. Wir müssen diese Muster zunächst erkennen, um nicht immer wieder in sie zurückzufallen. Und zwar *bevor* wir schon komplett darin verstrickt sind. Dafür müssen wir uns darauf trainieren, die richtigen Informationen ins Bewusstsein zu holen. Je besser unsere Wahrnehmung wird, desto früher können wir den unguten Prozess aufhalten und rechtzeitig abbiegen. Wir brauchen kurze Pausen, um zu verstehen, was gerade passiert, und sollten im Anschluss daran versuchen, unser Verhalten bewusst anders auszurichten.

Vielleicht denkst du an dieser Stelle: »Puh! Ja, diese Trigger sind ganz schön blöd. Aber wo zum Teufel kommen die denn her? Warum sind sie so heftig, dass ich oft nicht mehr daraus aussteigen kann?« Im folgenden Kapitel schauen wir uns genau diese Frage etwas näher an. Und ich kann dir eines schon vorab verraten: Es wird spannend!

KAPITEL 7: DIE ERFAHRUNGEN, DIE UNS GEFANGEN HALTEN

Ich habe zu Beginn versprochen, dass wir uns nicht nur ein paar oberflächliche Techniken anschauen, sondern auch eine Ebene tiefer gehen werden. Dieses Versprechen werde ich in diesem Kapitel einlösen. Denn nun folgt der **zweite** wichtige **Schritt** in unserem Prozess, nämlich: **Einordnen und Verstehen**. Hier werden wir genauer auf die Hintergründe der Trigger eingehen. Ich warne dich also offiziell vor: Es könnte ein wenig aufwühlend werden. Um wirklich gut mit unseren Triggern umgehen zu können, sollten wir ihren Kern verstehen. Und manchmal müssen wir dafür ein bisschen tiefer graben. Sobald wir diesen Kern freigelegt haben, sehen wir, dass er sich wie ein roter Faden durch unser Leben zieht.

Auch Hannah und Timo sind jetzt an einem Punkt angelangt, wo sie sich eingehender mit ihren Triggern beschäftigen. Sie hatten beide die Aufgabe, ihre Wahrnehmung dafür zu schärfen und sich Notizen zu machen. In einer Einzelsitzung spreche ich zuerst mit Timo.

Ich: »Hallo, Timo! Wie war die letzte Sitzung für dich?«
Timo: »Ganz gut. Aber sie hat mich auch sehr ins Grübeln gebracht. Ich habe immer gedacht, dass ich gar nicht so oft getriggert werde.

Aber seitdem ich weiß, dass Trigger auch leise Reaktionen hervorrufen können – wenn ich zum Beispiel kein Wort mehr über die Lippen bekomme –, sehe ich das in einem ganz anderen Licht.«

Ich: »Sind dir solche Momente in letzter Zeit erneut begegnet?«

Timo: »Ja, hier und da. Es gab auf jeden Fall eine Situation, in der ich ganz schön angespannt war.«

Ich: »Erzähl mir davon.«

Timo: »Ach, eigentlich war es nichts Besonderes. Hannah hatte mal wieder einen dieser Momente. Es fing eigentlich harmlos an. Sie sagte mir, dass sie etwas besprechen wolle. Das lief zunächst auch ganz okay, bis ich irgendwann wohl nicht so reagiert habe, wie sie sich das vorgestellt hatte. Da kamen dann wieder diese Anschuldigungen. Ich habe das einfach stur ausgehalten und gar nichts mehr gesagt. Ich vermute, das war ein Triggerpunkt.«

Ich: »Du hast mal gesagt, du erlebst Hannahs Gefühle als etwas Gefährliches. Das scheint hier erneut passiert zu sein. Aber warum sind ihre Gefühle so problematisch?«

Timo zuckt mit den Schultern.

Ich: »Wurde in deiner Familie viel gestritten?«

Timo: »Nein, nie. Ich kann mich nicht daran erinnern, dass es jemals einen lauten Streit gegeben hätte. Sicher waren wir nicht immer nur *happy family*, aber gestritten haben wir uns nie.«

Ich: »Okay, es ist also etwas Ungewöhnliches, wenn Hannah ihre negativen Gefühle so ausdrückt. Du hast in deiner Familie gelernt, dass jeder seine Gefühle mit sich selbst ausmacht. Was heißt das dann für dich, wenn sich jemand nicht daran hält?«

Timo: »Ja, alle haben geschaut, dass sie mit einer bestimmten Situation irgendwie klarkamen. Für mich bedeuten Streits oder Gefühlsausbrüche, dass ich etwas falsch gemacht oder jemanden enttäuscht habe.«

Ich: »Ah, verstehe. Also, wenn Hannah wütend wird, dann hörst du da raus, dass du etwas verbockt hast.«

Timo: »Das muss ich nicht raushören! Das sagt sie mir so ins Gesicht!«

Ich: »Das stimmt wohl. In ihrem Bewältigungsmodus kann sie sehr kritisierend sein. Doch dich trifft es mitten ins Herz. Was passiert da noch?«

Timo: »Früher hat mich das total mitgenommen. Aber inzwischen merke ich einen gewissen Widerstand in mir. Warum muss alles nur immer nach ihren Vorstellungen laufen? Mich fragt keiner.«

Ich: »Übergangen und nicht gehört zu werden, ist in eurer Beziehung zu einem Trigger für dich geworden. Du hast es oft erlebt und nie etwas dagegen unternommen, weil du Angst vor den Konsequenzen hattest. Und jetzt hast du keinen Bock mehr?«

Timo: »Ganz genau!«

Ich: »Hier passiert etwas recht Komplexes. Ich versuche es mal folgendermaßen in Worte zu fassen. Korrigier mich gern, wenn das für dich nicht passt. Als du aufgewachsen bist, hast du nicht unbedingt die Erfahrung gemacht, dass negative Gefühle ausgelebt werden dürfen. Sie wurden nicht gezeigt, auch wenn sicherlich welche da waren. Du hast gelernt, die Dinge mit dir selbst auszumachen. Kurze Zwischenfrage: Kannst du dich daran erinnern, auf dein Zimmer geschickt worden zu sein, wenn du wütend oder traurig warst?«

Timo: »Ja, das ist häufiger passiert, als ich noch kleiner war.«

Ich: »Aber später sicher nicht mehr so oft, weil du irgendwann gelernt hast, dich zurückzuziehen, wenn dir etwas auf der Seele lag? Schau, dein Rückzugsverhalten in der heutigen Beziehung musst du irgendwo gelernt haben. Als Kind ist dir sicher klar geworden, dass man seine negativen Emotionen nicht einfach so zeigt, sondern sich selbst um sie kümmern muss, indem man zum Beispiel in ein anderes Zimmer geht. Siehst du da eine Parallele zu heute?«

Timo nickt, also fahre ich fort.

Ich: »Sicherlich hat es früher einiges gebraucht, bis jemand in deiner Familie laut geworden ist. Aber wenn das passierte, war es wohl ein absoluter Ausnahmezustand. Jedes Mal, wenn Hannah heute laut wird, bedeutet das für dich wahrscheinlich genau solch einen Ausnahmezustand. Dann versuchst du, bei nächster Gelegenheit alles richtig zu machen. Doch es hilft nie wirklich. Was natürlich irgendwann zu einer Abwehrreaktion führt. Du machst und tust, doch deine Bemühungen werden nicht gesehen. Natürlich wird man da irgendwann sehr frustriert. Du hast das Gefühl, dass Hannah alles kontrolliert und du übergangen wirst.«

Ich sehe, wie Timo das Gesagte für sich sortiert und abtastet, ob es zu ihm passt.

»Also habe ich zwei Muster?«, fragt Timo schließlich. »Einmal die Reaktion auf Hannahs Angriff und dann meine Abwehr?«

Ich: »Ja, aber ich würde es noch etwas anders beschreiben. Für dich bedeutet es Gefahr, wenn jemand seine Stimme erhebt, weil das in deiner Familie so gut wie nie vorkam. Wenn jemand rumschreit, ist das für dich ein Zeichen, dass die Beziehung auf dem Spiel steht. Wäre dem nicht so, würde die Person ja versuchen, die Gefühle mit sich selbst auszumachen, so wie du es gelernt hast. Dass sie so aus ihr herausbrechen, bedeutet wahrscheinlich für dich, dass sie kurz davor ist, zu gehen. Du glaubst, du hast etwas falsch gemacht und versuchst es irgendwie geradezubiegen, zum Beispiel indem du ihr gute Ratschläge gibst. Das alles zusammengenommen ist dein erstes Muster. Mit der Zeit frustrierte dich der Umstand, dass Hannah gefühlt jeden zweiten Tag kurz vor der Trennung stand. Dann begann etwas in dir dagegen zu rebellieren und du machtest sie als die Unfaire aus und definiertest dich als den Übergangenen. Du dachtest, du müsstest dich zurücknehmen, um es nicht schlimmer zu machen. In diesen Momenten hast du deine Gefühle und Bedürfnisse nicht kommuniziert. Kein Wunder also, dass du später so angespannt warst und jetzt sehr sensibel darauf reagierst, wenn du glaubst, zu kurz zu kommen. Das ist das zweite Muster beziehungsweise die Weiterentwicklung des ersten.«

Timo sitzt etwas in sich zusammengesunken auf dem Sofa und schaut an mir vorbei in die Ferne. Schließlich sagt er: »Ich habe ständig das Gefühl, etwas falsch zu machen, ohne dass man mich mal fragt, wie es mir eigentlich geht. Ich bin irgendwie gleichzeitig ängstlich, wütend und dann ist mir wieder alles scheißegal. Das ist doch verrückt.«

Ich: »Ich denke, es ist absolut nachvollziehbar. Es gibt einen Teil in dir, der sich Kritik stark zu Herzen nimmt und dann entweder alles gibt oder sich verletzt zurückzieht. Dann gibt es das Gegenstück davon, das wütend ist, weil nicht auf seine Bedürfnisse eingegangen wird. Und wenn diese Wut nichts bringt, da du sie ja nicht kommunizieren kannst und sich deshalb auch nichts ändert, bleibt nur deine ›Scheißegal-Haltung‹ als einzige Alternative. Nach außen hin sieht man nur leider nichts von diesem Prozess. Für Hannah fühlt sich wahrscheinlich alles nur nach Kälte und Rückzug an.«

Was Timo hier erlebt, ist gar nicht so ungewöhnlich. Es gab eine Gegenreaktion auf sein erstes Muster. Früher hätte er nie Wut geäußert, da seine Konfliktscheu dies gar nicht zugelassen hätte. Aber mittlerweile spürt man den Trotz und die Abwehr immer deutlicher bei ihm. Er merkt also instinktiv, dass etwas nicht stimmt. Er spürt, dass er etwas verändern muss. Doch das geschieht nur unbewusst und ohne seine Steuerung.

Häufig kommen sowohl Reaktion als auch Gegenreaktion in einem Gespräch vor. Das kann zum Beispiel so aussehen:

- Hannah wird lauter im Gespräch.
- Die Anspannung in Timo steigt, da dies für ihn emotionale Gefahr bedeutet.
- Er reagiert weniger und wird leiser.
- Hannah erlebt das als Abweisung und kritisiert ihn.
- Timo hat das Gefühl, es wieder falsch gemacht zu haben, und zieht sich noch mehr zurück.
- Hannah verliert den Kontakt zu ihm und wird noch lauter.
- Timo ist wie eingefroren, der Druck steigt.
- Irgendwann wird er so groß, dass Timo trotzig und passiv-aggressiv wird. Dies ist die Gegenreaktion.
- Hannah steigt natürlich sofort darauf ein und greift an.
- Timo fühlt sich, als stünde er mit dem Rücken zur Wand, und sieht nur noch die Flucht als Ausweg.

In der Einzelsitzung lassen Timo und ich diesen Ablauf Revue passieren. Timo hört sich alles aufmerksam an und sagt dann:

Timo: »Ich dachte immer, bei Hannah würde so viel passieren und ich wäre relativ ruhig. Aber das klingt ja richtig aufwühlend, wenn wir jetzt darüber sprechen.«
Ich: »Bei dir passiert mindestens genauso viel wie bei Hannah. Nur halt in anderen Bereichen. Für Hannah sind Kritik und Tränen erst einmal nur Ausdruck von Emotionen. Sie kommen und gehen. Aber wie fühlt sich das für dich an?«
Timo: »Rational weiß ich natürlich, dass Tränen nur ein Ausdruck ihrer Gefühle sind. Aber irgendwie trifft mich das immer bis ins Mark. Ich sehe sie schon ihre Sachen packen und gehen.«
Ich: »Viele Paare haben ein vollkommen unterschiedliches Verständnis von der Bedeutung der Reaktionen des anderen. Wenn du merkst, dass Hannah wütend wird, beziehst du das gleich auf dich. Du hast das Gefühl, nichts richtig machen zu können. Wie hat sich dieses Gefühl mit der Zeit entwickelt? Erinnerst du dich noch?«
Timo: »Na ja, Hannah kritisiert mich nicht erst seit gestern. Das erlebe ich schon eine ganze Weile lang.«
Ich: »Es ist absolut verständlich, dass dieses Gefühl in der Konsequenz dann immer weiter anwächst. Wie sah es denn in deiner Kindheit aus? Wurdest du viel kritisiert?«
Timo: »Wie gesagt, niemand in meiner Familie war so laut und direkt wie Hannah.«
Ich: »Kritik muss nicht geschrien werden, um einen zu treffen.«
Timo denkt kurz nach.
Timo: »Mein Vater hat mir häufig das Gefühl gegeben, es nie richtig zu machen. Das war meist nicht besonders schlimm, aber ich wusste schon, dass er immer etwas auszusetzen hatte an meiner Leistung.«
Ich: »Und was hast du gemacht, wenn er enttäuscht von dir war?«
Timo: »Ich habe mich das nächste Mal einfach noch mehr angestrengt.«

Die Muster, die wir heute sehen, sind meist lang eingeübt. So lang, dass wir sie gar nicht mehr als Muster erkennen, sondern einfach danach handeln. Das ist ja das große Problem in unseren Beziehungen.

Timo hatte keine traumatische Kindheit, doch auch er wurde durch seine Familie geprägt. Wie auch nicht? Wir alle werden durch die Dinge, die uns geschehen, geprägt und beeinflusst. Dafür braucht es keinen Missbrauch und keine Überlebenskämpfe. Wiederholungen sind ebenfalls gut geeignet, einen bestimmten Ablauf in uns zu verankern. Jeder, der erfolgreich Vokabeln gelernt hat, kann das bezeugen.

Timos Problem in der Beziehung ist, dass er sich nicht öffnet und in schwierigen Situationen den Rückzug antritt. Wenn wir verstehen wollen, wie es zu solchen Kommunikationsproblemen kommt, müssen wir Timo als Menschen verstehen. Ich bin kein Fan davon, mir nur die oberflächlichen Symptome einer Konfliktsituation anzuschauen. Das habe ich bereits in der Einleitung dieses Buches geschrieben. Wir gehen eine Ebene tiefer, schauen uns den Menschen ganzheitlich an. Wenn Timo in Gesprächen mit Hannah versteinert, hat dies einen guten Grund. Ich berichtige mich: mehrere gute Gründe. Es handelt sich hierbei nicht um ein isoliertes Geschehen, sondern um ein komplexes Zusammenspiel von Erfahrungen und daraus resultierenden Handlungen.

Wenn Hannah sich aufregt, signalisiert dies Verhalten Gefahr für Timo. Er hat gelernt, dass Menschen nur dann auf den Tisch hauen, wenn wirklich gar nichts mehr geht. Das ist seine Prägung aus der Vergangenheit. Hinzu kommt, dass er durch die ständigen Wiederholungen in der Beziehung genau weiß, was als Nächstes passieren wird. Sie werden streiten und es wird einen negativen Einfluss auf ihre Partnerschaft haben. Auch diese Erfahrung spielt eine Rolle. Doch da hört der Prozess noch nicht auf. Es geht nicht nur darum, dass es eine potenziell gefährliche Situation für ihn darstellt, wenn Hannah außer sich gerät. Zusätzlich werden auch Gefühle der Schuld und der Unsicherheit bei ihm aktiviert. Diese treten in Kombination mit dem Gedanken auf, dass er es wieder richten muss. Auch hier spielen die Erfahrungen aus seiner Ursprungsfamilie mit den Erlebnissen in der Beziehung zusammen. Timo hat das Gefühl, etwas ändern zu müssen, aber gleichzeitig enorme Angst davor, etwas falsch zu machen und die ganze Situation dadurch nur noch mehr eskalieren zu lassen. Es zieht ihn in zwei Richtungen, sodass er am Ende einfach stehen bleibt und gar nichts mehr macht. Das bedeutet für das Gespräch, dass er verstummt und erstarrt. Und genau das ist das »Problem«, das wir auf der Oberfläche sehen. Wie viel jedoch noch darunterliegt, ist uns meistens gar nicht bewusst.

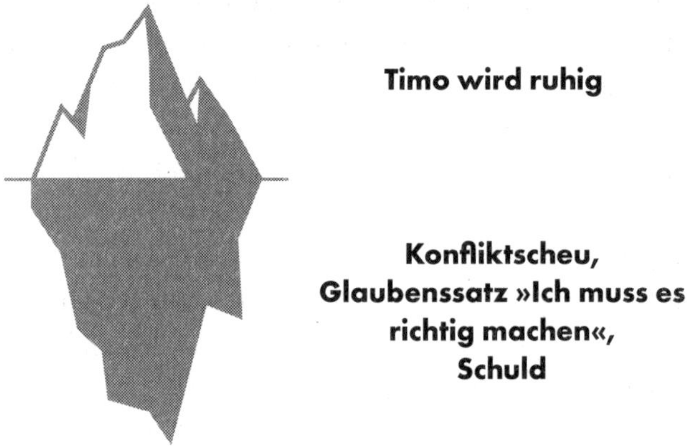

Die Erfahrungen, die uns beeinflussen, müssen jedoch nicht immer aus der Kindheit stammen. Vielleicht erinnerst du dich noch an Elli und Francesca, die wir im ersten Teil des Buches kennengelernt haben. Elli hat einen Hang zu klammern und spricht wie Timo sehr wenig darüber, was sie eigentlich stört. Besonders schlimm sind für sie die Situationen, in denen Francesca eigene Pläne schmiedet und ohne sie etwas unternimmt. Elli hat dann das Gefühl, keine Priorität zu genießen, und sieht dies als Zeichen, dass Francesca sie nicht mehr liebt. In Elli kommt in solchen Momenten eine starke Verlustangst hoch, die sie kaum noch regulieren kann.

Betrachten wir einmal die Hintergründe, um zu verstehen, woher diese Verlustangst kommt.

Elli war schon immer ein wenig schüchtern und unsicher. Ihre Schüchternheit hat es ihr schwer gemacht, mit anderen Menschen in Verbindung zu treten und auf sie zuzugehen. Als sie dann mit ihrer ersten Freundin zusammenkam, war das ein enormer Schritt für sie. Sie war für Elli die große Liebe, so glaubte sie zu diesem Zeitpunkt. Doch leider verlor ihre damalige Freundin bald das Interesse an ihr. Elli spürte die Veränderung und tat alles, was sie konnte, um ihrer Freundin zu beweisen, dass sie die Richtige wäre. Sie machte ihr Geschenke, sorgte für ihre Eltern und las ihr jeden Wunsch von den Augen ab. Nur leider ohne Erfolg. Eines Abends eröffnete ihr ihre Partnerin, dass es vorbei sei und sie jemanden Neues gefunden habe. Für Elli zerbrach eine Welt. Sie hatte alles gegeben und doch die Liebe ihres Lebens verloren. Nach der Trennung fiel Elli in ein tiefes Loch. Sie stalkte die beiden auf Social Media und konnte nicht aufhören, sich mit der neuen Freundin ihrer Ex zu vergleichen. Für sie war klar: »Mit mir will eh niemand zusammen sein und am Ende des Tages werde ich immer wieder allein dastehen.«

Die Probleme in ihrer Kommunikation werden durch eine Kombination aus Verlustangst und Hintanstellen der eigenen Bedürfnisse ausgelöst. Beides sorgt dafür, dass sie nicht für sich einsteht und in besonders schlimmen Momenten kontrollierend wird. Schau dir jetzt noch einmal an, was bei Elli in der Vergangenheit passiert ist. Wie könnten ihre Erlebnisse damals mit ihren Ängsten zusammenhängen?

Elli hat erfahren, was es bedeutet, einfach ausgetauscht zu werden. Sie hat einen schlimmen Verlust erlitten, der sie geprägt hat. Ihr Gehirn hat aus dieser Situation gelernt und will sie jetzt darauf vorbereiten, etwas Ähnliches zu vermeiden. Wenn sich Elli von Francesca weniger geliebt fühlt, beschwört das ungute Erinnerungen an ihre Ex-Freundin herauf. Auch bei ihr hatte sie sich ungeliebt gefühlt. Die Verlustangst ist nicht unbegründet, sie stammt von einer tatsächlich erlittenen Verletzung. Elli versucht zu verhindern, dass Francesca sie verlässt, und fällt dabei in ihr altes Muster zurück: sich selbst aufzugeben und zu klammern. Dass diese Strategie nicht gut funktionieren kann, ist ihr in dem Moment kaum bewusst. Sie merkt nur, dass sie Angst hat, Francesca zu verlieren und JETZT SOFORT etwas dagegen unternehmen muss. Hier macht sich das Gefühl großen Zeitdrucks breit, das ausschlaggebend für die Auslösung des Gefahrenmodus in unserem Gehirn ist. Wenn ein Auto auf dich zurast, hast du keine Zeit mehr, lange nachzudenken. Du musst JETZT handeln. In diesen Situationen greifen wir auf Automatismen zurück, die schon lange in uns angelegt sind.

Für Elli ist in solchen Momenten klar, dass Francesca sie verlassen wird, wenn sie nichts unternimmt. Dass bei Francesca eigentlich etwas ganz anderes passiert, kann Elli nicht sehen. Ihre Wahrnehmung hat sich durch die Erfahrungen in der Vergangenheit und den innerlichen Druck vollkommen eingetrübt. Sie handelt nach ihrem Muster, ohne dass sie dies bewusst wahrnimmt.

Beginnt Elli zu klammern, fühlt sich Francesca eingeengt. Sie hat das Gefühl, nicht mehr frei atmen zu können, und sieht sich in ihrer Autonomie beeinträchtigt. Tatsächlich kennt Francesca dieses Gefühl sehr gut. Schon früh war sie mit Regeln konfrontiert, die sie einhalten musste. Als sie in ihrer Jugend begann, gegen ihr Elternhaus zu rebellieren, stellte dies eine riesige Herausforderung für sie dar. Sie wusste, dass ihre Familie ihre Sexualität und die Art, wie sie ihr Leben gestalten wollte, nicht akzeptieren würde. Ihr wurde klar, dass sie sich nur auf sich selbst verlassen konnte. Sie wurde sehr sensibel für das Gefühl, in eine Schublade gepresst zu werden, und entwickelte starke Grenzen gegenüber anderen. Als sie endlich den Schritt wagte, sich von ihrer Familie zu distanzieren, musste sie sich gegen heftige Vorwürfe und Anfeindungen wehren. Damit sie diese überstehen konnte, baute sie eine emotionale Mauer um sich herum auf. So sollten die Worte der anderen sie nicht mehr verletzen. Jetzt, in ihrer Beziehung zu Elli, errichtet sie genau dieselbe Mauer wieder. Sobald sie sich eingeengt fühlt, wird sie gemein und abweisend. Dann lässt sie Elli nicht mehr an sich heran und richtet sich nur noch ihren eigenen Bedürfnissen. Dieses Verhalten triggert natürlich Ellis Verlustangst, was in einen Teufelskreis mündet. Je stärker Francesca das Gefühl hat, eingeengt zu werden, desto mehr zieht sie sich emotional aus der Beziehung zurück. Je kälter Francesca wird, desto anhänglicher wird Elli. So fließen die Erfahrungen der beiden in ihre gemeinsame Beziehung mit ein und beeinflussen, wie sie einander wahrnehmen und wie sie kommunizieren. In den Momenten, in denen wir nicht mehr klar denken können und unsere Kommunikation abbricht, geschieht etwas in uns. Es hat einen

Grund, dass wir nicht in der Lage sind, ruhig und offen zu sein. Wir haben uns im letzten Kapitel angeschaut, wie uns überhaupt bewusst werden kann, dass wir in einen anderen Modus gewechselt haben. Das war der erste Schritt. Der zweite Schritt besteht nun darin, genauer zu verstehen, was mit uns passiert. Wir versuchen also die Hintergründe unserer Muster zu erkennen und zu begreifen.

Mit Timo habe ich in unserer Einzelsitzung bereits über die Hintergründe seiner Muster gesprochen. Jetzt kommt Hannah in die Therapiestunde. Auch sie sollte auf ihre Warnsignale achten und die dazugehörigen Situationen notieren.

Ich: »Hallo Hannah! Wie war die letzte Zeit für dich?«

Hannah: »Ein Auf und Ab. Wobei die letzten Tage deutlich besser waren. Irgendwie ist es ein bisschen ruhiger geworden zwischen uns beiden.«

Ich: »Interessant. Hast du eine Idee, woran das liegen könnte?«

Hannah: »Ich glaube, wir strengen uns beide ziemlich an. Timo hat mir erzählt, wie schwierig es für ihn ist, wenn ich wütend werde. Das hat mich zum Nachdenken gebracht. Ich will ja selbst nicht wütend sein. Es passiert einfach!«

Ich: »Lass uns doch über diese Wut sprechen. Wann genau kommt sie hoch?«

Hannah kramt ein Notizbuch hervor. »Ich habe mir dazu etwas aufgeschrieben«, sagt sie lächelnd.

Sie blättert und sagt: »Also … mir ist aufgefallen, dass Wut immer die erste Reaktion ist, wenn wir uns streiten. Doch es ist nicht so, als würde sie immer direkt aus dem Nichts auftauchen. Häufig geht es mir schon eine Weile lang schlecht, bevor es plötzlich aus mir hervorbricht.«

Ich: »Was sind das für Momente, in denen es dir vorher schon schlecht geht?«

Hannah: »Ach, Kleinigkeiten. Aber sie nerven mich. Gestern gab es zum Beispiel wieder so eine Situation. Ich hatte Timo darum gebeten, mir etwas mitzubringen, und er hat es vergessen. Typisch. Dann musste ich am Abend noch einmal los. Oder letztens brauchte ich seine Unterstützung bei einem Projekt und er war einfach nicht da.«

Ich: »Was bedeutet das für dich? Was sagst du dir in diesen Momenten?«

Hannah: »Dass ich mich nicht auf ihn verlassen kann! Diese Sachen sind ja nur Kleinigkeiten und ich habe deshalb auch nichts weiter gesagt. Aber ich merke schon, dass ich das Gefühl bekomme, mit den Problemen allein dazustehen. Als wären wir zwar in einer Beziehung, aber ich müsste ganz für mich allein kämpfen.«

Ich: »Das klingt für mich so, als gäbe es etwas, das noch vor der Wut in dir hochkäme. Dieses Gefühl nämlich, auf dich allein gestellt zu sein.«

Hannah lässt diesen Gedanken sacken, bevor sie zögerlich bejaht.

Ich: »Wut ist eine Möglichkeit, jemanden auf Distanz zu halten, wenn wir selbst verletzt sind. Reagieren wir wütend, fühlen wir uns stärker, als wenn wir uns verletzlich zeigten. Wenn ich jemanden angreife, stoße ich ihn weg. So kann er mir – zumindest in der Theorie – nichts mehr anhaben.«

Hannah: »Ja, ich verspüre in solchen Situationen tatsächlich den Drang, Timo fortzustoßen. Er soll mir bloß nicht zu nahe kommen.«

Ich: »Hast du schon einmal ein verletztes Tier gesehen, das die Zähne bleckt und ganz furchteinflößend aussieht? Etwas Ähnliches passiert, wenn wir innerlich verletzt sind, nach außen hin aber wütend werden.«

In Streitsituationen ist Wut oft eine Emotion, die sich über eine andere legt. Wut spürt man deutlich. Die Hitze, die Energie sind für die meisten von uns gut zu identifizieren. Das vulnerable Gefühl dahinter ist viel schwieriger zu entdecken. Doch dies ist die Quelle der Wut. Hannah reagiert verletzt, wenn sie auf sich allein gestellt ist. Sie benötigte Timos Hilfe, bekam sie aber nicht. Doch sie nimmt diese Kränkung kaum wahr. Zu schnell legt sich Wut darüber und macht die Wunde so gut wie unsichtbar. Wenn wir uns nur auf unseren Zorn fokussieren, verlieren wir aus den Augen, was wirklich wichtig ist: Hannahs Verletzlichkeit.

Ich: »Hannah, kann ich dich fragen, woher du das Gefühl kennst, auf dich allein gestellt zu sein?«
Der Ausdruck in Hannahs Gesicht verändert sich schlagartig. Ihre Augen werden feucht.
Hannah: »Ich bin die Älteste von vier Geschwistern. Meine Eltern haben versucht, sich um uns zu kümmern. Mein Vater war immer arbeiten und meine Mutter hatte selbst ihre Probleme. Also war es meine Aufgabe, die Familie zu managen. Es ist alles an mir hängen geblieben.«
Ich: »Du hast gelernt, dass du verantwortlich dafür bist, alles am Laufen zu halten. Ich schätze, da gab es nicht besonders viel Platz für deine eigenen Probleme?«
Hannah: »Genau. Ich habe immer nur funktioniert und auch alles geschafft! Ich wollte nie so abhängig werden wie meine Mutter. Das habe ich mir später im Beruf immer wieder gesagt.«
Ich: »Dann ist es sicher nicht leicht für dich, um Hilfe zu fragen?«
Hannah (schnaubt). »Ich hasse es.«
Ich: »Wenn du Timo um etwas bittest, verlässt du die Regeln und Muster, die du seit deiner Kindheit so gut kennst. Du bist es gewohnt, stark zu bleiben und dich auf niemanden verlassen zu müssen. Wenn du dich dann öffnest und um Hilfe bittest, ist das ein großer Schritt. Umso härter ist es wahrscheinlich, wenn Timo in der Situation nicht für dich da ist?«
Hannah: »Ich bin dann auf mich selbst sauer. Ich habe das Gefühl, mich von ihm abhängig gemacht zu haben.«
Ich: »Und die Wut auf ihn bedeutet wahrscheinlich: Wenn ich mich nicht auf dich verlassen kann, dann bleib weg von mir. Dann weiß ich jetzt, dass ich niemanden an mich ranlassen darf – oder was denkst du genau?«
Hannah: »Ja, ich hätte es doch wissen müssen. Ich glaube, er sieht

gar nicht, was diese Situation für mich bedeutet. Er sieht nur die Hannah, die immer weiter nach vorne prescht und alles hinbekommt. Er sieht nicht, dass ich ihn brauche, dass ich mich manchmal allein fühle.«

Ich: »Ja, so klein sind die Kleinigkeiten also gar nicht, die du für dich behältst. Und das Schlimme ist, deine eigene Wut verhindert, dass er jemals erfahren wird, was sie für dich bedeuten. Denn du sagst dir in solchen Momenten, dass du dich nicht verletzlich machen darfst. Je mehr du das beherzigst, desto weniger kann Timo dein Verhalten begreifen. Denn nur wenn wir uns wirklich verletzlich zeigen, hat die andere Person auch die Chance, etwas zu lernen und uns besser zu verstehen.«

Auch Hannahs Probleme in der Kommunikation kommen nicht von ungefähr. Sie haben eine Geschichte. Wenn Hannah verletzt ist, beginnt sie zu kämpfen. Hätte sie andere Erfahrungen gemacht, würde sie sicherlich mit einer anderen Intensität auf Timos Verhalten reagieren. Sie musste aber erleben, wie es sich anfühlt, wenn man sich nur auf sich selbst verlassen kann. Sie hat sich immer und immer wieder zusammengerissen und ist so zu einer Kämpferin geworden, die jenen Teil in sich abschirmt, der sich nach Unterstützung und Verständnis sehnt. Sie zeigt immer nur ihre Wut und nie den verletzlichen Teil.

Ich kann mir gut vorstellen, dass Hannah gern zur Ruhe kommen würde. Die Waffen strecken und sich entspannen. Doch das fühlt sich bislang nicht machbar für sie an. Sie glaubt, sich nicht darauf verlassen zu können, dass jemand da sein wird, der für sie einspringt und Rücksicht auf ihre verletzliche Seite nimmt. Zumindest sah so jahrelang ihre Realität aus und natürlich bringt sie diese Vorstellung auch in ihre Beziehung mit Timo ein. Manchmal testet sie an, ob Timo nicht doch für sie da wäre, wenn sie ihn bräuchte. Sobald sie aber enttäuscht wird, zieht sie sich wieder zurück und stößt ihn fort. Also muss sie immer so weiter machen und wird auf diesem Weg auch noch in ihrem Glaubenssatz bestätigt, dass sie niemals aufhören darf zu kämpfen.

Manchmal ist es nicht so leicht, hinter die Kampfmontur zu schauen und die Verletzlichkeit des anderen zu sehen. Um mehr Verständnis herzustellen, kann es sinnvoll sein, eine Art »Übersetzung« für die eigenen Verhaltensweisen zu erstellen. Nach dem Motto: »Wenn ich so reagiere, habe ich eigentlich dieses unerfüllte Bedürfnis.«

Für Hannah sieht das folgendermaßen aus:

Reaktion	**Bedürfnis**
Sie wird wütend	= Mehr Unterstützung
Sie nörgelt rum	= Offene Gespräche führen
Sie wiederholt sich	= Sich gehört fühlen

Es kann aber für dich beispielsweise auch so aussehen:

Reaktion	**Bedürfnis**
Du wirst kalt	= Mehr Interesse an deiner Meinung
Du klammerst	= Dich geliebt fühlen
Du antwortest einsilbig	= Verstanden werden
Du vernachlässigst die Beziehung	= Mehr Leidenschaft

Wie würde das für dich aussehen? Welches Bedürfnis steht hinter deinen automatischen Reaktionen?

An dieser Stelle schlage ich vor, die Geschichten und Infos aus diesem Kapitel erst einmal sacken zu lassen. Lies dir das Kapitel gern noch einmal durch und unterstreiche Sätze oder Ideen, die dich berühren. Vielleicht sind dir einige Gedanken von Timo bekannt, und du kennst womöglich Ellis Verlustangst. Was auch immer es ist, markiere dir die Teile, die etwas in dir auslösen und sich stimmig für dich anfühlen. Nimm dir Zeit, über deine Vergangenheit nachzudenken, und betrachte die Erinnerungen, die in dir aufkommen, etwas genauer. Erkennst du einen Zusammenhang zu deinen jetzigen Mustern? Du musst hierauf noch keine endgültige Antwort finden. Doch wenn dir entsprechende Gedanken kommen, notiere sie dir gern für später.

Zusammenfassung

Sowohl Timo als auch Hannah haben einen Filter, der sich über eine bestimmte Situation legt und bestimmt, wie sie diese wahrnehmen und interpretieren. Sie beide haben wunde Punkte, die zum Entstehen dieser Filter beigetragen haben. Timo hat das Gefühl, es immer falsch zu machen und nicht gehört zu werden. Hannah hingegen, nicht unterstützt zu werden und allein zu sein. Das sind ihre emotionalen Trigger. Wenn diese getroffen werden, wird ein Muster aktiviert. Timo zieht sich zurück. Hannah greift an. Bei beiden geschieht dies mehr oder weniger automatisch und ohne ihr Wissen. Ihnen ist nicht klar, auf was sie da eigentlich anspringen. Sie reagieren nicht nur auf die aktuelle Situation, sondern auch auf die Verletzungen, die zwischen ihnen als Paar und in ihrer jeweiligen Vergangenheit passiert sind. Um diesem Kreislauf zu entkommen, müssen sie lernen, die grundlegenden Abläufe zu verstehen und auseinanderzunehmen. Nur so kann man ein Muster überwinden und sich anders verhalten.

Wenn wir also wirklich besser kommunizieren und glückliche Beziehungen führen wollen, müssen wir verstehen, warum wir reaktiv werden. Welche Erfahrungen bilden einen Filter, durch den ich die Situation auf eine besondere Art und Weise erlebe? Was beeinflusst mich in diesem Moment, so zu handeln? Im nächsten Kapitel werden wir uns *deinen* Triggern und ihren Hintergründen widmen. Ich werde dir eine Übersicht mit an die Hand geben, mit der du für dich herausfinden kannst, welche Muster bei dir ablaufen.

KAPITEL 8: WIE DIE VERGANGENHEIT UNS BEEINFLUSST

Hannah und Timo sind nach ihren Einzelsitzungen wieder gemeinsam bei mir. Im Paartherapieprozess ist die Arbeit an den eigenen Anteilen und Hintergründen meist entscheidend. Ich frage die beiden, was für sie nachgewirkt hat.

Hannah: »Viel. Es kamen immer wieder Bilder und Gedanken in mir auf. Wenn man einmal anfängt, sich damit zu beschäftigen, ploppen auf einmal all diese Erinnerungen hoch.«
Timo: »Ich habe mich auch noch einmal mit meiner Kindheit beschäftigt. Aber ich mag die Idee nicht, die Schuld stets bei den Eltern zu suchen. Ich verstehe natürlich, dass man dort geprägt wird, aber irgendwie möchte ich ihnen nicht den Schwarzen Peter zuschieben.«
Ich: »Ich bin da ganz bei dir, Timo. Hier geht es auch nicht um Schuld, sondern um Verständnis. Die meisten Eltern geben ihr Bestes. Trotzdem ist es wichtig, sich die eigene Kindheit anzusehen, will man sich besser verstehen. Natürlich gibt es auch Prägungen, die nicht aus der Kindheit stammen. Ebenso können die Schule, die erste große Liebe oder spätere Erfahrungen Einfluss auf uns ha-

ben. Vielleicht habt ihr schon von dem inneren Kind, verschiedenen Bindungsstilen oder eben Triggern gehört. All diesen Konzepten ist die Idee immanent, dass wir auf Auslöser in der Gegenwart reagieren, die auf Erfahrungen in der Vergangenheit zurückgehen. Es entsteht eine Verbindung zwischen der aktuellen und der vergangenen Situation, die starke Emotionen und Verhaltensweisen auslöst. Dies bezeichnet man auch als Affektbrücke.«

Hannah: »Ja, vom inneren Kind habe ich schon gehört. Und über Trigger haben wir hier ja auch schon gesprochen. Aber woran merke ich eigentlich, dass etwas aus der Vergangenheit getriggert wurde und ich nicht einfach emotional reagiere?«

Ich: »Das merkst du zum Beispiel daran, dass ein ganz bestimmtes Muster aktiviert wird. Dies geschieht automatisch. Es läuft einfach ab, ohne dass du es bewusst steuerst. Du reagierst somit nicht flexibel und reflektiert, sondern starr und schnell.«

Timo: »Für mich fühlt es sich verkrampft an.«

Ich: »Ganz genau! Wenn ich einfach nur genervt wäre, hätte ich in den meisten Fällen deutlich mehr Spielraum, um auf eine bestimmte Situation zu reagieren. Bei Triggern reagiere ich blind.«

Hannah: »Ich habe das Gefühl, meine Trigger haben auch eine ganz andere Intensität als ›normale Gefühle‹. Kann das sein?«

Ich: »Absolut. Denn es kommt hier einiges zusammen. Stell dir das Geschehen als ein Glas vor, das anstatt mit Wasser mit Emotionen gefüllt wird. Sagen wir, die Situation selbst füllt das Glas zu 20 oder 30 Prozent. Kommen dann noch die Gefühle aus der Vergangenheit dazu, läuft das Glas bald über. Von außen betrachtet denkt man vielleicht: ›Das ist jetzt aber eine sehr heftige Reaktion‹, und weiß dann, dass man einen wunden Punkt getroffen hat. Betrachtet man die Gefühle aus der aktuellen Situation zusammen mit den Gefühlen aus der Vergangenheit, ergibt die Intensität der Reaktion meist deutlich mehr Sinn.«

Timo: »Also jedes Mal, wenn ich das Gefühl habe, dass Hannah übertreibt, habe ich eigentlich einen Trigger getroffen?«

Ich: »Darauf kann ich dir keine Garantie geben, aber in jedem Fall ist das eine gute Ausgangslage für ein Gespräch, um herauszufinden, was zwischen euch gerade passiert ist. Hannah, was denkst du?«
Hannah: »Das könnte schon hinkommen. Also sicher sind das nicht immer Trigger aus meiner Kindheit, aber das gilt ja auch für Beziehungsthemen, die tiefe Wunden hinterlassen haben. Gut, manchmal habe ich auch einfach einen schlechten Tag. Aber darüber zu sprechen, wäre so oder so nicht verkehrt. Es darf nur nicht von oben herab geschehen.«
Ich: »Das stimmt! Gerade, wenn man über etwas so Heikles wie wunde Punkte und alte Erfahrungen spricht, sollte man sehr vorsichtig miteinander umgehen.«
Timo: »Aber ist es nicht irgendwie negativ, dass wir uns so von der Vergangenheit leiten lassen?«
Ich: »Ja und nein. Es ist ein Problem, wenn die Automatismen unser Verhalten steuern und damit unsere Kommunikation und Beziehung angreifen. Doch auf der anderen Seite ist es auch vollkommen natürlich, dass wir von der Vergangenheit beeinflusst werden. Wir sind nun einmal keine Eintagsfliegen, sondern Menschen, die durch ihre Erfahrungen lernen. Viele Paare machen den Fehler, sich zwanghaft auf das aktuelle Thema in einem Gespräch zu fokussieren und blenden die Vergangenheit aus. Das funktioniert oft nicht, weil Emotionen sehr stark sind. Außerdem hindert uns solch ein Verhalten daran, das ganze Bild zu sehen und mehr Verständnis füreinander aufzubringen. Manchmal müssen wir unseren Blickwinkel vergrößern und herauszoomen, um zu verstehen, was wir vor uns haben. Das kann man sich wie ein Weitwinkelobjektiv vorstellen, mit dem wir auf unser Leben schauen.«[12]

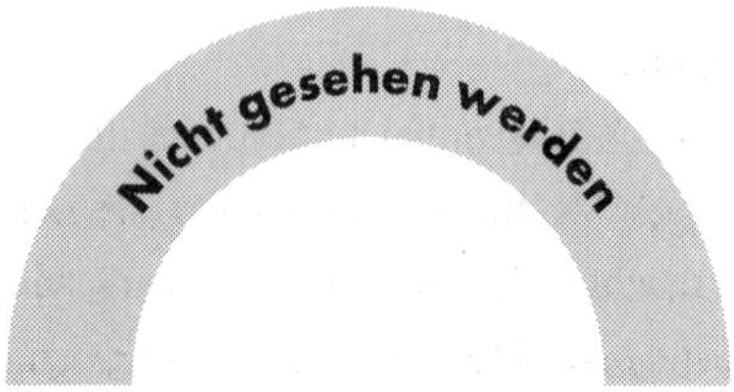

Damals **20 Jahre** **Jetzt**
(alte Erfahrung) → (aktuelle Situation)

Wenn wir aus problematischen Kommunikationsmustern aussteigen wollen, müssen wir zunächst ganzheitlich verstehen, warum wir überhaupt hineingeraten sind. Wir werden jetzt gemeinsam deinen Triggern auf den Grund gehen. Es gibt eine Formel, die du anwenden kannst, um eine Übersicht über deine Verletzungen zu bekommen. Diese werden wir jetzt Schritt für Schritt durchgehen. Die Informationen aus den vorherigen Übungen werden dir dabei helfen.

Ich rate dir, die verschiedenen Teile einmal komplett durchzulesen und zu unterstreichen, was auf dich zutrifft. Versuch dich zunächst auf einen Trigger zu konzentrieren. Geh die Kategorien noch einmal durch und fang an, die Komponenten deines Musters aufzuschreiben. Am Ende des Kapitels findest du eine Ausfüllhilfe, die du dafür nutzen kannst. Die Beispiellisten sind natürlich nicht vollständig. Solltest du eine andere Beschreibung vorziehen oder sollte dir etwas fehlen, ergänze es gern.

Stell dir zunächst eine Situation vor, in der du sehr angespannt warst oder heftig reagiert hast. Dies kann ein kurzer Moment oder ein längeres Gespräch gewesen sein. Vielleicht der letzte heftige Streit mit deiner Partnerin oder eine Auseinandersetzung mit einem Arbeitskollegen. Du kannst diese Übung auch gern mehrmals für verschiedene Situationen durchspielen, das wäre sogar sinnvoll. Wenn du eine bestimmte Situation vor Augen hast, dann versuch dich jetzt daran zu erinnern, wie es dir in dem Moment gegangen ist. Wo warst du? Wie ist es zu dieser Situation gekommen? Nimm dir dafür einige Sekunden Zeit, um das Bild zu vervollständigen.

Schritt 1: Körpersignale

Beginnen wir mit den Körpersignalen. Wie kannst du in deinem Körper erspüren, dass ein Trigger in dir angesprochen wurde? Diese Information hilft uns, zu erkennen, dass wir am Anfang unseres Musters stehen. Versuche also, in dich hineinzufühlen. An welche Körpersignale erinnerst du dich? Falls dir keine einfallen, überlege, wie du typischerweise reagierst, sobald du gestresst oder emotional bist. Schau dir jetzt die Liste an und taste für dich ab, was davon auf dich zutrifft. Unterstreiche die jeweiligen Punkte.

- Hitze im Körper;
- schwitzige Hände;
- Unruhe;
- Druck auf der Brust;
- Kribbeln;
- innere Anspannung;
- Kneten der Hände;
- die Kiefer werden zusammengepresst;
- die Schultermuskulatur verkrampft sich;
- kein Augenkontakt mit der anderen Person;
- ein Rauschen in den Ohren;
- Atemprobleme;
- Zähneknirschen;
- Fingernägel kauen;
- Zusammenziehen der Augenbrauen;
- verkrampfte Körperhaltung;
- Schwere auf den Schultern;
- Fußwippen
- oder etwas anderes.

Solltest du damit Schwierigkeiten haben, so achte in der nächsten Zeit verstärkt auf deine Körpersignale und übe dich darin, deine Wahrnehmung diesbezüglich zu schärfen. Die so gewonnenen Informationen kannst du hier in die Liste eintragen.

Schritt 2: Beziehungsthema

Wodurch wurden deine Körpersignale ausgelöst? Welches Thema wurde getroffen? Nutze hierfür dein Wissen aus dem ersten Teil, um die größeren Themen hinter den vordergründigen Kleinigkeiten zu identifizieren. Gehe noch einmal in Gedanken die Situation durch und überlege, was dich so mitgenommen hat. Vielleicht war es eines dieser Themen:

- fehlende Empathie;
- nicht gesehen zu werden;
- mangelnde Unterstützung;
- kein Vertrauen;
- wenig Sicherheit;
- Einsamkeit;
- geringe Wertschätzung;
- keine Priorität zu genießen;
- sich nicht begehrt zu fühlen;
- eingeschränkte Freiheit
- oder etwas anderes?

Wenn du dir hierbei unsicher bist, dann versuche, eine typische Szene mit deinen Worten zu beschreiben. Was wäre ein klassischer Auslöser für eine problematische Situation?

Schritt 3: Gefühle

So, jetzt wird es interessant. Wenn eines der größeren Themen getroffen und dein Körper dadurch in Alarmbereitschaft versetzt wurde, welches Gefühl kommt dann in dir hoch?

- Sich ausgeschlossen zu fühlen;
- auf sich allein gestellt zu sein;
- es nie richtig zu machen;
- nicht gut genug zu sein;
- eine Enttäuschung darzustellen;

- die Kontrolle zu verlieren;
- etwas leisten zu müssen, aber nicht zu können;
- nicht wichtig oder austauschbar zu sein;
- verlassen zu werden;
- nicht gehört oder verstanden zu werden;
- Einschränkungen zu erfahren;
- nicht frei zu sein;
- fallen gelassen zu werden;
- jemanden im Stich zu lassen;
- etwas kaputt zu machen;
- Schuld zu haben;
- sich ohnmächtig zu fühlen
- oder etwas anderes?

Schritt 4: Verhalten

Wenn das Gefühl stark genug ist, wird es ein entsprechendes Bewältigungsverhalten nach sich ziehen. Welches kennst du da typischerweise von dir? Wie reagierst du, wenn du solche Emotionen erlebst? Mit …

- Angriff;
- Kontrolle;
- Kritik;
- Flucht;
- Erstarren;
- Einfrieren;
- Aushalten;
- Sprachlosigkeit;
- Rückzug;
- Abschottung;
- Kälte;
- Verleugnung der eigenen Bedürfnisse;
- Lautstärke;
- Gemeinheiten;

- aggressivem oder passiv-aggressivem Verhalten
- oder mit etwas anderem?

Schritt 5: Hintergrund

Wir haben viel darüber gesprochen, dass die Intensität der Emotionen ihren Grund meist nicht nur in der Situation selbst findet, sondern auch auf ältere Erfahrungen zurückzuführen ist. Vielleicht sind dir noch einige Momente eingefallen, bei denen du einen Zusammenhang zu den jetzigen Abläufen herstellen kannst. Hier sind einige Beispiele für solche Hintergründe, die akute Momente beeinflussen können.

Wichtig: Falls du das Gefühl hast, dass diese Erinnerungen zu heftig sein könnten und du dich deshalb nicht eingehender mit ihnen beschäftigen möchtest, dann stoppe bitte an dieser Stelle (du kannst dann gerne nach den Aufzählungen mit dem Absatz »Jetzt haben wir alle Komponenten …« wieder einsteigen). Bestimmte traumatische Ereignisse sollten nicht einfach so und schon gar nicht ohne professionelle Hilfe heraufbeschworen werden. Sei da bitte vorsichtig und mache diesen Teil nur, wenn es sich für dich sicher anfühlt. Du kannst die Suche nach belastenden Erinnerungen auch gern innerhalb einer Therapiesitzung machen, wenn du dich damit besser fühlst.

Solltest du mit der Bearbeitung fortfahren wollen, kannst du dir folgende Fragen stellen:

- Kenne ich dieses Muster bereits von mir? Wenn ja, woher?
- Wo habe ich gelernt, so zu reagieren?
- Seit wann gibt es dieses Muster und was ist damals passiert?
- Wenn ich das Gefühl aus Schritt 3 in meinem Leben zurückverfolge, wo hat es seinen Ursprung?
- Mit wem habe ich früher in der Art und Weise gesprochen, wie ich heute mit meinem Partner oder der Arbeitskollegin etc. spreche?
- Welche Ereignisse in meinen engen Beziehungen zu anderen haben mich geprägt?

Vielleicht gab es Situationen wie:

- Um mich hat sich nie jemand gekümmert.
- Meine Eltern haben mich häufig alleingelassen.
- Wir haben uns oft gegenseitig im Streit verletzt.
- Ich habe mich in einer Beziehung komplett aufgegeben.
- Ich habe das Gefühl, nicht geliebt zu werden.
- Ich habe gelernt, dass es meine Schuld ist, wenn andere sich schlecht fühlen.
- Ich musste immer Verantwortung für andere tragen.
- Mir ist klar, dass ich am Ende alles regeln muss.
- Meine Meinung wurde von meiner Familie nie gehört.
- Ich wurde mit meinen Gefühlen allein gelassen.
- Mir wurde vermittelt, dass ich andere mit meinen Emotionen belaste und sie besser für mich behalten sollte.
- Ich musste mich um jemanden kümmern.
- Es war meine Aufgabe, dass es allen gut ging.
- Ich wurde viel für meine mangelnde Leistung kritisiert.
- Ich wurde wegen meines Aussehens gehänselt.
- Ich durfte nie für mich selbst entscheiden.
- Ich wurde betrogen.
- Ich habe gelernt, dass ich die Dinge mit mir selbst ausmachen muss.
- Oder etwas anderes?

Jetzt haben wir alle Komponenten eines Triggers aufgeführt, die wir nur noch zusammensetzen müssen, um einen vollständigen Überblick zu erhalten. Ich nenne diesen Überblick auch deinen *»Trigger-Plan«*. Diesen kannst du nutzen, um besser mit deinen Triggern umzugehen und dir selbst vor Augen zu führen, was mit dir passiert und was du momentan brauchst. Doch bevor du diesen Plan für dich selbst ausfüllst, habe ich hier noch sechs typische Kombinationen von Triggern und ihren Hintergründen zusammengetragen. Vielleicht findest du dich in einer davon wieder.

Nicht gehört werden + Angriff

Wenn die Hitze in meinem Körper aufsteigt, dann weiß ich, dass mein Trigger getroffen wurde. Meistens ist der Auslöser eine Bagatelle, die mit unserem Beziehungsthema »fehlende Empathie« zusammenhängt. Dann fühle ich mich ausgeschlossen und nicht gehört. Dieses verletzliche Gefühl zeige ich jedoch nicht, da ich sofort in den Angriffsmodus wechsele und laut werde. Ich weiß aber, dass ich auch deshalb so heftig reagiere, weil ich mich jetzt schon längere Zeit in unserer Beziehung nicht gesehen fühle. Der Trigger reicht sogar noch weiter zurück. Schon in meiner Kindheit hat sich kaum jemand um mich gesorgt, sodass ich kaum das Gefühl der Empathie und Nähe erlebt habe. Stattdessen habe ich gelernt, zu kämpfen und mich selbst zu beschützen. All diese Erfahrungen zusammengenommen lassen mich derart heftig reagieren.

Angst, verlassen zu werden + Kontrolle

Ich erkenne meinen Trigger daran, dass ich sehr unruhig werde. Als Nächstes habe ich ein beklemmendes Gefühl in der Brust. Das geschieht meistens, wenn mein Partner sich verschließt und ich den Kontakt zu ihm verliere. In diesen Momenten stelle ich die ganze Beziehung infrage und merke, dass unser Thema »fehlende Sicherheit« aufkommt. Ich habe Angst, dass er mich verlassen wird und sein Rückzug ein Indiz dafür ist, dass er mich nicht mehr liebt. Das unruhige Gefühl wird oft so schlimm, dass ich irgendetwas machen muss. Aus der Verlustangst resultiert in einer Art von Übersprungshandlung dann der Versuch, zu kontrollieren. Ich mache meinem Partner Vorschriften und klage ihn an. In unserer Beziehung ist bereits einmal ein Betrug vorgefallen. Diese alte Geschichte begleitet mich seitdem und löst immer wieder die gleiche Angst in mir aus.

Schuld + Sich emotional verschließen

Mein Trigger schnürt mir die Kehle zu. Ich kann nichts mehr sagen. Das passiert meistens, wenn meine Partnerin emotional wird. Für sie geht es dann um das Thema »fehlende Wertschätzung«. Sie macht mir klar, dass sie unglücklich in der Beziehung ist, und ich fühle mich extrem schuldig und unter Druck gesetzt. Ich sage dann gar nichts mehr, verschließe mich emotional. Ich habe das Gefühl, dass alles, was ich sagen könnte, die Situation nur noch verschlimmern würde. Denn bereits früh musste ich lernen, dass man seine negativen Emotionen besser für sich behalten und versuchen sollte, kühl und rational zu bleiben. Ich verfalle sehr schnell in diesen Modus, obwohl ich weiß, dass mich das noch mehr von meiner Partnerin entfernt.

Eingeengt werden + Rückzug

Ich erkenne meinen Trigger daran, dass sich mein ganzer Oberkörper anspannt und verkrampft. Ich weiß in dem Moment, dass mir die Freiheit in der Beziehung fehlt. Das geschieht oft dann, wenn meine Partnerin selbst verletzt ist und kontrollierend wird. Ich ziehe mich zurück. Konkret bedeutet das, dass ich den Raum verlasse und wir einige Tage lang nicht mehr miteinander reden. Ich hasse es, mich eingeengt zu fühlen. Meine letzte Partnerin hat mich komplett vereinnahmt. Ich wusste irgendwann gar nicht mehr, wer ich außerhalb dieser Beziehung war. Ich habe mir geschworen, dass ich meine Grenzen verteidigen werde. Deshalb reagiere ich heute so allergisch darauf, wenn ich »springen« soll.

Nicht genügen + Über die eigenen Bedürfnisse hinweggehen

Ich erlebe eine heftige innere Anspannung, sobald ich das Gefühl habe, nicht gut genug zu sein und es einfach nicht richtig machen zu können. Das kommt regelmäßig auch als Thema in unserer Beziehung auf, wenn ich kritisiert werde oder einen kleinen Fehler begangen habe. Ich rechne schon damit, dass mein Partner mich lächerlich findet. Ich weiß, dass mich in dieser Hinsicht eine alte Geschichte geprägt hat. Ein Ex-Partner hat mir mal klar zu verstehen gegeben, dass ich nie seinen Erwartungen entsprechen werde. Das hat mich bis ins Mark getroffen. Seitdem bin ich sehr empfänglich für dieses Gefühl, nicht zu genügen und bloß »zweite Wahl« zu sein. Ich rede mir dann ein, dass ich keine Beziehung verdiene, und ignoriere meine eigenen Bedürfnisse, um mein Gegenüber doch noch davon zu überzeugen, dass ich gut genug für ihn bin. Wenn mich etwas stört, sage ich es nicht.

Denn das würde die Gefahr erhöhen, dass mein Partner mich noch nerviger fände. Ich weiß, dass dies mein Muster ist und nicht der Realität entspricht, aber trotzdem verfalle ich häufig in dieses Muster.

Ohnmacht + Einfrieren

Das Gefühl der Ohnmacht setzt meinen ganzen Körper schachmatt. Ich bekomme dann kaum noch ein Wort heraus und fühle mich wie gefesselt. In solchen Momenten weiß ich, dass ich mich im Gefahrenmodus befinde und dass das Thema »fehlende Unterstützung« hochkommt. Ich habe das Gefühl, für alles verantwortlich zu sein und auch noch den Bedürfnissen meiner Partnerin entsprechen zu müssen. Es wird mir schnell alles zu viel, sodass ich einfach einfriere und nicht mehr handeln kann. Wie ein Reh im Scheinwerferlicht erstarre ich und verspüre einen enorm hohen Druck auf der Brust. Ich kenne das Gefühl noch aus Kindertagen, in denen ich immer alles perfekt machen musste. Ich wurde nur an meiner Leistung gemessen. Und konnte ich die Aufgaben nicht erfüllen, wurde ich mit Liebesentzug bestraft. Die Situation heute mit meiner Partnerin fühlt sich ganz ähnlich an: Entweder ich mache alles richtig, oder wir haben ein Problem. Das lässt mich in einem gewissen Überforderungszustand zurück, in dem ich wie gelähmt bin.

DEIN »TRIGGER-PLAN«

Folgendermaßen setzt du die Teile deines Triggers zusammen. Nutze dafür gerne die Beispiele und Listen von oben.

1. Beschreibe die Warnsignale deines Körpers. Wo und wie erlebst du eine körperliche Veränderung?

- Mein Körper fühlt sich ______________________________________

  ____________________________ an.
- Ich spüre meinen Trigger als Erstes in ____________________________.

- Wenn ich getriggert bin, spüre ich ______________________________

  ____________________________ in meinem Körper.

- Den Wechsel zum Gefahrenmodus erkenne ich daran, dass

  ______________________________ passiert.

2. Beschreibe einen typischen Auslöser und das größere Beziehungsthema dahinter. In welchen Situationen wirst du häufig getriggert, und auf welches Thema ist das meistens zurückzuführen?

- Häufig passiert das, wenn ich / mein Partner / meine Partnerin

  ______________________________ macht.

- Die Auslöser werden oft betätigt, wenn ______________________________

  ______________________________ gesagt wird.

- Häufig sind wir dann in dem Thema ______________________________

  ______________________________ gefangen.

3. Benenne das Gefühl, das du in dem Moment erlebst. Wie würdest du deine Emotionen beschreiben?

- In mir kommt das Gefühl von ______________________________ auf.

- Für mich fühlt es sich dann an, als würde ich ____________________

  ________________________________ .

4. Beschreibe dein Verhalten. In welchen Bewältigungsmodus verfällst du, sobald du in deinem Muster bist?

- Wenn ich mich so fühle, folgt darauf meistens ____________________

  ____________________________ .

- Der Bewältigungsmodus, der dann folgt, ist ______________________
  ______________________.

5. Beschreibe die Hintergründe und alten Erfahrungen. Wo hast du dieses Muster erlernt und welche lang zurückliegenden Erfahrungen beeinflussen dich heute noch?

- Die Heftigkeit meiner Gefühle stammt noch aus einer Situation, in der ich ______________________.
- In meiner letzten Beziehung habe ich gelernt, dass ______________________
  ______________________.
- Ich denke die Erfahrung, dass ich ______________________
  ______________________, hat dazu beigetragen.

Lies dir abschließend noch einmal alles durch. Vielleicht musst du hier und da noch etwas ergänzen, damit es sich zutreffender anfühlt. Das Ziel sollte sein, genauer zu verstehen, was mit dir passiert. Arbeite also an diesem kurzen Text, bis du das Gefühl hast, dass er so für dich stimmig ist. Dann können wir damit effektiv weiterarbeiten.

Sollte der Text für dich noch nicht schlüssig sein, kannst du wie folgt vorgehen, um ihn anzupassen:

- Eine andere Ausgangssituation wählen.
- Zunächst nur die Komponenten aufschreiben, die sich für dich richtig anfühlen.
- Die Übung an einem anderen Tag wiederholen.
- Die Übung mit einem Menschen durchführen, dem du vertraust. Diese Person kann dir dann womöglich behilflich sein.

Auch hier ist es nicht notwendig, dass alles »perfekt« ist, sondern dass du dich damit wohlfühlst. Der Sinn dieser Aufgabe besteht darin, dir Halt und Wissen zu geben, sobald du in schwierigen Situationen bist. Der Erfahrung nach sind mehr Informationen dabei durchaus hilfreich. Sollte auf deinem Zettel stehen: »Wenn ich nicht mehr klar denken kann, bin ich getriggert. Das bedeutet, dass mein Muster startet«, so ist das aber auch vollkommen okay.

Wie fühlt es sich für dich an, deinen Trigger nun so vor dir zu sehen? Fühlst du dich erleichtert, aufgewühlt oder verwirrt? Egal, welche Emotion du erlebst, du kannst stolz auf dich sein. Du bist den unangenehmen Schritt gegangen und hast mal ganz genau bei dir hingeschaut. Das ist nicht immer einfach.

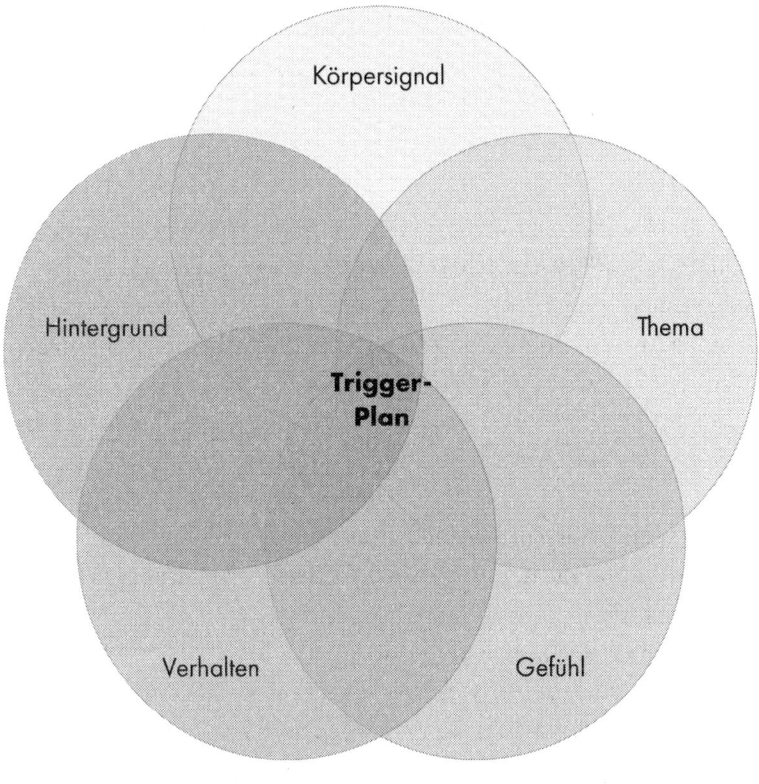

Was du jetzt in deinen »Trigger-Plan« eingetragen hast, beschreibt deine alte Strategie, die analog zu deinem Überlebensmechanismus abgelaufen ist. Sie wurde lange Zeit eingeübt und nie hinterfragt. Das ändern wir jetzt, da wir genau wissen, wie sie aussieht und woher sie stammt.

Zusammenfassung

Wir haben uns in diesem Kapitel eingehend mit deinem Muster beschäftigt. Es zu erkennen und zu beenden, ist ein enorm wichtiger Schritt auf dem Weg zu einer besseren Kommunikation und zu mehr Nähe in der Beziehung.

Der nächste Schritt wird sein, Alternativen zu entwickeln, die du stattdessen nutzen kannst. Sie sollten dir ebenfalls helfen, mit Stress und negativen Gefühlen besser umzugehen, haben aber keine langfristigen negativen Konsequenzen. Klingt doch gut, oder nicht?

KAPITEL 9: EINE NEUE STRATEGIE FÜR SICH SELBST FINDEN

Im besten Fall hältst du nun einen Zettel in der Hand, auf dem du dein Muster aufgeschlüsselt hast. Dieses Wissen ist Gold wert. Für dich selbst, aber auch für deine Beziehung. Womöglich fühlst du dich schon ein wenig erleichtert. Vielleicht bist du aber auch etwas irritiert und aufgewühlt von dem Prozess. Ziemlich sicher fragst du dich wohl: »Okay, und was jetzt? Was mache ich mit diesem Stück Papier, auf dem ich meinen Trigger beschrieben habe?«

Eine berechtigte Frage! In diesem Kapitel werden wir zusammen neue Strategien entwickeln, die du nutzen kannst, um deinen Trigger zu beruhigen. So lernst du dich stärker zu regulieren und gelassener zu kommunizieren. Wir sind also inzwischen bei **Schritt drei** angekommen: **Verändern**. Wir haben geübt, Trigger wahrzunehmen und zu verstehen. Jetzt geht es darum, auch unser Verhalten zu verändern und weniger von den problematischen Bewältigungsmechanismen zuzulassen. Doch bevor wir uns an die konkreten Techniken machen, muss ich dich noch warnen. An dieser Stelle begehen viele Menschen nämlich folgenden Fehler: Sie setzen sich zu sehr unter Druck, nicht in ihre alten Muster zurückzufallen.

Sie kritisieren sich selbst sehr heftig für ihre vermeintlichen Schwächen. Da sie sich bereits viel mit Triggern und Mustern auseinandergesetzt haben, fallen sie ihnen als Konsequenz natürlich auch stärker auf. Ihnen wird schmerzhaft bewusst, »was alles falsch läuft«. Diese quälenden Gedanken sorgen dafür, dass sie versuchen, nicht mehr verletzt zu sein und einfach keine Trigger mehr zuzulassen. Sie verurteilen ihre eigenen Muster als inakzeptabel und kämpfen gegen sie an. Das stellt für die eigene Psyche natürlich ein großes Problem dar. Wir sollten unsere Trigger, soweit es geht, annehmen, um sie zu überwinden. Lass mich das erklären.

Die Verletzungen und Erfahrungen, die unsere Kommunikation torpedieren, können wir nicht ungeschehen machen oder einfach aus unserem System streichen. Viele Menschen versuchen als Erstes, krampfhaft gegen ihre Trigger anzuarbeiten, sobald sie ihnen auffallen. Das ist meist zum Scheitern verurteilt. Emotionen haben eine enorme Kraft. Immerhin schaffen sie es, dass man mitunter kaum noch klar denken kann und Verhaltensweisen an den Tag legt, die man hinterher nicht mehr versteht. Diese Kraft dürfen wir nicht unterschätzen. Indem wir unsere Muster besser verstehen, lernen wir auch, unsere Emotionen zu *lenken* und *mit* ihnen zu arbeiten.

Noch einmal, weil es so wichtig ist: Wir können unsere Erfahrungen nicht ungeschehen machen. Sie werden bestimmte Gefühle in uns auslösen, sobald ein wunder Punkt getroffen wird. Dies müssen wir akzeptieren.

Wir sollten uns darauf konzentrieren, den Umgang mit unseren Mustern zu verbessern, und nicht versuchen, sie zu unterdrücken.

Die Gefühle an sich können wir also nicht so mir nichts dir nichts streichen. In unserer weiteren Entwicklung werden wir ziemlich sicher noch einige Male getriggert werden. Es wird passieren und das ist auch okay so. Allerdings können wir den Umgang damit verändern. Fällt es uns auf, wenn wir innerlich angespannt sind? Machen wir Pausen, um kurz zu reflektieren, was gerade mit uns passiert?

Wir müssen die Gefühle nicht »wegbekommen«, um besser zu kommunizieren. Wir sollten sie nur so weit verstehen und regulieren, dass wir sie offen ansprechen können.

Vielen Menschen hilft dabei das Verständnis, dass ihre Muster einmal einen bestimmten Zweck erfüllt haben. Ich bin kein Fan davon, die Psyche in »gute« und «schlechte« Seiten zu unterteilen. All ihre Facetten hatten oder haben eine Berechtigung und eine wichtige Funktion. In manchen Fällen sind sie heute nur nicht mehr hilfreich. Schauen wir uns hierzu ein Beispiel an.

Nehmen wir an, ein Kind wächst mit einem jähzornigen Vater auf. Es lernt, sich still zu verhalten und alles zu tun, um bloß keinen Ärger zu verursachen. Es weiß, wann es den Mund halten muss, weil der Vater ansonsten sehr wütend werden kann. Hier entsteht ein hilfreiches Muster, das unbewusst in etwa so abgespeichert wird: »Ich muss ständig darauf achten, wann jemand schlecht gelaunt ist. Ich muss jede Kleinigkeit erkennen, die mir verrät, dass mein Vater heute einen schlechten Tag hat und wütend werden könnte. Ich kann die Chance verringern, dass das passiert, indem ich alles richtig mache und mich still verhalte. So kann ich meine eigene Sicherheit erhöhen.«

Das Kind hat sich seinem Umfeld angepasst und ein Muster entwickelt, das zu diesem Zeitpunkt extrem hilfreich ist, um den Schaden möglichst gering zu halten. Doch inzwischen sind 30 Jahre vergangen und die Person lebt immer noch nach diesem Muster. In der Beziehung ist sie hypersensibel für schlechte Stimmung, kann keine eigenen Bedürfnisse artikulieren und stellt sich selbst zurück. Das führt zu Problemen und Konflikten in der Partnerschaft. Das Muster wurde nie an die neue Situation angepasst. Heute ist es nicht mehr hilfreich, sondern problematisch.

Terrence Real, Autor und Paartherapeut, nennt diesen Teil des Selbst das »adaptive Kind«.[13] Dieser Teil hat gelernt, mit schwierigen Erfahrungen umzugehen und sich daran anzupassen. Menschen besitzen die Fähigkeit, sich flexibel auf Probleme einzustellen und ihr Verhalten so auszurichten, dass ihre Bedürfnisse möglichst umfänglich erfüllt werden. In dem oben genannten Beispiel ist gerade das Bedürfnis nach Sicherheit gefährdet. Das adaptive Verhalten soll unsere Sicherheit erhöhen und sicherstellen, dass man nicht noch mehr verletzt wird.

Als erwachsene Person merken wir dann, dass dieses Muster auch negative Konsequenzen zeitigt. Wir verschließen uns, sind kalt oder stoßen andere fort. Wir schaffen es nicht, offen und vulnerabel zu sein. Denn genau davor soll uns der Modus ja schützen. Hätte sich das Kind vor dem Vater auch noch verletzlich gezeigt, hätten dessen Wutanfälle wohl noch mehr Schaden angerichtet. Heute stellt dieser Schutz vor Verletzlichkeit natürlich eine riesige Hürde für eine tiefere Beziehung dar.

Die Intensität und Quantität der problematischen Erfahrungen können hier natürlich einen großen Einfluss darauf haben, wie eingefahren das damals adaptive, jetzt maladaptive – also schlecht angepasste oder dysfunktionale – Verhalten ist. Dies merkt man meist daran, wie schwer es einem fällt, sich aus bestehenden Mustern zu lösen und neue aufzubauen. Gerade wenn diese Ereignisse traumatischer Natur sind, ist die Arbeit mit den eigenen Triggern natürlich deutlich anspruchsvoller. Solche Verhaltensweisen müssen nicht unbedingt durch negative Erfahrungen in der Kindheit entstanden sein. Bei manchen Menschen entwickeln sie sich erst im späteren Lebensverlauf – etwa in einer Beziehung – und werden dort zum ersten Mal als problematisch erfahren.

Ich glaube, dass das Verständnis für uns und unsere weniger hilfreichen Seiten sehr wichtig ist, um nachsichtig und weniger kritisierend mit uns umzugehen. Wenn wir »Fehler« begehen – was sehr wahrscheinlich ist –, können wir uns auf diese Weise selbst auffangen. Sollten wir allerdings einen Teil von uns als »defekt«, »schlecht« oder als Schattenseite unseres Selbst betrachten, baut das nur noch mehr Druck in uns auf. Stattdessen sollten wir zwischen »hilfreichem« und »nicht mehr hilfreichem« Verhalten unterscheiden. Wenn du dich jetzt selbst dabei erwischst, den getriggerten Teil als etwas Böses zu definieren, dann versuch dir vor Augen zu halten, dass auch dieser Teil dir einmal geholfen hat, es jetzt jedoch an der Zeit ist, ihn zu verändern und an dein aktuelles Umfeld und deine Bedürfnisse anzupassen.

Du glaubst nicht, dass dein Muster einmal hilfreich war? Vielleicht findest du dich zum Beispiel hierin wieder:

Das »Was denken andere von mir«-Muster

Du erwischst dich dabei, dich selbst mit den Augen anderer anzuschauen? Du fragst dich, was andere über dich denken, und kommst dabei nur auf negative Antworten? Dir geht dieser Prozess auf die Nerven und du versuchst vergeblich, damit aufzuhören, so über dich selbst nachzudenken?

Dieses Muster, das du jetzt loswerden willst, weil es dich unter Druck setzt und an deinem Selbstwert knabbert, übte sicher einmal eine wichtige Funktion aus. Viele von denen, die solch ein Muster ausgebildet haben, waren einmal von Menschen umgeben, die sie kritisiert, gehänselt oder immer wieder gepusht haben. Sie waren gewohnt, mit anderen verglichen zu werden und immer noch besser sein zu müssen. Das verlangten meist nahestehende Bezugspersonen, LehrerInnen oder andere wichtige Menschen von ihnen. Eine Mutter, die nur das Beste für uns will, aber nicht sieht, was die ständigen Vergleiche bei uns anrichten. Ein Sportlehrer, der unser Idol ist, aber keine Fehler zulässt. Wir beginnen uns anzupassen. Wir lernen vorausschauend und mit den Augen der anderen auf uns selbst zu blicken, bevor sie es tun. Dies soll als Schutz vor Kritik und damit auch vor dem Verlust von Bindung und Wertschätzung dienen. Wir schützen uns, indem wir so denken wie die Menschen um uns herum. Dieser Prozess verselbstständigt sich meistens, sodass es Jahre später zu unserer Normalität geworden ist, uns selbst überkritisch zu beurteilen.

Dieses Muster ist jetzt nicht mehr hilfreich, denn unser Umfeld hat sich verändert. Aber die prüfende, kritische oder vergleichende Stimme in uns arbeitet immer noch auf Hochtouren. Wenn wir uns selbst dafür kritisieren, dass wir uns kritisieren, setzen wir uns doppelt unter Druck. Stattdessen ist es wichtig, zu akzeptieren, dass dieses Muster uns zwar einmal geholfen hat, jetzt aber mehr Schaden anrichtet als alles andere.

Auch Timo tappt in die Falle, sich für sein Muster zu kritisieren und es einfach weghaben zu wollen. Er weiß, dass es ihn trifft, wenn er nicht gehört wird, und dass er dann den Rückzug antritt. Er ist sich ebenfalls bewusst, welche negativen Konsequenzen dieses Muster für seine Beziehung hat. Also versucht er, sich einfach nicht mehr unverstanden zu fühlen. Denn dann kann das Muster ja auch nicht mehr aktiviert werden, richtig? Falsch.

Tatsächlich muss man sehr viel Energie aufwenden, um »nichts« zu fühlen. Dieser Mechanismus wird in ihm über die Zeit einen enormen Druck auslösen, der sich in der einen oder anderen Weise entladen wird. Entweder werden alle aufgestauten Emotionen schlagartig aus ihm herausbrechen und er wird sich gar nicht mehr unter Kontrolle haben, oder seine Liebe zu Hannah wird mehr und mehr erkalten. In beiden Fällen haben die Emotionen sich ihren Weg auf eine denkbar destruktive Art und Weise gebahnt.

Ich muss in diesem Zusammenhang immer an mechanische Schrottpressen denken, in denen ein Gegenstand unter immer stärker werdendem Druck schließlich zerquetscht wird und in alle Richtungen explodiert. Vollkommen unkontrolliert und gefährlich. Genau das passiert auch in uns. Wir müssen die Kraft der Emotionen annehmen und sie dann in neue Bahnen zu lenken versuchen. Nur so kann sich die Energie auf eine Art »entladen«, die uns und unserer Beziehung nicht gefährlich wird.

Wichtig ist also zu verstehen:

1. Wir können einschneidende Erlebnisse nicht aus unserem Gedächtnis streichen.
2. Einige Erfahrungen werden starke Gefühle in uns wachrufen.
3. Diese Gefühle können wir ebenfalls nicht einfach so »wegwischen«.
4. Stattdessen sollten wir anders mit ihnen umgehen.

Die Lösung besteht also *nicht* darin, zu versuchen, möglichst keine negativen Gefühle aufkommen zu lassen und den Trigger zu unterdrücken – das Muster einfach so weiterlaufen zu lassen, ist aber ebenfalls nicht hilfreich.

Was bleibt also noch übrig? Der *bewusste Umgang* mit unseren Mustern, indem wir langfristige, neue Strategien entwickeln. So können wir unsere Gefühle steuern, ohne von ihnen kontrolliert zu werden, und ohne uns dafür zu verurteilen, solche Emotionen überhaupt noch zu haben – der goldene Mittelweg also.

»Bewusster Umgang« ist wahrscheinlich ein bisschen zu abstrakt, um auf Anhieb verstanden zu werden. Stell dir vor, du verbrennst dir deine Hand beim Kochen. Anstatt sie zu kühlen, ignorierst du den Schmerz und machst ungerührt weiter, so als wäre gar nichts geschehen. Deine Hand bleibt sogar noch auf der heißen Platte liegen. Der Schmerz wird immer unerträglicher, doch das scheint dich nicht weiter zu interessieren. Wäre das ein bewusster Umgang mit der Situation? Nein, natürlich nicht. Doch genau das machen wir oft mit unseren emotionalen Schmerzen. Wir verharren in eben der Lage, die sie verursacht hat, unternehmen nichts, um die Wunde zu verarzten, und sind sogar noch überrascht, sollte sie nicht schnell verheilen.

Wie sähe in solch einer Situation ein bewusster Umgang aus? Natürlich, als erste Notfallmaßnahme hielte man die Hand unter kaltes Wasser. Sobald dann der schlimmste Schmerz gelindert wäre, würdest du eine geeignete Salbe aus deiner Medikamentenschublade hervorholen und vielleicht einen Verband anlegen. Du würdest die Tage danach noch vorsichtig sein und immer wieder Salbe auftragen, bis die Wunde verheilt wäre. Erkennst du die Parallelen zu emotionalen Wunden?

Der bewusste Umgang mit unserem Trigger sieht so aus: Wir nehmen den Schmerz wahr und ernst. Denn hier ist etwas passiert, das wir nicht einfach ignorieren können, das wichtiger ist, als einfach mit einem Gespräch fortzufahren. Wir stoppen, sobald wir erkennen, dass wir uns in einer Notsituation befinden. Als erste Sofortmaßnahme versuchen wir, unseren Atem zu regulieren und zu verstehen, was eben geschehen ist. Man nimmt sich selbst an die Hand und beruhigt sich wieder. Danach spricht man mit dem Gegenüber über die Situation und versucht, mitfühlend miteinander zu sein.

Körperliche Wunden nehmen wir meist viel ernster als emotionale. Vielleicht, weil wir sie besser sehen können oder weil sie gesellschaftlich einen anderen Stellenwert besitzen. Doch ist es nicht sehr merkwürdig, wie wenig Beachtung wir unseren emotionalen Wunden schenken? Dabei schmerzen sie mindestens genauso stark. Körperliche Verletzungen veranlassen uns sofort, konkrete Maßnahmen einzuleiten, die darauf ausgerichtet sind, den Schmerz zu lindern. Aber leiden wir emotional, wenden wir automatisch die überkommenen Bewältigungsstrategien an, die aber nicht mehr hilfreich sind. Auch sie sollen Schmerzen reduzieren, zum Beispiel indem wir die andere Person emotional von uns fortstoßen und so kurzfristig nicht mehr angreifbar sind. Doch verursachen wir dadurch langfristig nur noch mehr Probleme.

Wir sollten also lernen, hilfreiche Automatismen aufzubauen, die wir sofort anwenden können, und uns darin üben, unsere verletzten Gefühle als Signal zu begreifen, das schmerzlinderndes Verhalten nach sich ziehen muss.

Erste Hilfe für Trigger

Du möchtest jetzt nicht mehr auf deine alten Bewältigungsstrategien zurückgreifen, sondern Alternativen nutzen, die keine langfristigen negativen Konsequenzen für deine Beziehung haben? Wunderbar! Du weißt noch nicht genau, wie das konkret aussehen könnte? Kein Problem! Das ändern wir jetzt.

Die Erste Hilfe ist – wie bei körperlichen Wunden auch – extrem wichtig. Sie beinhaltet Strategien, die in den akuten Momenten der inneren Anspannung genutzt werden. Du spürst die ersten Warnsignale deines Triggers und gehst direkt zu diesen neuen Verhaltensweisen über. Ich werde dir eine Reihe von Emotionsregulationsstrategien vorstellen, die du ausprobieren kannst. Ich rate auch hier dazu, einige auszusuchen, die dir interessant erscheinen, und diese dann beim nächsten Mal ganz bewusst einzusetzen. So kannst du herausfinden, welche Techniken für dich individuell funktionieren. Es ist nicht verkehrt, ein wenig zu experimentieren, um sicher zu sein, dass man die passenden Strategien für sich gefunden hat. Gern kannst du auch einige der Techniken kombinieren. Wichtig ist nur, dass sie leicht für dich zugänglich sind. Alles, was du als zu kompliziert oder als unnatürlich erlebst, wirst du wahrscheinlich nicht anwenden. Aber natürlich bedarf es noch ein wenig Übung, bis die Strategien in Fleisch und Blut übergegangen sind. Versuche, eine gute Balance für dich zu finden.

Noch eine Sache vorweg: Bevor du diese Dinge umsetzt, solltest du deinem Gegenüber mitteilen, was du gerade machst. Wenn du zum Beispiel einfach aufstehst, um räumliche Distanz herzustellen, kann das von der anderen Person als verletzend erlebt werden. Es müssen keine langen Sätze sein, aber sie sollten klarmachen, was gerade in dir passiert. Ich gebe dir am Ende jeder Strategie einige Formulierungshilfen. Solltest du in der Regel keine Kapazitäten mehr dafür übrig haben, dann sprich im Vorfeld mit deinem Gesprächspartner oder deiner Gesprächspartnerin, damit sie dein neues Verhalten richtig einschätzen kann.

Beginnen wir also mit den vier Alternativstrategien, die du für dich ausprobieren kannst. Unterstreiche auch hier gerne deine Favoriten oder vermerke dir die Technik in deiner Notizen-App. Wenn du mit verschiedenen Techniken experimentiert und deine Lieblingsübungen gefunden hast, übertrage sie in deinen »Trigger-Plan«. So hast du alle wichtigen Informationen an einem Ort versammelt.

Strategie 1: Bewegung

Verschiedene Studien kommen zu dem Ergebnis, dass körperliche Bewegung zu einer positiveren Stimmung beitragen kann.[14] Diese Effekte können wir uns hier zunutze machen. Welche Art der Bewegung wäre für dich am natürlichsten, wenn es dir schlecht geht? Überlege, was dir guttut und womit du dich wohlfühlst. Vielleicht können dich Uma und Eric auf eine passende Idee bringen?

- Wenn Uma für sich einstehen will, bekommt sie sofort Bauchschmerzen. Das kennt sie schon lange. Immer wenn sie sich in angespannten Situationen befindet, in denen etwas von ihr verlangt wird, kommen diese Empfindungen in ihr hoch. In ihrer Beziehung hat Uma häufig das Gefühl, verantwortlich für das Glück ihrer Partnerin zu sein. Doch langsam wird ihr das alles zu viel und sie versucht, neue Wege zu finden, um Grenzen zu setzen. Damit ihr das besser gelingt, muss sie zunächst dieses Unbehagen in ihrem Bauch ein wenig beruhigen. Uma hat sich daran erinnert, dass sie es schon als kleines Mädchen liebte, zu tanzen. Sich zur Musik zu bewegen und alles um sich herum zu vergessen, verlieh ihr Stärke und Selbstbewusstsein. Wenn sie heute für sich einstehen will, nimmt sie sich vorher einige Minuten Zeit, um zu tanzen. Für ein paar Momente ist sie dann nur bei sich und kann die Welt um sich herum auf diese Weise vergessen. Danach fühlt sie sich mehr mit ihrem Körper verbunden. In diesem Zustand fällt es ihr deutlich leichter, Grenzen zu ziehen und offen zu kommunizieren.

- Eric fühlt sich von seiner Partnerin häufig zu Unrecht angegriffen. In ihm entsteht dann ein großer Widerstand, der sich in gemeinen Kommentaren und harter Kritik äußert. Sobald er sich diese Dinge sagen hört, weiß Eric, dass er getriggert wurde. In solchen Momenten hilft ihm eigentlich nur eins: raus aus der Wohnung und rauf aufs Fahrrad. Während er durch die Straßen fährt, mit dem Fahrtwind im Gesicht, fühlt er sich wieder leicht und ruhig. Es braucht meist nur wenige Minuten, bis dieses bittere Gefühl des Trotzes vorübergegangen ist. Kommt er dann von einer dieser Radtouren zurück, schafft er es, die Perspektive seiner Freundin einzunehmen und sich selbst zu beruhigen. Sie führen das Gespräch weiter und sind in der Lage, sich besser zu verstehen.

Weitere Ideen

- Sich schütteln;
- spazieren gehen;
- High Intensity Interval Training;
- Yoga;
- Kniebeugen;
- auf der Stelle rennen;
- ein paar Push-ups machen;
- sich dehnen;
- einmal um den Block joggen;
- Treppen hoch- und runterlaufen.

Wichtig

Achte in den Gesprächen auch darauf, dass sich dein Körper nicht verkrampft. Ich sehe in der Praxis immer wieder Menschen, die in anstrengenden Situationen körperlich wie eingefroren sind. Ihr Körper ist dann sehr angespannt und unbeweglich. Du kannst dich mit gezielten kleinen Bewegungen immer wieder lockern. Bewege deine Hüfte hin und her, strecke dich oder verändere deine Sitzposition. So kannst du kleine Bewegungen in das Gespräch einbauen, um dich zu lockern und Teile der Anspannung loszuwerden.

Formulierungshilfen

- »Du, ich muss mich mal eben bewegen. Meine innere Anspannung wird sonst zu groß.«
- »Ich bin gerade getriggert. Damit ich gleich mit dir weitersprechen kann, muss ich jetzt kurz ins Nebenzimmer und meine Übungen machen. Ich bin in 15 Minuten wieder zurück.«
- »Wollen wir uns einmal kräftig ausschütteln? Ich glaube, unsere Körper sind ziemlich verkrampft.«

Strategie 2: Achtsam werden und die Aufmerksamkeit verschieben

Manchmal müssen wir für einige Momente unsere Aufmerksamkeit verschieben, um wieder klarer denken zu können. Streitsituationen stellen eine enorme Belastung für uns dar. Wir brauchen dann eine Auszeit, um neue Kräfte zu sammeln. Du kannst dir das in etwa so vorstellen, als würdest du ein Gummiband über längere Zeit bis zum Äußersten anspannen, bis es irgendwann reißt. Wir sollten es hin und wieder locker lassen, um das zu vermeiden. So verhält es sich auch mit unserer Kraft und Geduld. Wenn wir die ganze Zeit über angespannt und konzentriert sind, kippen wir irgendwann in unsere problematischen Muster. Wir sollten unserer Aufmerksamkeit dann eine Pause gönnen, um uns zu erholen und aus dem angespannten Zustand einen Moment auszusteigen. Hierbei können Achtsamkeitsübungen helfen. In der Forschung gibt es hierzu viele spannende Studien, die die Wirkung dieser Übungen belegen.[15]

Beispiele

- Valentin fällt es sehr schwer, über seine Gefühle zu sprechen. Jedes Mal, wenn er sich verletzlich machen und seine Frau an seinen Ängsten und Sorgen teilhaben lassen will, überkommt ihn eine Panik. Seine Eltern waren sehr streng und haben ihm schon früh zu verstehen gegeben, dass negative Emotionen keinen Platz in der Familie haben. Valentin weiß jedoch inzwischen, wie wichtig es ist, sich zu öffnen, um die emotionale Verbundenheit mit seiner Frau zu stärken. Wenn er vor der Herausforderung steht, sich verletzlich zu zeigen, hilft es ihm, einen Punkt im Raum zu fixieren und bis dreißig zu zählen. Manchmal macht er dies sogar laut, um seiner Partnerin zu signalisieren, dass es ihm gerade nicht so gut geht. Valentin konzentriert sich in dem Moment nur auf die Zahlen und verlangsamt dabei seinen Atem. Manchmal muss er mehrmals bis dreißig zählen, bevor er sich schließlich wieder beruhigt hat. In der letzten Zeit hat seine Frau begonnen, mit ihm zusammen zu zählen und seine Hände dabei zu halten. So fühlt er sich weniger allein und spürt, dass seine Partnerin an seiner Seite ist.
- Rosemarie ist bei Familienfeiern immer sehr angespannt. Sie liebt ihre Familie, doch leider hat sie schon zu oft erfahren müssen, wie schnell die Stimmung bei großen Zusammenkünften kippen kann. Rosemarie fühlt sich deshalb oft zittrig und hat Angst vor potenziellen Konflikten. Sie möchte aber trotzdem in der Lage sein, die Zeit mit ihrer Familie zu genießen. Deshalb hat sie damit experimentiert, ihre Aufmerksamkeit zu verschieben. Ihr hilft es, die Gegenstände und Farben um sich herum exakt zu benennen. Wenn sie spürt, dass sie aufgeregter wird, geht sie diese in ihrem Kopf durch: »Vase, weiß. Kissen auf dem Stuhl, blau. Kuchen, braun. Blumenstrauß, grün, weiß, rot.« Am Anfang hat sich das für sie zwar noch ein wenig sonderbar angefühlt, doch sie hat schnell gemerkt, dass diese Methode ihr tatsächlich geholfen hat, ihren inneren Druck wirksam zu verringern. So kann sie schließlich die gemeinsame Zeit mit ihren Liebsten mehr genießen.

Weitere Ideen

- Ein Sudoku oder eine Rechenaufgabe lösen;
- die Atemzüge zählen;
- alle Gegenstände, die mit dem Buchstaben L beginnen, benennen;
- Bodyscan;
- sich an alle Vor- und Nachnamen der Klassenkameraden zu erinnern versuchen;
- einen Liedtext rezitieren;
- überlegen, was man in den letzten Tagen zu Abend gegessen hat;
- das ABC rückwärts aufsagen.

Wichtig

Viele Menschen machen in diesem Moment den Fehler, sich mit ihrem Handy abzulenken. Das funktioniert meist nicht sehr gut. Scrollen wir auf Social Media, wird unser Gehirn von derart vielen Reizen überflutet, dass es gar nicht die Kapazität hat, um die Situation wirklich verarbeiten zu können. Das Resultat ist, dass wir danach genauso angespannt und unaufgeräumt sind wie zuvor. Versuchen wir uns dagegen in Achtsamkeit zu üben, suchen wir nach einer Balance. Unser Gehirn soll einen Moment lang aus der festgefahrenen Situation herausfinden und benötigt dafür andere Stimuli, um zur Ruhe zu kommen und Raum für Verarbeitung zu haben. Serien, Computerspiele, Social Media etc. sind diesbezüglich nicht besonders hilfreich. Die Intensität und Quantität der ankommenden Reize ist einfach zu hoch.

Formulierungshilfen

- »Gibst du mir bitte eine Minute, damit ich mich beruhigen kann? Ich muss mich jetzt auf meinen Atem konzentrieren.«
- »Willst du mit mir zusammen bis 100 zählen? Das würde mich enorm beruhigen.«
- »Das ist jetzt vielleicht ein bisschen merkwürdig, aber ich werde ein paar Minuten nichts mehr sagen. Ich bin gerade sehr angespannt und muss mich runterregulieren.«

Strategie 3: Räumliche Distanz

Vielen Menschen hilft es, bei hoher innerer Anspannung einen Moment lang aus der Situation auszusteigen. So haben sie Zeit, einmal tief durchzuatmen und sich zu sammeln. Hierbei bedient man sich sowohl der positiven Effekte der Bewegung als auch der Aufmerksamkeitsverschiebung. Ich schlage vor, einen Ort aufzusuchen, der dir ein sicheres Gefühl gibt – sei es das Schlafzimmer, ein abschließbarer Raum oder auch der Garten. Überlege, wo du dich sicher fühlen würdest.

Beispiele

- Wenn Antonia und ihr Partner sich streiten, hat sie häufig das Bedürfnis, aus der Situation zu fliehen. Mittlerweile hat sie gelernt, frühzeitig auf diesen Impuls zu achten. Sie weiß, dass sie in diesem Zustand die Situation nur noch erduldet und keine Lösung des Problems mehr möglich ist. Also hat sie sich angewöhnt, ihrem Partner kurz Bescheid zu geben und dann die räumliche Distanz zu suchen. Sie begibt sich ins Bad und schließt die Tür ab. Das Wissen, dass sie in diesem Moment ganz allein ist und niemand in den Raum kommen kann, beruhigt sie. Sie lässt kaltes Wasser über ihre Handgelenke laufen, bis sich ihre Atmung wieder normalisiert hat. Dann geht sie zurück zu ihrem Partner.
- Ramin fühlt sich von seinem Vater, den er häufig besucht, immer wieder vor den Kopf gestoßen. Wenn das passiert, ist es für ihn sehr schwer, ruhig zu bleiben. Er kennt das Gefühl von Hitze in seinem Körper sehr gut und weiß, dass er es nicht ignorieren darf. So zieht er sich für einige Minuten in sein Schlafzimmer zurück. Dort verdunkelt er das Zimmer und legt sich für eine Weile ins Bett. Er schließt die Augen und lässt die Stille des Raums auf sich wirken. Bald beruhigt sich das Gewusel in seinem Brustkorb wieder.

Weitere Ideen

- Sich auf den Balkon setzen;
- in den Garten gehen;

- einen Spaziergang machen;
- den Dachboden oder das Nebenzimmer aufsuchen.

Wichtig

Einen sicheren Ort kannst du auch mental betreten. Ruf dir dafür eine Lokalität ins Gedächtnis, die dich beruhigt hat und die du mit positiven Gefühlen assoziierst. Versuche, dich mit allen Sinnen daran zu erinnern, und gestalte so das Bild vor deinem inneren Auge.

Formulierungshilfen

- »Ich bin in 10 Minuten wieder da. Es ist mir sehr wichtig, dass wir das heute noch gemeinsam klären, aber ich brauche jetzt unbedingt eine Pause.«
- »Ich gehe kurz mal ins Schlafzimmer und mache die Tür hinter mir zu. Ich muss jetzt für fünf Minuten ganz allein sein. Dann sprechen wir weiter.«
- »Wir haben ja darüber gesprochen, dass ich manchmal kurz raus muss, wenn ich getriggert bin. Jetzt ist so ein Moment gekommen.«

Strategie 4: Sinneseindrücke

Gerüche, Geschmack, aber auch haptische Reize können ebenfalls helfen, aus dem emotionalen Tunnel herauszukommen. Wenn wir getriggert sind, kann es sich anfühlen, als befände man sich nicht mehr wirklich in seinem Körper. Alles ist weniger greifbar, eher schwammig und unklar. Eine Klientin hat es einmal so beschrieben: »In meinem getriggerten Zustand fühle ich kaum noch etwas anderes als Angst. Ich höre ein Rauschen in meinen Ohren und kann nicht mehr klar denken. Alles andere verschwimmt.« Unsere Sinne helfen uns dabei, uns zu erden und unseren Körper wieder intensiver zu spüren. Dies gelingt zum Beispiel über leichte Schmerzreize[16] (zum Beispiel indem man einen Stressball knetet) oder die fünf Sinne[17]. Oftmals bringt dies Ruhe und Klarheit mit sich, die essenziell für den weiteren Verlauf des Gesprächs sein können.

Beispiele

- Hektors wunder Punkt ist das Thema Geld. Wenn er finanzielle Sorgen hat, Briefe von der Bank bekommt oder mit seinem Mann über die Finanzen reden muss, verschwimmen seine Gedanken und er spürt einen Kloß im Hals. Da diese Situationen überall auftreten können, braucht Hektor eine Emotionsregulationsstrategie, die er ortsungebunden anwenden kann. Nach einem Strandurlaub mit seinem Partner fand er eines Tages eine kleine Muschel in seiner Jackentasche. Er stellte fest, dass es ihn beruhigte, über die geriffelte Oberfläche zu streichen. Seitdem trägt er immer eine Muschel, eine Kastanie oder einen anderen Handschmeichler mit sich herum, den er in schwierigen Situationen nutzen kann.
- Victoria hat große Probleme mit ihrer Verlustangst. Hat sie das Gefühl, dass ihr Partner sauer auf sie ist, breitet sich nach und nach Angst in ihr aus. Sie kommt aus einem zerrütteten Elternhaus und ist schon oft alleingelassen worden. Auch heute noch steigen diese alten Emotionen in ihr hoch. Doch es gab einen Ort, an dem sie sich auch als Kind immer wohlgefühlt hat. Das war der kleine Laden ihrer Oma. Victoria kann sich noch gut an den Lavendelgeruch erinnern. Seit ihr diese Erinnerung wieder präsent ist, hat sie an allen wichtigen Orten ein kleines Fläschchen mit Lavendelöl deponiert. Sobald die Verlustangst in ihr hochsteigt, riecht sie an dem Öl, schließt die Augen und stellt sich den kleinen, heimeligen Laden ihrer Großmutter vor.

Weitere Ideen

- Gefrorene Erbsen auf die Brust legen;
- etwas Scharfes essen;
- einen Stressball kneten;
- Eiswürfel in der Hand halten;
- saure Bonbons lutschen;
- laut Musik hören;
- sich auf die Brust klopfen;

- Hände unter kaltes Wasser halten;
- etwas Zitronensaft trinken.

Formulierungshilfen

- »Warte bitte einen Moment. Ich werde immer hibbeliger. Ich gehe nur kurz in die Küche und erledige meine Emotionsregulationsaufgabe.«
- »Mir hilft es in solchen Momenten immer, an diesem Duftöl zu riechen. Willst du das auch mal ausprobieren?«
- »Ich kann gerade nicht mehr klar denken. Ich gehe eine Runde um den Block und höre meine Musik. Ich bin gleich wieder da.«

Wir haben nun also Erste Hilfe für unsere Trigger geleistet. Wir haben den Herd ausgemacht und unsere Hand unter kaltes Wasser gehalten. Jetzt müssen wir schauen, ob das schon genügt oder wir uns noch mehr um unsere Wunde kümmern müssen. Das bedeutet, dass wir kurz innehalten und schauen, ob die akuten Emotionsregulationstechniken gewirkt haben. In den meisten Fällen wirst du feststellen, dass du schon deutlich ruhiger geworden bist, aber die Emotion noch nicht komplett aus deinem Körper gewichen ist. Deshalb gehen wir nun noch einen Schritt zurück, finden heraus, warum wir getriggert wurden, und bauen Verständnis für uns selbst auf.

Nachsorge

Die Erste Hilfe soll die Intensität der Emotion abflachen, doch sie allein reicht meist nicht aus, um einen wirklichen Überblick über die Situation zu bekommen. Nachdem wir den Dreck aus der Wunde gewaschen haben, sollten wir nachschauen, wie tief die Verletzung eigentlich ist, und einen Verband anlegen.

Bei der Nachsorge geht es also darum, den Trigger zu verstehen und einzuordnen. Hier kommt der »Trigger-Plan« ins Spiel, an dem wir schon gearbeitet haben. Im ersten Moment solch heikler Zustände ist es für uns meist sehr schwierig, die Zusammenhänge einzuordnen und zu verstehen, was mit uns geschehen ist. Dafür haben wir vorgesorgt. Du hast dein Muster und dessen Hintergründe für dich selbst schon analysiert und schriftlich festgehalten. Jetzt ist der Zeitpunkt gekommen, an dem du diese Zeilen noch einmal durchlesen solltest. So nimmst du dich selbst an die Hand und führst dich durch deine Gefühlswelt.

Mein Tipp: Platziere den Zettel mit dem »Trigger-Plan« an einem Platz, an dem du dich in solchen Momenten für gewöhnlich aufhältst, zum Beispiel auf dem Nachttisch, wo du ihn findest, wenn du ins Schlafzimmer gehst, um dich zu beruhigen.

Nachdem du dir einen Überblick verschafft hast, wird dir wieder klarer geworden sein, was gerade mit dir passiert ist. Du weißt jetzt, welcher Trigger getroffen wurde und warum es so wehtut. Für viele Menschen kann es zu diesem Zeitpunkt sehr heilsam sein, Kontakt mit den verletzten Anteilen aufzunehmen – mit dem Bereich in dir, der sich nicht geliebt oder unverstanden fühlt.

Du kannst dir diesen Teil als Kind, aber auch als verletztes Tier, als Farbe oder Symbol vorstellen. Wähle den Zugang, der sich für dich am natürlichsten anfühlt. Vielleicht siehst du vor deinem inneren Auge einen kleinen Jungen, der die Knie umschlingt und sich einsam fühlt. Vielleicht siehst du eine verletzte Katze, die in einer Ecke kauert. Wenn du diesen inneren Anteil von dir selbst betrachtest, überlege, was er am dringendsten braucht. Wahrscheinlich eine Person, die ihn tröstet. Jemand, der Sicherheit gibt. Diese Haltung kannst du für dich übernehmen. In der Schematherapie unterscheidet man zwischen dem inneren Kindanteil (den verletzten Gefühlen) und dem erwachsenen Anteil (den reifen und mitfühlenden Verhaltensweisen). Der erwachsene Part kann ruhig und mitfühlend auf den Kindanteil reagieren. Er sieht, was gerade benötigt wird, und kann das liefern. Er vermag aber auch Ratschläge zu geben und zu motivieren. Je nachdem, was sich gerade richtig anfühlt. Wenn sich diese Herangehensweise für dich noch etwas ungewohnt anfühlt, dann habe ich hier zwei Übungen, die es dir ermöglichen, einen leichteren Zugang zu finden.

Doch Achtung! Bitte bedenke, bevor du beginnst: Solltest du dich auf diese Übungen einlassen, wird es vielleicht sehr emotional. Falls du Angst hast, dass dies momentan zu viel für dich sein könnte, lasse diesen Teil einfach aus oder mache ihn in Begleitung einer Therapeutin / eines Therapeuten.

ÜBUNG

1. Stell dir eine Bühne vor, auf der du deinen verletzten Teil siehst, der gerade akut getriggert wurde. Ihm geht es nicht gut, er kann sich auch nicht selbst beruhigen. Also schickst du jemanden zu ihm. Eine weise, liebevolle Person. Vielleicht ist das eine Oma, ein Fabelwesen oder jemand, den du als sehr einfühlsam und intelligent erlebt hast. Nimm dir einige Sekunden Zeit und lass das Bild von dieser Person vor deinem geistigen Auge entstehen. Lass die zwei nun aufeinandertreffen. Was würde die weise Person tun und sagen? Wie ginge sie mit dem verletzten Kindanteil um? Vielleicht würde sie ihn einfach in die Arme nehmen und trösten. Womöglich auch sagen: »Ich weiß, dass es weh tut, ich bin da!« Vielleicht würde sie ihm beim Aufstehen helfen und sie würden gemeinsam einen Plan machen.

2. Nimm ein Blatt Papier und einen Stift zur Hand. Notiere alle Gedanken und Gefühle, die in dir hochkommen, wenn du dich mit deinem verletzten Teil beschäftigst. Lass einfach alles raus. Hier gibt es kein Richtig oder Falsch. Dies ist eine Möglichkeit, alles zu Papier zu bringen, was dich gerade beschäftigt. Nachdem du damit fertig bist, lege das Blatt zur Seite. Stell dir vor, dass die Dinge, die auf dem Papier stehen, von deiner besten Freundin / deinem besten Freund stammen. Lies dir alles noch einmal durch und überlege, wie deine Reaktion aussähe. Was würdest du deiner besten Freundin sagen? Wie auf die Gefühle deines besten Freundes reagieren? So kannst du üben, für dich selbst in diese weise und mitfühlende Rolle zu schlüpfen.

Es kann gut sein, dass du im Laufe der Zeit merkst, was dir in solchen Situationen besonders guttut. Vielleicht wäre eine Umarmung dann genau das Richtige. Oder du weißt, wie gut dir ein paar tröstende Worte tun. Auch dieses Wissen kannst du auf dem Zettel mit dem »Trigger-Plan« notieren.

Wenn du danach wieder die Kommunikation mit deinem Partner / deiner Partnerin aufnehmen willst, kannst du dir folgende Fragen stellen:

- Was genau hat mich getriggert?
- Welcher wunde Punkt / welches Thema wurde getroffen?
- Was würde mir jetzt guttun?

Mit diesen Informationen nimmst du das Gespräch wieder auf.

Stell dir vor, dein Partner oder deine Partnerin kommt nach einer Pause zurück und sagt: »Ich bin gerade mit Anlauf in mein Muster gerast. Das tut mir leid. Die letzten paar Sätze haben mich so getroffen, dass ich nicht mehr klar denken konnte. In der letzten Zeit fühle ich mich immer häufiger allein, und das hat gerade genau in diese Wunde gepasst. Ich habe mich aber wieder beruhigt. Wir können weiterreden. Achte nur bitte ein bisschen auf mich, was das angeht. Vielleicht könnten wir uns kurz umarmen?«

Hier übernimmt jemand Verantwortung für seine Muster, äußert aber auch eigene Wünsche. All dies ist nur möglich, weil die Person herausgefunden hat, worin ihre Muster bestehen, woher sie kommen und wie man ihre Wirkung kontrollieren kann.

Auch Timo und Hannah haben sich damit beschäftigt, neue Strategien für sich zu finden, um ihren Automatismen etwas entgegenzusetzen. Ich frage sie, was sie dabei über sich selbst herausgefunden haben.

Hannah: »Mir hilft das Bild der Verbrennung der Hand am Herd total. Das kann ich mir lebhaft vor Augen stellen, wenn ich anfange, mich während eines Gesprächs zu verbeißen. Jetzt machen wir stattdessen eine Pause. Am Anfang bemerke ich in mir einen Widerstand

und habe das Gefühl, es *jetzt* klären zu müssen. Ich habe mir angewöhnt, mich dann daran zu erinnern: Wenn du Zeitdruck spürst, bist du schon im Gefahrenmodus. Also sollte ich besser loslassen.«
Timo: »Ich bin schon meistens derjenige, der die Pausen einfordert. Mittlerweile kann Hannah das leichter akzeptieren. Ich denke, das hängt auch damit zusammen, dass ich das jetzt deutlich früher anspreche. Das führt dazu, dass wir keine ewig langen Pausen mehr brauchen, da der Druck noch nicht so stark geworden ist.«
Hannah: »Ja, das hat definitiv geholfen. Ich habe gemerkt, dass Timo es wirklich ernst meint und auch an sich selbst arbeitet. Das bedeutet mir viel.«
Hannah und Timo tauschen liebevolle Blicke.
Ich: »Das klingt doch wunderbar! Und was hat euch in den Pausen geholfen, wirklich ruhiger zu werden?«
Timo: »Ich gehe dann meistens kurz auf den Balkon. Dort versuche ich, ruhiger zu atmen und beobachte die Leute, die unten vorbeigehen. Das hilft mir. Ich nehme dann irgendwann mein Handy raus und gehe mein Muster durch. Dann weiß ich wieder, wo wir ansetzen müssen. Wenn ich dann über die Schwelle ins Wohnzimmer zurückkehre, sage ich mir: ›Wir sind ein Team.‹ Das ist inzwischen zu meinem Motto geworden.«
Ich: »Du vereinst da einige der Techniken, die wir besprochen haben. Prima! Ihr trennt euch räumlich, du bewegst dich und verschiebst deine Aufmerksamkeit auf die Leute auf der Straße. So hat dein Körper die Möglichkeit runterzukommen. Es ist sehr clever, dass du den Gedanken ›Wir sind ein Team‹ mit einem bestimmten Verhalten verknüpft hast. So erinnerst du dich besser daran. Hannah, was hilft dir?«
Hannah: »Ich muss mich in den Pausen immer ein bisschen zwingen, ruhiger zu werden. Es ist dann hilfreich, ein paar Gedanken aufzuschreiben. Das sind all die Dinge, die ich Timo gleich gerne sagen würde. Erst dann kann ich ein bisschen entspannen. Ich habe mir angewöhnt, in solchen Situationen einen Tee zuzubereiten.

Während das Wasser kocht, kann ich gut nachdenken. Danach gehe ich ins Arbeitszimmer und hole mein Notizbuch hervor, in das ich mein Muster aufgeschrieben habe. Es ist manchmal echt hart, zu sehen, dass man da schon wieder drin gefangen ist. Aber ich versuche, verständnisvoll mit mir selbst zu sein. Ich übe mich darin, Kontakt mit dem verletzten Teil in mir aufzunehmen: das kleine Mädchen, das sich überfordert und einsam fühlt. Wenn ich dieses Bild vor Augen habe, werde ich sofort etwas weicher. Während ich meinen Tee trinke, schreibe ich auf, was ich eigentlich gerade bräuchte. Dann gehe ich zurück ins Wohnzimmer und spreche mit Timo darüber.«

Ich: »Es hat sicher eine Weile gedauert, bis ihr diese Techniken für euch gefunden habt, oder?«

Hannah: »Absolut. Wir haben aber viel darüber gesprochen und einiges ausprobiert. Wir hatten ja genügend Optionen.« Hannah lacht.

Timo: »Ich wusste am Anfang gar nicht, wohin mit mir. Wir haben dann die erste Pause eingelegt und es hat sich noch ein bisschen komisch angefühlt. Aber dann habe ich mich daran erinnert, wozu die Unterbrechung gut sein soll. Und mit der Zeit hat sich das immer besser angefühlt. Aber manchmal geht es auch noch schief.«

Ich: »Wann genau?«

Timo: »Ich merke meistens ziemlich früh, wenn Hannah angespannt ist. Und ich möchte dann natürlich die Eskalation vermeiden. Also sage ich dann so etwas wie: ›Hey, du wirst schon wieder so laut. Lass uns mal anders miteinander reden.‹ Es gibt Momente, da kann sie das gar nicht ertragen. Dann wird dadurch alles nur noch schlimmer. Ich weiß also nicht, wie ich diese Pausen am besten einfordern soll, ohne dass Hannah das in den falschen Hals bekommt.«

Ich: »Hannah, warum nervt dich das?«

Hannah: »Er sagt das dann so von oben herab. Das kann ich nicht ertragen.«

Ich: »Ja, das geht vielen Menschen so. Es ist ganz wunderbar, dass ihr anfangt, diese Strategien gemeinsam zu nutzen. Da gehört es auch dazu, gelegentlich einmal rekalibrieren zu müssen. Wenn ihr eine Pause macht, um euch zu regulieren, sollte das früh genug geschehen. Wir haben ja schon über das Timing gesprochen. Wenn man zu lange wartet, steht man irgendwann zu sehr unter Druck und fühlt sich angegriffen. Timo, wenn du schon ziemlich gestresst bist, hast du vielleicht deinen Ton nicht mehr ganz so im Griff. Dann kann es sein, dass deine Anspannung von Hannah als ›Er will mir klarmachen, dass ich das Problem bin‹ interpretiert wird.«

Timo: »Das kann schon sein. Aber man kann auch nicht von mir verlangen, dass ich immer alles richtig mache!«

Ich: »Absolut nicht. Du bist ja nicht der Einzige, der in dem Moment ruhig und verständnisvoll bleiben kann.« Ich schaue zu Hannah hinüber.

Hannah: »Ich bin ja auch dankbar, dass Timo in den meisten Fällen etwas sagt und uns aus dieser Dynamik holt.« Sie denkt kurz nach. »Wenn ich ehrlich bin, verstehe ich aber manchmal gar nicht, dass Timo in dem Moment auch angespannt ist.«

Ich: »Das ist ein guter Punkt. Entweder wir merken es einem Menschen an, dass etwas nicht stimmt oder wir kennen die Person so gut, dass wir auch ohne eindeutige Hinweise ahnen, dass da ein Thema getroffen wurde.«

Hannah: »Ich glaube, das ist mein Problem. Ich sehe Timo schon an, wenn ihn etwas nervt. Aber so wirklich verstanden, warum das so ist, habe ich dann meistens noch nicht. Ich denke aber, dass Timo mich auch nicht immer versteht. Wenn wir nach einer Pause weitersprechen, sind wir zwar ruhiger, aber irgendwie drehen wir uns trotzdem noch im Kreis. Keiner ist wirklich offen für die Perspektive des anderen und wir bekommen nichts wirklich gelöst. Oft gelangen wir an einen Punkt, an dem wir nicht mehr wissen, was wir sagen sollen.«

Ich: »Verstehe. Ohne das Verständnis füreinander kommt man auch nicht wirklich weiter. Das ist elementar für eine gute Kommunikation und tatsächlich auch sehr hilfreich, um Dinge nicht so persönlich zu nehmen und damit auch weniger getriggert zu werden.«

Zu dieser Problematik kommen wir im nächsten Kapitel. Doch zunächst experimentiere mit den verschiedenen Emotionsregulationstechniken. Bist du eher der Typ, der sich über Sport reguliert? Oder hilft es dir, deine Gedanken niederzuschreiben? Nutze die nächste Zeit, um deine favorisierten Strategien zu finden. Diese sind Gold wert.

Zusammenfassung

Um gelassener kommunizieren zu können, müssen wir effektive Emotionsregulationsstrategien umsetzen, denn es ist nicht möglich, Trigger oder alte Verletzungen einfach so »auszuschalten«. Im Gegenteil, dieser Versuch kann nur zu noch höherem inneren Druck führen. Wir sollten uns stattdessen auf einen bewussten Umgang mit unseren Gefühlen konzentrieren. Man unterscheidet hier zwei Phasen: zum einen die Erste Hilfe, die die Intensität akut verringern soll, zum anderen die Nachsorge, die dir ermöglicht, dich selbst zu verstehen und nachhaltig zu beruhigen.

Wir sollten auch in der Lage sein, die andere Person besser zu verstehen und empathischer aufeinander zu reagieren. Wie das gelingen kann, schauen wir uns nun etwas genauer an!

KAPITEL 10: DIE VERSTÄNDNIS-FORMEL

Du übst dich darin, schneller zu erkennen, dass Druck oder Emotionen in dir aufkommen? Sehr gut! Du probierst verschiedene Techniken aus, um dich besser zu regulieren? Wunderbar!

Das ist ein weiterer großer Schritt in Richtung auf eine gesunde und glückliche Beziehung. Ich hoffe, dass du dich nun selbst besser verstehst und dir deiner Trigger bewusster bist. Dann haben wir alles richtig gemacht! Nun werden wir uns der anderen Person widmen. Sich selbst zu verstehen, ist nur ein Teil der Lösung. Es ist ebenso elementar, den anderen mit seinen Erfahrungen und Prägungen *wirklich* verstanden zu haben.

Leider überspringen die meisten diesen Schritt. Sie versuchen, Streitigkeiten beizulegen, ohne ihr Gegenüber begriffen zu haben. Das ist ungefähr so, als würde ich versuchen, ein Puzzle blind zu lösen. Wie soll ich zu einem Ergebnis kommen, wenn ich keine Ahnung davon habe, woran ich arbeite? Das Problem ist: Auch wenn wir es schaffen, in der Unterhaltung ruhig zu bleiben, haben viele von uns immer noch das Bedürfnis »zu gewinnen«, eben die Person zu sein, deren Argumente letztendlich zählen und die definitiv recht hat. Das kann nicht gut gehen, falls wir ein Problem *gemeinsam* lösen wollen.

Doch Verständnis ist sogar noch wichtiger. Erinnere dich einmal an die Situationen zurück, in denen ihr angefangen habt, euch zu streiten. Was hat da gefehlt? Warum ist euer Gespräch auseinandergebrochen? Wahrscheinlich, weil du nicht mehr das Gefühl hattest, dass die andere Person auf deiner Seite steht. Wir vergegenwärtigen uns, warum wir überhaupt getriggert werden und in unsere alten Bewältigungsmuster fallen. In diesen Momenten haben wir das Gefühl, unser Gegenüber greift uns an, will unter allen Umständen sein Ding durchziehen oder hat schlicht kein Interesse mehr an unserer Meinung. In jedem Fall fühlen wir uns dann aber nicht gesehen und noch weniger verstanden. Meinen Beobachtungen nach verfallen Paare immer dann in ungesunde Muster, wenn das gegenseitige Verständnis endet und das Gefühl, sich verteidigen zu müssen, anfängt. Ich würde sogar so weit gehen zu behaupten: »Wenn wir uns verstanden fühlen, können wir uns nicht streiten.« Das bedeutet nicht, dass man nicht auch mit Verständnis füreinander Meinungsverschiedenheiten haben könnte. Das ist absolut möglich und auch gut so. Doch man befindet sich in jedem Fall immer noch in demselben Team.

Wo Verständnis endet, beginnt der Streit.

Man kann die Situation mit einer Sportmannschaft vergleichen. Natürlich sind sich nicht immer alle Teammitglieder einig, was die konkrete Lösung eines Problems anbelangt. Es gibt Missverständnisse und Fehler, die passieren. Doch hört man sich zumindest die Kritik der anderen an, da man am Ende des Tages immer noch für dasselbe Ziel kämpft. Man ist bereit anzuerkennen, dass man unterschiedliche Meinungen hat, und kann sich trotzdem gegenseitig unterstützen. Nur so wird man gemeinsam gewinnen.

Sobald das Verständnis für die andere Person abreißt und wir uns selbst nicht mehr verstanden fühlen, laufen wir Gefahr, einander zu verletzen. Dann beschleichen uns Gedanken wie: »Wenn mich jemand nicht mehr versteht, werde ich auch nicht mehr auf diese Person hören. Die hat mich ja eh nicht auf dem Schirm!« Diese Haltung führt natürlich zu einem gespiegelten Verhalten beim Gegenüber. Somit haben wir zwei Menschen, die sich verschließen oder partout ihre Meinung durchsetzen wollen.

Damit das in deinen Gesprächen nicht passiert, kannst du auf folgende Vorboten achten:

1. Wiederholungen

Ein absoluter Klassiker. Den meisten ist allerdings gar nicht bewusst, was diese Wiederholungen zu bedeuten haben. Tatsächlich weisen sie darauf hin, dass wir uns nicht verstanden fühlen. Sonst müssten wir doch nicht ständig dasselbe sagen. Dann wäre alles klar und man könnte zum nächsten Punkt übergehen. Solche Wiederholungen ernst zu nehmen, ist unerlässlich. Versäumen wir das, fällt uns zu spät auf, dass es kein Verständnis mehr füreinander gibt und wir Gefahr laufen, uns zu streiten. Das gilt im Übrigen nicht nur für Wiederholungen innerhalb eines Gesprächs. Achte doch einmal darauf, ob du über einen längeren Zeitraum hinweg bei verschiedenen Gelegenheiten immer wieder das Gleiche sagst, wenn es um ein bestimmtes Thema geht.

2. Tempo

Wenn wir uns nicht verstanden fühlen, werden wir meistens ungeduldig. Das bedeutet, dass wir anfangen, schneller zu sprechen und der anderen Person so weniger Raum für ihr eigenes Anliegen geben. Vielleicht fallen wir dem anderen auch immer wieder ins Wort. Dadurch nimmt das gesamte Gespräch Fahrt auf und wird unangenehmer. Wir unterbrechen einander, hören nicht mehr wirklich zu und schmeißen mit Argumenten nur so um uns. Es geht nicht mehr darum, einander zu verstehen, sondern darum, zu gewinnen.

3. Körpersprache

Wir drücken unsere Frustration darüber, nicht verstanden zu werden, auch über den Körper aus: zusammengezogene Augenbrauen, verschränkte Arme, geräuschvolles Ausatmen. Die Körpersprache verrät deutlich, ob sich jemand wohlfühlt oder nicht. Wenn wir diese Anzeichen bemerken, sollte uns bewusst sein, dass wir einander verloren haben und erneut Verständnis füreinander aufbauen müssen.

ÜBUNG

Lies dir folgende Streitsituation von Hannah und Timo genau durch. An welchen Stellen kann man erkennen, dass sie einander nicht mehr verstehen? Woran hast du das festgemacht?

Timo startet auf seinem Handy einen Videocall mit Hannah. Er ist in Eile und will das Gespräch schnell hinter sich bringen.

> **Timo**: »Hi, du ich habe gerade gehört, dass Andreas in der Stadt ist. Ich bin jetzt auf dem Weg zu ihm.«
> **Hannah** (überrascht): »Aber ich dachte, wir machen heute Abend etwas zusammen.«
> **Timo**: »Ja, das war jetzt superspontan. Die Jungs haben schon alles organisiert. Wird auch sicher nicht so spät werden.«
> **Hannah** zieht die Augenbrauen zusammen. »Das hast du letztes Mal auch gesagt und dann warst du um drei Uhr morgens immer noch nicht da.«
> **Timo**: »Das ist doch ewig her. Wie lange willst du da noch drauf rumreiten? Ich habe Andreas lange nicht gesehen. Es ist schon alles organisiert. Ich werde ja wohl meine Freunde treffen dürfen.« Timo wird immer rastloser und läuft genervt hin und her.
> **Hannah** wird lauter: »Es ist dir anscheinend völlig egal, dass ich bereits etwas geplant hatte. Ja, ich verstehe, alles andere ist dir wichtiger. Weißt du was? Manchmal denke ich, du willst dich gar nicht anstrengen für unsere Beziehung …«
> Timo unterbricht sie.
> **Timo**: »Hannah, das nervt mich jetzt. Wenn du jetzt so einen Aufstand machst, dann sag ich halt ab.« Timo atmet schwer aus und legt wütend auf.

Welche Anzeichen hast du gefunden?

Mir fällt zum Beispiel auf, dass:

- beide deutlich über ihre Körpersprache und den Tonfall zeigen, dass etwas nicht stimmt;
- sie einander unterbrechen und kaum auf die Perspektive der anderen Person eingehen;
- das Gespräch immer schneller und ungeduldiger wird;
- sich beide wiederholen;
- keiner nachfragt, warum die andere Person so angespannt ist.

Glaubst du, die beiden haben verstanden, worum es ihnen eigentlich geht? Wahrscheinlich nicht, oder? Doch lassen wir sie selbst zu Wort kommen.

Hannah und Timo sind am nächsten Tag wieder bei mir. Sie haben zwar weiter daran gearbeitet, schneller aus Streitsituationen herauszukommen, doch manchmal begreifen sie einfach nicht, warum ihnen die Situation derart entgleitet. Sie merken, dass sie aufgrund fehlenden Verständnisses füreinander oft nicht wieder zusammenfinden. Daran arbeiten wir heute.

Ich: »Hallo, ihr beiden! Wie waren die letzten Wochen für euch?«
Hannah schaut Timo an, als würde sie gespannt auf seine Antwort warten. Doch er bleibt stumm.
Schließlich sagt Hannah: »Ich denke, es wird besser, auch wenn wir gestern Abend wieder einen ziemlich blöden Streit hatten. Timo hat sich so sehr über mich aufgeregt. Ich weiß also nicht, wie er das sieht.«
Ich schaue zu Timo, der mit verschränkten Armen auf dem Sofa sitzt.
Timo: »Gestern hat es sich so angefühlt wie früher, bevor wir hierhergekommen sind. Ich war einfach so sauer, dass wir so viel Arbeit in unsere Beziehung gesteckt haben und dass es dann immer noch eskaliert. Das hat mich enttäuscht, das ist alles.«
Ich: »Das kann ich verstehen. Mit Rückschritten umzugehen ist nicht einfach. Könnt ihr mir die Situation kurz schildern?«

Hannah: »Ach, es war eigentlich völlig belanglos. Timo wollte sich nach der Arbeit mit seinen Kumpels treffen. Ist ja eigentlich nichts dabei. Aber das war sehr spontan, und ich habe mich damit ein bisschen überrumpelt gefühlt …«
Timo unterbricht sie: »Du hast mir durch die Blume gesagt, dass ich ein schlechter Freund bin. Das ist passiert.« Er schaut sie nicht an, während er spricht und sitzt weiter mit verschränkten Armen da. Hannahs Augen verengen sich, als sie sich zu ihm umdreht. »Du hast mich von unterwegs aus angerufen und vor vollendete Tatsachen gestellt. Entschuldige bitte!«
Timo Gesichtszüge werden härter, doch er sagt nichts weiter. Als Hannah erneut ansetzt, um eine weitere Breitseite abzufeuern, greife ich ein: »Spürt ihr die Anspannung zwischen euch? Euer Muster ist gerade aktiv.«
Hannah dreht sich zu mir um und schaut mich an. Man sieht, wie sie versucht, die Wut in ihr zu bändigen. »Ja, stimmt«, sagt sie schließlich widerwillig.
Ich: »Ich habe eine Frage an euch: Fühlt ihr euch gerade von der anderen Person verstanden?«
»Nein!«, antworten beide wie aus einem Munde.
Ich: »Okay, dann müssen wir das ändern. Wenn ihr euch nicht verstanden fühlt, könnt ihr auch nichts lösen. Dann reißt die Verbindung zwischen euch ab. Jeder kämpft nur noch für sich selbst. Das kann nicht gut gehen. Ihr braucht eine VOR-Kommunikation.«
Timo: »Eine was?«
Ich: »Eine VOR-Kommunikation – das steht für ›verständnisvolle, offene und ruhige Kommunikation‹. Diese sollte *vor* dem eigentlichen Gespräch über die Verabredung mit den Kumpels stattfinden. Denn nur wenn ihr euch verstanden fühlt, offen und ruhig seid, könnt ihr diese Probleme angehen und aus der Welt schaffen. Das muss immer auf Platz 1 der Prioritätenliste stehen.«

Infobox VOR-Kommunikation

Bevor man Probleme lösen kann, sollte man das Gefühl haben, im gleichen Team zu sein. Sonst arbeitet man konstant gegeneinander und versucht, das Gespräch in entgegengesetzte Richtungen zu lenken. Es sind drei Voraussetzungen erforderlich:

1. Verständnis

In einem guten Gespräch sollte man sich von der anderen Person verstanden fühlen. Gewinnt man den Eindruck, das Gegenüber blockt nur und lässt nichts an sich heran, wird man schnell Probleme bekommen. Verständnis bedeutet, dass man die Hintergründe kennt, die Gefühle der anderen Person nachempfinden kann und sich auf deren Sicht einlässt. Dies sollte man auch so kommunizieren.

2. Offenheit

In einem Gespräch spürt man schnell, ob jemand offen ist oder nicht. Menschen, die interessiert an anderen Sichtweisen sind, stellen oft Nachfragen, denn sie wollen eine bestimmte Thematik wirklich begreifen. Offenheit bedeutet, innerlich einen gewissen Raum für die Meinungen des anderen bereitzustellen.

3. Ruhe

Innere Ruhe stellt das Gegenstück zu einem angespannten oder getriggerten Zustand dar. Das bedeutet, dass die Gefühle hier eine gewisse Schwelle nicht überschreiten dürfen. Ruhe bedingt, dass man ganz bei sich und achtsam ist. Hierfür braucht es die Emotionsregulationsstrategien, die wir im letzten Kapitel besprochen haben.

Erst in der Kombination sind diese Komponenten am wirksamsten, um Verbundenheit zwischen uns herzustellen und zu stärken.

Lass uns nun diese Unterhaltung aus der Paartherapiesitzung auf die drei Aspekte der VOR-Kommunikation überprüfen. Sowohl Hannah als auch Timo haben bestätigt, dass sie sich nicht verstanden fühlen. Was hätte uns noch auffallen können?

Wir sehen bei beiden, wie schnell es geschieht, dass man das Gesagte komplett unterschiedlich interpretiert. Timo äußert eine Ansicht, Hannah versteht etwas anderes. Das Verständnis füreinander bricht ab und die alten Bilder voneinander übernehmen wieder das Ruder. Timo hat das Gefühl, Hannah möchte sowieso nur ihren Willen durchsetzen, und Hannah fühlt sich von Timo im Stich gelassen. Diese Art der Gefühle kennen wir bereits von den beiden, denn sie ziehen sich wie ein roter Faden durch ihre gesamte Beziehung. Woran hätte man frühzeitig erkennen können, dass das Gespräch eskaliert?

Schauen wir uns zunächst Timo an.

Man konnte bereits gleich zu Beginn an Timos Körpersprache erkennen, dass er wenig offen für Hannahs Position sein würde. Die verschränkten Arme, der Blick ins Nichts. Dies sind klassische Anzeichen dafür, dass jemand keinen Kontakt aufnehmen will. Sein Körper zeigt schon, was in seinem Inneren vor sich geht. Er ist immer noch angefressen von der Situation am Vorabend, hat Hannah noch nicht verziehen und fühlt sich nicht von ihr gesehen. All dies äußert sich in der Abwehrhaltung ihr gegenüber.

Außerdem spürt man, dass er die Gefühle noch nicht richtig verarbeitet hat. Sie kleben an ihm wie Teer. Man erkennt dies daran, dass er von Anfang an schlecht gelaunt ist, sobald sie das Thema anschneiden. Als er seine Freundin unterbricht, spürt man seine innere Anspannung. Er kann es nicht aushalten, ihre Aussage so unkommentiert stehen zu lassen. Man sieht, dass er unter Druck steht und noch ziemlich geladen ist, obwohl er dies nie klar nach außen hin kommunizieren würde.

Timo fühlt sich also nicht verstanden, ist nicht offen und innerlich auch nicht besonders ruhig. Keine guten Voraussetzungen für ein konstruktives Gespräch.

Und bei Hannah?

Zunächst wirkt Hannah recht gelassen und offen. Sie bezieht in die Beschreibung des fraglichen Vorfalls mit ein, dass es okay sei, seine Freunde sehen zu wollen. Doch als Timo ihr ins Wort fällt, ändert sich die Stimmung schlagartig. Auch ihre Körpersprache ist hier sehr eindeutig:

Das Verengen der Augen zeigt bereits ihre aufkeimende Wut. Sie dreht sich zu ihm um, damit sie sicherstellen kann, dass ihre Worte auch ankommen. Die Geschütze werden geladen und sind bereit, abgefeuert zu werden. Wir wissen, dass Hannahs Emotionen sehr schnell hochkochen und ziemlich heftig werden können. In solchen Momenten ist von Offenheit und Ruhe natürlich nicht mehr viel übrig.

Es ist also nicht weiter verwunderlich, dass sie oft aneinander vorbeireden und ihre Beziehung darunter leidet. Das können wir ändern!

Ich: »Da ihr euch beide *nicht* verstanden fühlt, holen wir das jetzt nach. Doch lasst uns zunächst tief ein- und wieder ausatmen. Ich kann mir vorstellen, dass ihr beide ziemlich angespannt seid.«
Hannah und Timo schließen die Augen und konzentrieren sich auf ihren Atem. Als sie ihre Augen wieder geöffnet haben, fahre ich fort: »Timo, ab wann hast du dich nicht mehr verstanden gefühlt?«
Timo: »Eigentlich sofort! Sie sieht einfach nicht, dass ich auch mal Zeit für mich brauche und ich gelegentlich meine Freunde sehen will.«
Ich: »Warum ist dir das wichtig?«
Timo: »Ich muss mal wieder aufladen! Bei meinen Kumpels kann ich Quatsch erzählen und einfach locker sein. Das brauche ich gerade.«
Ich: »Hannah, was hast du verstanden?«
Hannah: »Ich habe gehört, dass Timo die Zeit mit mir als belastend erlebt und lieber mit seinen Kumpels abhängt. Das habe ich auch gestern so empfunden.«
Ich: »Timo, was wolltest du eigentlich sagen?«
Timo: »Ich wollte sagen, dass ich gerade öfter mal gestresst bin. Ja, mit meinen Kumpels ist es immer sehr locker. Das bedeutet aber nicht, dass ich Hannah als eine Belastung empfinde.«
Ich: »Hannah, welche Informationen brauchst du noch von Timo, um ihn besser zu verstehen?«
Hannah denkt kurz nach und sagt dann: »Ich verstehe schon, wa-

rum es einem gut tut, mal Quatsch zu erzählen und abzuschalten. Ich könnte das ebenfalls gut gebrauchen!« Sie dreht sich wieder zu ihrem Freund um. »Aber warum warst du so genervt, als ich nicht sofort positiv reagiert habe?«

Timo erwidert ihren Blick und sagt: »Es hat sich halt für mich so angefühlt, als wolltest du mir das wegnehmen. Als müsste ich nach deinen Regeln spielen.«

Hannahs Augen weiten sich. »Das war dein Bild von mir, oder?«, fragt sie und wirft mir einen Blick zu. »Du siehst mich als die kontrollierende Freundin an, die deine Bedürfnisse nicht anerkennt.«

Timo nickt.

Ich: »Es scheint mir, als hättest du, Hannah, gerade besser verstanden, warum Timo da so heftig reagiert hat. Kann das sein?«

Hannah: »Ja, das ergibt jetzt auf jeden Fall mehr Sinn. Wenn ich versuche, aus seinem Blickwinkel auf die Situation zu schauen, kann ich das verstehen. Aber das war ja nie meine Intention!«

Ich: »Timo, welche Informationen brauchst du von deiner Partnerin, um ihre Absicht besser zu erkennen?«

Auch Timo muss einige Zeit lang über diese Frage nachdenken. Dann sagt er: »Warum war das für dich so blöd, dass ich etwas mit meinen Freunden unternehmen wollte?«

Hannah: »Darum ging es mir ja gar nicht! Wie gesagt, das verstehe ich doch. Es ging vielmehr um das Wie. Dieser Anruf war einfach so kalt und überrumpelnd. Das hat sich so angefühlt, als wäre dir egal, dass ich jetzt den Abend allein verbringen muss. Das fand ich ziemlich verletzend.«

Timo zieht die Augenbrauen zusammen. Er scheint nicht überzeugt zu sein.

Ich: »Hannah, wie hängt diese Situation mit deinen Erfahrungen zusammen?«

Hannah: »Hm, ich denke, der gemeinsame Nenner ist das Gefühl, alleingelassen zu werden. Als würde sich niemand wirklich um mich scheren.« Hannah macht eine Pause. »Ja, ich denke, das ist das Pro-

blem. Es fühlt sich an wie immer. Am Ende bin ich allein.«
Timo schaut seine Freundin an, die mit ruhiger Stimme über ihre Gefühle redet. Als sie nach einem Taschentuch greift, nimmt er ihre freie Hand und drückt sie.

Wenn wir uns Zeit nehmen, echtes Verständnis füreinander aufzubauen, ändert sich alles. Wir bekommen einen neuen Zugang zu unserem Gegenüber und wir korrigieren die veralteten Bilder voneinander. Ich gebe Hannah und Timo die Aufgabe, noch tiefer in die Hintergründe ihrer Reaktionen einzutauchen. Ich möchte, dass die beiden wirklich nachempfinden können, was die andere Person beschäftigt. Dieses Wissen wird sie schützen. Es wird sie vor überhasteten Interpretationen, Missverständnissen und Eskalationen bewahren. Ihnen ermöglichen, eine alternative Sichtweise auf die Problematik zuzulassen. So schafft man es letztendlich, zu denken: »Ach, so fühlt sie sich eigentlich!« Oder: »Das ist offenbar wieder der wunde Punkt bei ihm.« Du merkst schon, bei solchen Gedanken reißt der Kontakt zwischen zwei Menschen nicht so schnell ab. So rutschen wir nicht weiter in Streit und Gerangel, sondern sind in der Lage, mit der anderen Person zu fühlen.

Infobox Verständnis und Mitgefühl

Verständnis füreinander zu haben, ist ein wichtiges Fundament funktionierender Beziehungen und kann zum Beispiel durch eine detaillierte Ausführung und aufmerksame Verarbeitung des Gesagten positiv beeinflusst werden.[18] Dabei geht es nicht bloß um reinen Wissensaustausch, sondern auch darum, dass man sich von der anderen Person verstanden *fühlt*.[19] Es ist demnach wichtig, darauf zu achten, dass der Aufbau von Verständnis in beide Richtungen verläuft.

Um dieses Wissen übereinander aufzubauen, gehen wir noch einmal zurück zu unseren Triggern, die wir schon gemeinsam erarbeitet haben. Wir wissen jetzt, was da passiert, doch die andere Person sollte es auch verstehen. Sehr wichtig ist es, die Zusammenhänge zwischen Trigger und Verhalten zu erklären. Nach dem Motto: Wenn dieses Gefühl aktiviert wird, erkenne ich es an jenem Verhalten.

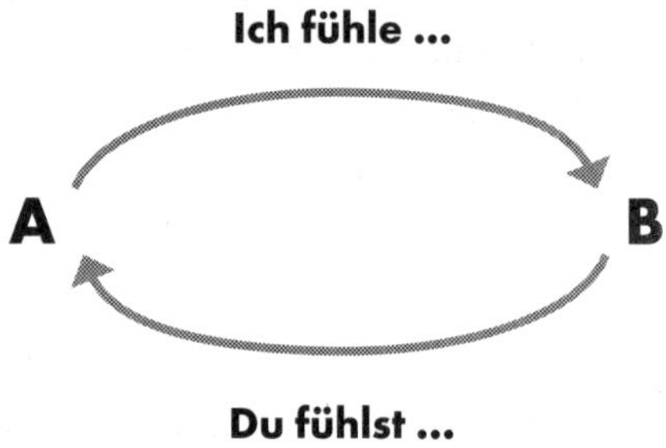

Dazu mache ich mit Hannah und Timo eine Übung, die du gerne ebenfalls mit deinem Partner / deiner Partnerin ausprobieren kannst.

> **Ich:** »Ich möchte mit euch gern folgende Übung durchführen. Es geht darum, der anderen Person zuzuhören und dann in eigenen Worten zusammenzufassen, was man verstanden hat. Sprechen und spiegeln. Versucht dabei, das Gesagte nicht nur auf einer rein rationalen Ebene zu verarbeiten, sondern es auch wirklich nachzuempfinden.«
> Beide nicken.
> **Ich:** »Okay, Timo, kannst du deiner Partnerin noch einmal von deinem Trigger erzählen? Gerade die Situationen, in denen du das Gefühl hast, nicht verstanden zu werden. Hannah, sobald er fertig ist, darfst du Nachfragen stellen und solltest dann zusammenfassen, was für dich rübergekommen ist. Alles klar so weit? Dann los.«
> Timo überlegt kurz und beginnt mit: »Ich glaube, es ist wichtig zu verstehen, dass ich früher nie viel gesagt habe, wenn ich andere Bedürfnisse hatte. Du hast manchmal eine sehr dominante Art. Ich

habe immer nur eingesteckt. Aber mit der Zeit hat mich das genervt. Ich habe oft das Gefühl, dass dir meine Sicht egal ist. Ich denke, deshalb bin ich mittlerweile so schnell auf 180.«
Ich: »Wie fühlt sich das an, wenn so etwas passiert?"
Timo: »Als dürfte ich nichts mehr sagen, nichts mehr fordern. Als müsste ich ein braves Kind sein, das keinen Mucks mehr von sich gibt. Das fand ich früher bei meinem Vater schon sehr unangenehm. Der war auch besonders gut darin, mich zu kritisieren. Darauf hab ich einfach keinen Bock mehr.«
Ich: »Hannah, hast du dazu Fragen?«
Hannah: »Ja. Also, dein Trigger ist, kritisiert zu werden, oder doch etwas anderes?«
Timo: »Hm, nee … eher, dass meine Bedürfnisse nicht zählen. Als müsste ich mich immer nach dir richten. Das passiert meistens, wenn wir Meinungsverschiedenheiten haben und du versuchst, deine Sichtweise durchzusetzen. Das geschieht manchmal auch sehr nachdrücklich und kritisierend. Dann habe ich das Gefühl, nichts mehr sagen zu dürfen. Früher hätte ich dann einfach geschwiegen. Heute nervt mich das so sehr, dass ich ungehalten werde.«
Hannah formuliert langsam: »Okay, dann glaube ich, dass ich es jetzt verstanden habe. Timo wird immer dann getriggert, wenn er sich bevormundet fühlt. Er hat das früher schon bei seinem Vater erlebt und heute bei mir. Dann fühlt er sich kleingemacht, so als würde ich ihm seine Bedürfnisse absprechen.« Sie hält kurz inne. »Stimmt das so?«
Während Hannah sprach, hat sich Timo auf der Couch zu ihr umgedreht. Er hört ihr aufmerksam zu. Dann sagt er: »Ja, das stimmt so. So etwas habe ich dich noch nie sagen hören. Ich dachte echt, du willst das einfach nicht begreifen.«
Manchmal verstehen wir unser Gegenüber sehr wohl, doch häufig ist der Feedback-Loop noch nicht geschlossen. Timo muss wissen, dass Hannah versteht, was ihn triggert. Doch wann nimmt man sich Zeit dafür, das zu klären?

Ich: »Okay, das machen wir noch einmal in die andere Richtung. Hannah, was möchtest du mit deinem Partner teilen?«

Hannah: »Ich möchte, dass bei ihm ankommt, wie traurig ich eigentlich bin. Ich befürchte, er sieht nur meine Wut und die Angriffe. Ihm ist gar nicht klar, dass ich mich ziemlich allein fühle, manchmal.«

Ich: »Hast du ihm erzählt, welche Geschichte dahintersteckt?«

Hannah: »Er weiß, dass ich keine leichte Kindheit hatte. Klar, die spielt da mit rein. Ich kenne das Gefühl, auf mich allein gestellt zu sein. Damals hatte ich einfach nur zu funktionieren. Da war es klar, dass niemand mehr auf mich aufpasst, ganz egal, wie es mir damit ging. Als du gestern nicht daran gedacht hast, dass wir verabredet waren, war das wie ein Stich in die Brust für mich. Meine innere Stimme sagte mir: ›Du kannst dich auf niemanden verlassen. Er ist nicht da.‹ Was natürlich superunfair war, weil Timo in vielen Situationen ein zuverlässiger Freund ist. Aber wenn dieser wunde Punkt einmal getroffen ist, bricht die Wut aus mir heraus.«

Timo: »Denkst du wirklich, dass du mir egal bist, dass ich dich einfach so im Stich ließe?«

Hannah: »Ja und nein. Rational habe ich Vertrauen in dich. Aber diese eine bestimmte Stimme in mir sagt etwas anderes. Dann fällt es mir schwer, unsere Verbindung zu spüren. Es fühlt sich an wie früher. Ich sehe mich allein in meinem Zimmer mit einhundert Dingen, um die ich mich kümmern muss, und niemandem, der mir dabei hilft. Mein Kopf schwirrt und ich merke dieses Ziehen in der Brust. Ich sitze auf der Bettkante und weiß, dass ich mich nur auf mich selbst verlassen kann. Jetzt habe ich einen Partner an meiner Seite, von dem ich hoffe, dass er mir hilft und bei mir ist. Geschieht das nicht, tut es doppelt weh.«

Timo denkt über Hannahs Worte nach. »Ich hätte das nicht erwartet. Verrückt, dass wir noch nie darüber gesprochen haben.«

Ich: »Timo, was hast du von Hannah verstanden?«

Timo: »Dass sie sich eigentlich allein fühlt und das Gefühl hat, ich würde sie im Stich lassen. Ich glaube, ich sehe erst jetzt richtig den Zusammenhang mit ihrer Kindheit. Da musste sie ja auch ständig allein kämpfen und konnte sich auf niemanden verlassen. Das gleiche Gefühl kommt heute wieder in ihr hoch.« Timo schaut zu Hannah, die ihn anlächelt, seine Hand nimmt und sie drückt.

Mit dieser Übung könnt ihr sehr viel über die andere Person erfahren. Wichtig ist, dass ihr euch die Zeit nehmt, um die Problematik wirklich zu verstehen. Versucht, euch für die Perspektive des anderen zu öffnen. Falls dieses Wissen dann Zeit hatte einzusickern, werdet ihr beim nächsten Mal sicher schneller in der Lage sein, Trigger zu erkennen und abzufangen.

Mit diesen Kenntnissen hätte Timo zum Beispiel sagen können: »Du, ist es möglich, dass dich das gerade so nervt, weil dein Trigger aktiviert wurde? Kann es sein, dass du dich von mir im Stich gelassen fühlst?«

Und Hannah hätte fragen können: »Timo, hast du gerade das Gefühl, als würde ich dein Bedürfnis nicht sehen? Fühlst du dich von mir nicht verstanden?«

Du möchtest diese Übung gerne ausprobieren? Dann folge dieser Anleitung:

ÜBUNG
Sprechen und spiegeln

Schritt 1

Nehmt euch beide Zeit, um folgende Fragen im Vorfeld zu beantworten:

- Wo fühlst du dich noch nicht von deinem Partner / deiner Partnerin verstanden?
- Welche Informationen fehlen der anderen Person womöglich?
- Was kannst du erzählen und beschreiben, damit die andere Person mehr Verständnis für dich aufbringen kann?

Schritt 2

Verabredet euch zu einem Gespräch, bei dem es nur darum geht, gegenseitiges Verständnis herzustellen und Wissenslücken zu schließen. Dies soll nicht der Ort sein, um akute Probleme zu lösen. Dafür braucht es einen eigenen Raum. Nehmt euch zunächst Zeit, um wirklich offen und ruhig zu werden (Stichwort VOR-Kommunikation). Nur in diesem Zustand wird es euch gelingen, die Perspektive des anderen einzunehmen. Dann sucht sich jeder von euch ein Thema aus, das von besonderer Wichtigkeit ist.

Schritt 3

Eine Person beginnt damit, zu beschreiben, was ihrer Meinung nach noch nicht verstanden wurde. Dann gibt sie diesbezüglich weitere Informationen. Die sprechende Person wird nicht unterbrochen. Jeder hat so viel Zeit, wie benötigt wird. Die zuhörende Person versucht, das Gesagte an sich ranzulassen und wirklich offen dafür zu sein. Hier ist es wichtig, emotional mitgehen zu können und sich auf die Perspektive des anderen einzulassen.

Formulierungshilfen

- »Mir ist wichtig, dass du den Zusammenhang zwischen dem Gefühl X und dieser Erfahrung Y verstehst.«
- »Weil ich bei dem Thema X schon so häufig verletzt wurde, springt da sofort mein Abwehrmechanismus an. Mich verletzt das so, weil …«
- »Dein Verhalten bedeutet für mich X. Das erinnert mich an Situationen, die ich zu früheren Zeiten schon einmal erlebt habe, und zwar …«
- »Wenn du X machst, trifft das eine emotionale Wunde bei mir. Ich fühle mich dann so wie …«
- »Ich glaube, du kennst die Geschichte noch gar nicht, die die Situation für mich so problematisch macht.«

Schritt 4

Die zuhörende Person hat jetzt die Möglichkeit, Nachfragen zu stellen. Wenn diese geklärt sind, fasst sie in ihren eigenen Worten zusammen, was sie verstanden hat und wie diese Dinge sich für sie in den akuten Problemen widerspiegeln.

Formulierungshilfen

- »Was ich gehört habe, ist …«
- »Dir ist es wichtig, dass ich verstehe, wie …«
- »Für dich fühlt es sich in diesen Momenten so an, als ob …«
- »Wenn du X fühlst, zeigt sich das in dem Verhalten Y.«
- »Diese X-Erfahrungen aus der Vergangenheit beeinflussen noch heute dein Verhalten und sorgen dafür, dass du X besonders negativ erlebst.«

Schritt 5

Wenn die erzählende Person das Gefühl hat, verstanden zu werden, könnt ihr die Rollen tauschen. Lasst das Gesagte eine Weile lang sacken. Sollten sich in den darauffolgenden Tagen noch weitere Fragen ergeben, besprecht auch diese miteinander. Nutzt die erhaltenen Informationen, um die nächsten schwierigen Situationen zu entschärfen. Versucht, das neu erworbene Wissen mit einzubeziehen und so aktiv die Perspektive der anderen Person einzunehmen. Dieser Prozess wird eure Trigger beruhigen und verhindern, dass ihr euch ständig streitet.

Sobald wir Verständnis füreinander aufgebaut haben, kann auch der eigentliche Sachverhalt leichter geklärt werden. Wir fühlen uns wieder wie ein Team und haben dann auch Lust, einen Kompromiss zu finden.

Neben dieser Übung »Sprechen und spiegeln« gibt es noch andere Möglichkeiten, Verständnis füreinander herzustellen. Diese kannst du gern ausprobieren.

ÜBUNG

Was wäre, wenn

Bei dieser Übung braucht man schon ein wenig Vorwissen, sie kann also gerne als Erweiterung zur vorhergehenden Übung (»Sprechen und spiegeln«) genutzt werden. Hierbei geht es darum, ein besseres Gefühl dafür zu bekommen, was die andere Person als verletzend erlebt. Stellt dafür verschiedene Szenarien auf, um herauszufinden, wann der Trigger aktiviert werden könnte.

Beispiel: Hannah

Timo will noch besser verstehen, wann Hannah sich alleingelassen fühlt. Deshalb stellt er ihr folgende Fragen:

Timo: »Würde dein Trigger aktiviert, wenn ich generell etwas mit den Jungs unternähme?«
Hannah: »Nein. Das wäre an und für sich kein Problem.«
Timo: »Oder wenn ich mich mit den Jungs träfe und dich nicht darüber informierte?«
Hannah: »Ja, schon. Dann wäre ich wieder außen vor.«
Timo: »Okay. Und was wäre, wenn ich allein Urlaub machen würde?«
Hannah: »Wenn wir das vorher zusammen besprochen hätten, wäre es in Ordnung. Hier ging es eher darum, dass deine Ankündigung wie aus dem Nichts kam und ich mit dir gerechnet hatte.«
Timo: »Also, wenn ich so etwas rechtzeitig kommuniziere, passt das für dich. Verstehe. Was ich noch nicht ganz begreife: Ist das auch der ›Allein-gelassen-werden-Trigger‹, wenn du dich wegen Haushaltskram aufregst?«
Hannah: »Ich glaube, das ist eine Facette davon. Da geht es aber weniger um das Einsamkeitsgefühl, als darum, dass ich alles selber machen muss. Aber ja, es hängt damit zusammen.«

Beispiel: Francesca

Elli will verstehen, wann ihre Partnerin Nähe als einengend erlebt und wann nicht. Gemeinsam besprechen sie mögliche Szenarien:

> **Elli**: »Fühlst du dich eigentlich immer eingeengt, wenn ich dir nahe sein möchte?«
> **Francesca**: »Nein, überhaupt nicht. Ich genieße das ganz oft. Ich finde es eher schlimm, wenn ich das Gefühl habe, davor schon so viel gegeben zu haben. Dann brauche ich wieder Zeit für mich. Wenn das dann nicht passiert, fühle ich mich eingeengt.«
> **Elli**: »Es wird also erst unangenehm, wenn dein Bedürfnis nach Autonomie eine ganze Weile lang auf der Strecke geblieben ist?«
> **Francesca**: »Ja, genau! Das baut sich meistens langsam auf. Wenn es dann zu viel wird und ich den Eindruck habe, nicht mehr auf mich zu hören, dann werde ich auch so kalt.«
> **Elli**: »Verstehe. Das heißt, wenn du das Gefühl hast, auch deinen eigenen Bedürfnissen nachzukommen, erlebst du meine Nähe nicht als Problem?«
> **Francesca**: »Genauso ist es.«

Rollentausch

Bei dieser Übung geht es darum, aus der Sicht der anderen Person zu sprechen. Man versucht, in ihre Rolle zu schlüpfen und ihre Meinung zu vertreten. Mit dieser aktiven Perspektivenübernahme testet man das Wissen, das man voneinander hat. Das kann zum Beispiel folgendermaßen aussehen: Hannah versetzt sich in Timos Lage und spricht an seiner Stelle in der Ich-Form.

> **Hannah** (als Timo): »Wenn meine Freundin lauter wird, habe ich das Gefühl, nichts mehr sagen zu dürfen. Ich fühle mich, als würde sie mir den Mund verbieten. Außerdem habe ich Sorge, dass die Situation gleich eskalieren wird und wir uns wieder streiten werden. Das kann ich nicht gut aushalten.«

Bei dieser Übung wird euch schnell auffallen, was ihr schon verstanden habt und was noch nicht. Wenn ihr euch bei einer Sache nicht sicher seid, könnt ihr natürlich auch euer Gegenüber um Hilfestellung bitten.

Verständnis wirkt sowohl kurz- als auch langfristig.

Kurzfristig ist Verständnis wunderbar, um angespannte Situationen zu entschärfen. Wenn du die typischen Zeichen eines sich anbahnenden Streits erkennst, weißt du, dass sich dein Gegenüber nicht verstanden fühlt. Halte in diesen Momenten inne, reguliere deine eigene Angespanntheit, versetze dich in die Lage der anderen Person und kommuniziere dann, wie es ihr (deiner Meinung nach) geht. Ich garantiere dir, dass diese Technik das gesamte Gespräch zum Besseren wenden wird. Es kann gut sein, dass ihr vorher eine Pause machen und Erste-Hilfe-Techniken anwenden müsst, um euch selbst zu verstehen. Versucht, euer Wissen über die Trigger des anderen zu erinnern und mit dieser Einsicht zurück ins Gespräch zu gehen. So kann Verständnis kurzfristig schwierige Gespräche erleichtern.

Wenn ihr diese Übungen macht, wird dies auch langfristig Folgen haben: Euer Mitgefühl für die andere Person wird wachsen. Es wird euch leichterfallen, die Verletzungen hinter ihrem Bewältigungsverhalten zu erkennen und gewisse Dinge nicht ganz so persönlich zu nehmen. Man ist vielleicht immer noch genervt von dem anderen, wird aber im Idealfall nicht selbst emotional aktiviert, da man eine Beobachterrolle einnehmen kann. Man hat nun eine alternative Erklärung für dessen Verhalten. Dort, wo früher die negativen Bilder als Erklärung herhalten mussten – »Er liebt mich einfach nicht« oder »Ich bin nicht gut genug für sie« –, kann man heute verstehen, was wirklich hinter den Angriffen, der Kritik, den Tränen oder dem Schweigen steht. Dieser gesunde Abstand hilft, gelassener und liebevoller mit der anderen Person umzugehen. So lassen sich Probleme leichter klären und Verletzungen vermeiden.

Denn wie gesagt: Wo das Verständnis endet, beginnt der Streit. Es ist also sehr wichtig, dass wir gute Strategien zur Hand haben, um wieder

Verständnis herzustellen. Dafür ist es nicht zwingend notwendig, die gleiche Meinung zu einem Sachverhalt zu haben. Du brauchst deine Ansichten nicht zu verleugnen, um deinem Gegenüber zu zeigen, dass du Verständnis aufbringen kannst. Man kann verschiedene Perspektiven einnehmen und einander trotzdem verstehen.

Nimm dir mit deinem Gegenüber in den nächsten Tagen Zeit, um die Trigger des anderen besser kennenzulernen. Dieses Wissen wird in der nächsten Streitsituation dabei helfen, dass ihr euch weniger missversteht und schneller wieder aufeinander zugehen könnt. Nutzt dafür Übungen wie »Sprechen und spiegeln«, »Was wäre, wenn« oder »Rollentausch«.

Wunderbar! Damit hast du nun offiziell den zweiten großen Teil des Buches geschafft! Ich finde, an dieser Stelle kann man sich durchaus einen Moment lang Zeit nehmen, um sich selbst auf die Schulter zu klopfen. Die Themen, die wir hier bearbeitet haben, sind nicht leicht. Es stellt für uns alle eine große Herausforderung dar, an den eigenen Mustern zu arbeiten und neue aufzubauen. Jeder sollte seine individuelle Herangehensweise entwickeln. Es kann sehr unterschiedlich sein, wer welche Techniken als hilfreich und effektiv empfindet. Mögliche Ansätze und Kombinationen findest du in folgenden Beispielen:

Tessa

Tessa wird in Streitsituationen schnell emotional. Sie hat dann das Gefühl, dass ihr Partner sie nicht mehr liebt und sie ausgrenzen will. Sie zeigt ihre Verletzung zunächst nicht, bis die Wut aus ihr hervorbricht und jede weitere Kommunikation verhindert. Es fällt ihr schwer, aus solch akuten Situationen auszusteigen. Doch sie hat sich vorgenommen, emotionale Wunden nicht einfach zu ignorieren. Am Abend setzt sie sich auf die Couch und schließt die Augen. Sie geht den Streit noch einmal in Gedanken durch und versucht herauszufinden, wann ihr Trigger ausgelöst wurde. Sobald sie die Stelle identifiziert hat, fragt sie sich, welche Verletzung ihr hier genau zugefügt wurde. Sie fühlt sich allein und ungeliebt.

Sie weiß, dass sie dieses Gefühl schon seit ihrer Kindheit kennt. Ihr Vater hat sich immer sehr abweisend ihr gegenüber verhalten, sodass sie den Eindruck hatte, ständig um seine Liebe kämpfen zu müssen. Das Bild des inneren Kindes hat sie in diesem Zusammenhang sehr angesprochen. Sie kennt ein Foto von sich, als sie ungefähr fünf Jahre alt war. Auf dem Bild sieht man sie im Garten spielen. Doch sie kann sich noch gut daran erinnern, wie einsam sie sich damals gefühlt hat. Sie vergegenwärtigt sich diese Szene, um in Kontakt mit ihrer verletzlichen Seite zu treten. Sie spürt, wie dieser Teil in ihr in Streitsituationen immer wieder aktiviert wird. Sie fragt ihr inneres Kind, was es ihm Gutes tun kann und was es gerade braucht. So kümmert sie sich um sich selbst und versorgt ihre emotionalen Wunden. Nachdem sie diese Dinge reflektiert hat, geht sie zu ihrem Partner und erklärt ihm, was gerade passiert ist.

Tessas altes Muster

Die Verletzung »nicht geliebt werden« so lange runterzuschlucken, bis der Druck zu groß geworden ist. Darauf folgen Angriffe und Wutausbrüche.

Ihr Ansatz, um aus diesem Muster herauszukommen

Sich nach der fraglichen Situation Zeit zu nehmen, um zu reflektieren, was eigentlich geschehen ist. Dafür setzt sie sich gerne am Abend auf die Couch.

So reguliert sie ihre Emotionen

Tessa arbeitet mit dem Bild des inneren Kindes. Dies hilft ihr zu verstehen, wo der Trigger eigentlich herkommt. So kann sie ihre verletzliche Seite besser wahrnehmen und diese dann auch ihrem Partner kommunizieren.

Tessas Kommunikationstechnik

Sie fragt sich selbst, was sie braucht, und erklärt ihrem Partner ihre Bedürfnisse. Sie versucht, ihm ihre verletzliche Seite zu zeigen und initiiert damit ein besseres Verständnis füreinander.

Fatima

Wenn Fatima sich zu Unrecht kritisiert fühlt, wird sie ganz still. Sie hat dann keine Lust mehr, an dem Gespräch teilzunehmen, und entwickelt einen inneren Widerstand gegenüber ihrem Mann. In dieser Situation hilft es ihr, einen ganz bestimmten Satz zu sagen. Dieser dient als Hinweis an ihren Mann, dass es ihr gerade nicht gut geht, sie aber auch nicht darüber sprechen möchte. Fatima sagt dann: »Ich bin gerade in der Eiszeit gefangen.« Dies beschreibt, wie sie sich fühlt, wie erstarrt nämlich, und es zeigt ihrem Mann, dass sie eine Pause braucht. Zudem ist der Satz auch humorvoll, was wiederum die Stimmung zwischen den beiden auflockert.

Sobald sie ihren inneren Zustand kommuniziert hat, unterbrechen sie ihr Gespräch. Fatima unternimmt dann meist einen längeren Spaziergang und hört dabei ihre Lieblingsmusik. Sie denkt darüber nach, was bei ihrem Partner passiert sein könnte. Wieder zu Hause angekommen, ist sie bereit, das Gespräch in Ruhe fortzusetzen. Sie erzählt ihm von ihrem inneren Widerstand und erklärt ruhig, warum sie sich zu Unrecht kritisiert fühlt. Dabei achtet sie darauf, auch seine Sichtweise zu übernehmen und ihr Verständnis dafür zu bekunden.

Fatimas altes Muster

Das Gefühl, unfair behandelt worden zu sein, und der innere Widerstand dagegen lassen Fatima den Rückzug antreten. Sie wird still und abweisend.

Ihr Ansatz, um aus dem Muster herauskommen

Ein humorvoller Satz, der als Signal zwischen ihr und ihrem Mann fungiert.

So reguliert sie ihre Emotionen

Dieser Satz leitet eine Pause ein, in der Fatima spazieren geht. Sie hört dabei ihre Lieblingsmusik, und der innere Widerstand löst sich langsam, aber sicher auf.

Fatimas Kommunikationstechnik

Nach dem Spaziergang geht sie wieder auf ihren Mann zu, kommuniziert ihre Verletzung und macht ihm deutlich, was sie von seiner Perspektive verstanden hat.

Max

Max hat sich in Großbuchstaben »eine Enttäuschung sein + kritisieren« in sein Notizbuch geschrieben. Sein Muster startet also in den Momenten, in denen er das Gefühl hat, seinen Partner zu enttäuschen. Doch anstatt diese Emotion zu kommunizieren, wird er sehr kritisierend und gemein. Er spürt das Gefühl der Enttäuschung wie einen Schlag in den Magen und reagiert normalerweise mit heftiger Kritik darauf. Bevor das geschehen kann, ruft er sich das Bild seines Großvaters ins Gedächtnis. Dieser war jahrzehntelang der Patriarch der Familie. Nie hatte er ein gutes Wort für die anderen übrig. Die gesamte Familie musste nach seiner Pfeife tanzen. Max begriff irgendwann, dass er das harsche Kritisieren von seinem Großvater übernommen hatte. Es war zu *seinem* eigenen Bewältigungsmodus geworden.

Um dieses Verhalten zu vermeiden, versucht er sich nun daran zu erinnern, wie schlimm es für ihn damals war, derart kritisiert zu werden. Hierfür schreibt er seine Gedanken auf. Er hält sich vor Augen, dass er nie so sein wollte wie sein Großvater. Er fragt sich: Was hätte Großvater niemals kommuniziert, wenn er in meiner Situation gewesen wäre? Und genau das, was er darauf als Antwort erhält, wird er dann sagen. Als Max und sein Partner die Übung »Sprechen und spiegeln« gemacht haben, hat er ihm von seinem Großvater erzählt und auch verstanden, wie sehr es seinen Partner trifft, von ihm derart kritisiert zu werden. Wenn die beiden über ihre Streitigkeiten sprechen, ist es ihm wichtig zu betonen, dass er es komplett nachempfinden kann, wie schlimm sich das anfühlt.

Max' altes Muster

Auf das Gefühl »eine Enttäuschung sein« folgen bei Max oft Kritik und Gemeinheiten. So hat er für einen kurzen Moment den Eindruck, die Situation unter Kontrolle zu haben und sich wehren zu können. Doch damit stößt er seinen Partner nur immer weiter von sich weg.

Sein Ansatz, um aus dem Muster herauszukommen

Max erinnert sich daran, dass er nicht so sein möchte wie sein Großvater. Dieser Gedanke motiviert ihn.

So reguliert er seine Emotionen

Er schreibt seine Gedanken und Gefühle auf. Hierbei kommen alte Erinnerungen in ihm hoch. Er ahnt, wie sich sein Partner fühlt, wenn er so behandelt wird.

Max' Kommunikationstechnik

Er erklärt, dass er sich eigentlich als eine Enttäuschung empfindet. Dieses Gefühl der Minderwertigkeit lässt ihn gemein werden. Dabei weiß er selbst nur zu gut, wie es sich anfühlt, auf der anderen Seite zu stehen, und kommuniziert dieses Verständnis auch seinem Partner.

Ivan

Ivans Mutter und seine Verlobte verstehen sich überhaupt nicht. Da ihm seine Familie jedoch sehr wichtig ist, befindet sich Ivan häufig in der Situation, zwischen den beiden vermitteln zu müssen. Dies bringt ihn in eine Zwickmühle, was dazu führt, dass er glaubt, beide zu enttäuschen und immer als »der Böse« dazustehen. Seine Verlobte beschwert sich, dass er nicht mehr für sie einsteht, und seine Mutter wirft ihm vor, seine Familie zu vernachlässigen. In diesen Situationen fühlt er sich häufig komplett überfordert. Er vergräbt diese Empfindung jedoch tief in sich.

Ivan weiß, dass dieser Druck möglichst schnell wieder aus seinem System verschwinden muss. Darum spricht er vor einem Besuch bei seiner Mutter mit seiner Partnerin. Er erklärt ihr, dass er sehr angespannt sei und vieles, was womöglich verletzend rüberkommen könnte, nicht so böse gemeint sei. Er sensibilisiert sich und seine Verlobte dafür, dass er wahrscheinlich mit seinem Muster zu kämpfen hat. So kann er schneller den Druck wahrnehmen, der sich in ihm aufbaut, und während des Besuchs deutlich auf seine Atmung achten. Sobald er und seine Partnerin wieder zu Hause angekommen sind, hat er sich angewöhnt, eine Runde zu joggen. In dieser Zeit löst sich vieles von dem inneren Druck wieder auf, und er schafft es, mehr Distanz zu dem Erlebten aufzubauen. Es ist ihm auch wieder möglich, auf seine Partnerin zuzugehen und mit ihr darüber zu sprechen, wie sie sich fühlt.

Ivans altes Muster

Fühlt sich Ivan überfordert und wie in einer Zwickmühle gefangen, macht er innerlich zu und versucht, alles nur noch auszuhalten. So verlieren die Menschen um ihn herum den Kontakt zu ihm und fühlen sich ausgeschlossen.

Sein Ansatz, um aus dem Muster herauszukommen

Er bereitet sich auf schwierige Situationen vor und spricht von Anfang an offen mit seiner Partnerin darüber.

So reguliert er seine Emotionen

Nachdem er diese heiklen Phasen überstanden hat, treibt er Sport, um den Druck in seiner Brust zu verringern.

Ivans Kommunikationstechnik

Ivan öffnet sich seiner Partnerin und achtet darauf, dass seine innere Anspannung nicht zu groß wird. Er bespricht schwierige Lagen mit ihr und geht darauf ein, wie sie sich dabei fühlt.

Du möchtest auch für dich selbst eine solche Übersicht anfertigen? Dann beantworte bitte folgende Fragen:

1. Das alte Muster

Wie sieht eine typische Triggersituation aus? Was passiert mit dir, wenn du das Muster nicht stoppen kannst?

---

2. Dein Ansatz für Veränderung

An welchem Punkt kannst du ansetzen, um etwas zu verändern? Welcher erste Schritt soll dich aus deinem Muster herausbringen?

---

3. Deine Emotionsregulationstechnik

Welche der Techniken aus Kapitel 9 funktionieren bei dir am besten? Wie schaffst du es, deine Emotionen zu regulieren?

---

4. Kommunikation

Was möchtest du deinem Partner / deiner Partnerin mitteilen, um Verständnis herzustellen? Was sollte die andere Person wissen, um dich besser verstehen zu können?

Lass uns an dieser Stelle kurz innehalten. Über zwei Drittel des Buches sind geschafft. Gerade die letzten beiden Kapitel waren sicherlich recht aufwühlend für dich. Bevor wir gleich mit den nächsten Inhalten weitermachen, nimm dir hier zunächst wieder etwas Zeit, um die Informationen wirklich einsinken zu lassen. Das hilft dir dabei, das Gelernte tiefer zu verarbeiten.

Geh vielleicht nochmal die letzten Seiten durch und schau dir an, was du unterstrichen und geschrieben hast.

- Was hat dich besonders berührt?
- Wo hast du etwas Neues über dich erfahren?
- Welche Zusammenhänge siehst du nun klarer?

In unserem hektischen Alltag sind wir es gewohnt, schnell Informationen aufzunehmen, um noch effizienter zu sein. Doch gerade bei emotionalen Themen, wie wir sie in diesem Buch behandeln, ist das häufig kontraproduktiv. Je oberflächlicher du über die wichtigen Passagen hinwegfegst, desto schwieriger wird es sicherlich für dich werden, Veränderung anzustoßen. Gib dir also etwas Zeit und lies die Abschnitte nochmal, die dir wichtig erscheinen.

Zusammenfassung

In dieser Zusammenfassung wollen wir ausnahmsweise auch die vorhergehenden Kapitel des zweiten Teils kurz mit in den Blick nehmen. So erhalten wir ein rundes Bild davon, wie Kommunikation gelingen kann. Um aus problematischen Dynamiken auszusteigen und gelassener kommunizieren zu können, sollten folgende Schritte durchlaufen werden.

Schritt 1: Wahrnehmen

Du nimmst deine Muster besser wahr. Du lernst deine Warnsignale kennen und kannst sie in deinem Körper spüren.

Schritt 2: Einordnen

Du nimmst dir Zeit, zu verstehen, was mit dir passiert. Du erinnerst dich daran, was am Anfang deines Musters geschieht und dass du deine Emotionen dann beruhigen solltest.

Schritt 3: Verändern

Du regulierst deine Gefühle und den Druck in deinem Körper mithilfe deiner bevorzugten Emotionsregulationstechniken. Danach versuchst du, zu verstehen, welcher deiner Trigger getroffen wurde und was genau dich verletzt hat. Du änderst deine Verhaltensweisen und greifst nicht auf alte Muster zurück.

Abschluss: Kommunizieren und lösen

Mit diesen Informationen gehst du zurück ins Gespräch. Du erklärst, was mit dir passiert ist, und hast gleichzeitig ein offenes Ohr für dein Gegenüber. Du verbindest das Gesagte mit deinem Wissen über den Trigger deines Partners / deiner Partnerin und zeigst Verständnis dafür. Nachdem ihr diese VOR-Kommunikation durchlaufen habt, könnt ihr den eigentlichen Sachverhalt angehen und versuchen, einen Kompromiss zu finden.

Im dritten Teil werden wir uns nun anschauen, wie sich all diese neuen Techniken in den Alltag integrieren lassen.

DRITTER TEIL: ZUSAMMEN WACHSEN

KAPITEL 11: REPARIEREN, WAS KAPUTTGEGANGEN IST

Du hast jetzt Techniken an der Hand, um in Streitsituationen besser zu reagieren, deine Gefühle zu regulieren und Verständnis herzustellen. All das wird es dir leichter machen, in akuten Momenten gelassener zu kommunizieren und mit deinen Triggern konstruktiv umzugehen. Jetzt wollen wir aber nicht nur akut schwierige Situationen besser handeln, sondern diese gar nicht erst entstehen lassen. Wir können unser neues Wissen über Triggerpunkte dazu nutzen, Probleme aus der Welt zu schaffen, bevor sie eskalieren. Dies verhindert nicht nur Verletzungen, sondern fördert auch die Nähe zwischen euch.

Wir haben schon mehrmals über das Thema Timing gesprochen. Frühzeitig aus Konflikten auszusteigen, ist enorm wichtig. Den richtigen Zeitpunkt zu erkennen, kann uns aber auch mittelfristig größere Probleme ersparen. Viele Menschen begehen den Fehler, ihren inneren Druck und ungelöste Probleme mit sich herumzutragen. Diese haben dann Zeit, zu gären und immer mehr zerstörerische Energie aufzubauen. Wenn sie dann aus ihnen hervorbrechen, ist an gelassene Kommunikation nicht mehr zu denken. Wir sollten also damit beginnen, früh genug über Dinge zu sprechen, die uns bewegen. Vielleicht denkst du jetzt: »Aber das würde doch nur schlechte Stimmung verursachen! Das wäre schön doof, Probleme anzusprechen, wenn es nicht unbedingt sein muss.« Dieser Gedankengang scheint absolut sinnvoll, stellt aber leider auch ein Problem für eure Beziehung dar. Ich weiß, das ist nicht angenehm zu hören. Aber lass es mich erklären.

Wir sollten Probleme am besten dann besprechen, wenn wir so wenig Druck wie möglich verspüren, denn dann gibt es weniger Emotionen zu regulieren. Die Kraft, die wir an dieser Stelle einsparen, können wir nutzen, um Verständnis füreinander aufzubauen und Kompromisse zu finden. Wir haben immer nur begrenzte Ressourcen in einem Gespräch. Wenn wir diese schon zu 90 Prozent dafür aufgewendet haben, unsere Gefühle zu beruhigen, dann bleibt für ein lösungsorientiertes Gespräch nicht mehr viel übrig. Vielleicht hast du in der letzten Zeit die Emotionsregulationstechniken ausprobiert und weißt nun, wie viel Arbeit das bedeuten kann. Ich möchte fast sagen, es ist ein Hochleistungssport. Emotionen zu regulieren, ist nicht einfach. Je geringer ihre Intensität, desto leichter fällt diese Aufgabe. Mach es dir deshalb nicht unnötig schwer, indem du die Gefühle so lange mit dir herumschleppst, bis sie kaum noch zu verarbeiten sind.

Dieser Hinweis gilt besonders für Menschen, die wie Timo eher mit ihren Gefühlen und Bedürfnissen hinter dem Berg halten. Du wirst dich darin üben müssen, deine Emotionen ernst zu nehmen und sie nicht als Schwäche oder Problem anzusehen. Es kann gut sein, dass dir häufig gar nicht bewusst ist, dass dich etwas stört. Damit du also in der Lage sein wirst, frühzeitig und gelassen zu kommunizieren, brauchst du Methoden, um deine Themen zu identifizieren.

ÜBUNG

Es gibt viele Wege der Selbstreflexion, um belastende Themen ausfindig zu machen. Hier möchte ich dir zwei von ihnen vorstellen:

Tagebuch

Tagebuch zu führen, kann ein hilfreiches Mittel sein, um frühzeitig Konflikten auf die Schliche zu kommen. Notiere dir dafür mindestens einmal pro Woche, welche Situationen dich gestört haben. Wann hast du nichts gesagt, obwohl dich etwas genervt hat? Was hat dich daran gehindert, deine Gedanken in diesem Moment klar auszusprechen? Wie hängen diese Momente mit euren Beziehungsthemen und deinen Triggern zusammen?

Meditation

Auch Meditationen können helfen, zu verstehen, was dich gerade beschäftigt. Setz dich dafür einmal bequem hin und beobachte in Ruhe deine Gedanken. Meistens werden sich diese in den ersten Minuten um dein Körpergefühl (»Mein Bein kribbelt«) oder deine aktuellen To-dos (»Ich muss nachher noch einkaufen«) drehen. Nimm diese Gedanken wahr und lege sie zur Seite. Interessant wird es danach! Dann steigen häufig größere und emotionale Themen aus dem tiefen Inneren an die Oberfläche. Die Dinge, die uns unbewusst auch über einen längeren Zeitraum beschäftigen. Höre diesen Gedanken bewusst zu. Du wirst erkennen, wo aktuelle Verletzungen oder größere Herausforderungen liegen.

Mit diesem Wissen kannst du Probleme einfangen, bevor sie eure Kommunikation lahmlegen und Verletzungen verursachen. Schauen wir uns einmal an, wie Timo diese Techniken in seinen Alltag integriert hat.

Timos Leben ist seit einigen Wochen deutlich konfliktärmer. Er merkt, dass Hannah sich anstrengt, ihre verletzliche Seite zu zeigen. Trotzdem gibt es immer noch Momente, in denen er sich übergangen und nicht gesehen fühlt. Eines Sonntags setzt er sich an den Küchentisch und holt einen alten Notizblock hervor.

Hannah ist mit einer Freundin unterwegs, sodass er die Wohnung für sich allein hat. »Okay, dann mal los. Ich soll meine Gefühle ernst nehmen und sie aufschreiben«, denkt Timo. Doch der Kugelschreiber verharrt einige Sekunden untätig über dem Blatt. Timo spürt eine Blockade in sich. »Es ist momentan doch eigentlich alles gut. Warum sollte ich ausgerechnet jetzt all die negativen Sachen hervorkramen?«, denkt er. Dann erinnert er sich daran, dass er die positive Stimmung zwischen ihnen nur in dem Fall nutzen kann, wenn er offen für Hannah bleibt und sich mit ihr verbunden fühlt. Und das wiederum funktioniert nur, wenn er sich ihr mitteilt. Timo atmet langsam aus und schreibt: »Wochenreflexion – was hat mich gestört?«

Zunächst fällt es ihm schwer, sich an die kurzen Momente zu erinnern, in denen er sich nicht gesehen fühlte. Er kommt sich ein wenig komisch vor, als er den ersten Stichpunkt notiert: »1. Sie hat nicht nachgefragt, wie ich mir die Wochenendplanung vorstelle, sondern einfach ihre Idee umgesetzt.« Timo liest den Satz noch einmal. Er fühlt sich gleichzeitig kleinkariert und im Recht. Dann versucht er herauszufinden, woher diese negativen Gefühle kommen und wie sie mit seinem Trigger zusammenhängen. Er denkt an die gemeinsamen Paarsitzungen und überlegt, was er über sich selbst gelernt hat. Unter dem ersten Punkt notiert er: »Beziehungsthema: Ich werde nicht gesehen / Hannah entscheidet über meinen Kopf hinweg. Altes Gefühl, das hier wieder hochkommt. Mein negatives Bild von ihr wird aktiviert.«

Timo erleichtert dieses Verständnis, das er sich selbst entgegenbringt. »Es ergibt Sinn, dass ich genervt darauf reagiert habe«, sagt er laut zu sich. Jetzt fallen ihm noch weitere Situationen ein. Er notiert auch diese und bemerkt, dass es offensichtlich Gesprächsbedarf gibt. Damit sich etwas verändert, muss er Hannah die Chance geben, ihn zu verstehen. Wahrscheinlich weiß sie gar nicht, dass ihn diese Dinge belasten. Während Timo darüber nachdenkt, spürt er einen Druck auf der Brust. Die Konfliktangst meldet sich wieder. Timo weiß, dass das Gespräch von ihm ausgehen muss. Darum sollte er einen Weg finden, mit seiner Angst umzugehen. Er nimmt den Notizblock und geht auf den Balkon. Hier kommt er zur Ruhe. Es ist ein kühler Tag, der Temperaturunterschied tut ihm gut. Während er tief atmet, verschwindet der Druck von seiner Brust.

Er greift zum Handy und schreibt Hannah. »Ich hoffe, du hast einen schönen Nachmittag mit Elli! Ich würde heute Abend gerne etwas mit dir besprechen. Keine Sorge, es ist nichts Schlimmes. Ich will nur üben, früher die Dinge zu kommunizieren, die in mir vorgehen. Wäre es okay für dich, wenn wir diese ›Sprechen und spiegeln‹-Übung machen?« Zwei Minuten später kommt Hannahs Antwort: »Wir haben einen tollen Tag, danke! Elli grüßt dich. Ja, lass uns das gerne machen. Ich freue mich, wenn du mehr von dir erzählst! Bis später!«

Am Abend setzen sich Timo und Hannah zusammen. Kurz vorher ist Timos Konfliktscheu noch einmal zurückgekommen. Daraufhin ist er spazieren gegangen und hat sich selbst gesagt, dass alles gut gehen wird. Hannah sitzt ihm gegenüber auf der Couch und schaut ihn lächelnd an.

Timo beginnt: »Mir fällt es nicht ganz leicht, aber ich wollte ein paar Sachen mit dir teilen. Ich bin auch etwas angespannt, deshalb sei bitte nachsichtig mit mir.« Hannah nickt und hört weiter aufmerksam zu. Timo fährt also fort: »Mir ist aufgefallen, dass in der letzten Woche wieder ein paar Dinge passiert sind, die auf mein Thema ›nicht gesehen werden‹ eingezahlt haben.«

Timo macht eine Pause und erwartet fast, dass Hannah mit Gegenargumenten aufwartet. Doch sie bleibt gelassen und will wissen: »Was waren das genau für Situationen?« »Zum Beispiel, als es um dieses Wochenende ging. Du hattest eine Idee und die wurde umgesetzt. Egal, wie es mir damit ging.« Hannah setzt an, etwas zu erwidern, doch Timo korrigiert sich. »Warte, ich hab jetzt nur die Kritik kommuniziert. Was wünsche ich mir stattdessen? Ähm, ich hätte es schön gefunden, wenn wir uns die Zeit genommen hätten, gemeinsam darüber zu sprechen.« Hannah lächelt und sagt: »Puh, da wäre ich jetzt fast schon mit Rechtfertigungen eingestiegen. Gut, dass du noch den Wunsch kommunizieren konntest. Mir fällt das selbst superschwer. Aber jetzt ist es an mir, das Gesagte zusammenzufassen, richtig?« Timo nickt. »Sekunde … Also, was ich gehört habe, ist, dass du dich wieder von mir übergangen gefühlt hast, als es um die Wochenendplanung ging. Da kam dann wieder dieses große Thema ›nicht gesehen werden‹ auf und hat dich beschäftigt. Du würdest dir wünschen, dass wir ausführlicher darüber redeten und ich dich deutlicher auf dem Schirm hätte. Richtig?« Timo strahlt. »Ganz genau.«

Beide sind erleichtert. »Das war doch gar nicht so schlimm«, befindet Timo. »Das haben wir gut gelöst!«, stimmt Hannah mit einem Lächeln zu. »Ich werde da in Zukunft besser drauf achten, versprochen.«

Infobox Selbstreflexion

Selbstreflexion sorgt dafür, die eigenen Gefühle, Gedanken und Bedürfnisse besser zu verstehen. Sich in Selbstreflexion zu üben, hilft darüber hinaus, sich besser in andere hineinzuversetzen.[20] Dies erhöht das Gefühl, verstanden zu werden, und begünstigt eine gute Kommunikation.[21]

Timos Selbstreflexion hat sich absolut ausgezahlt. Wenn er und Hannah solche Momente teilen, wird es ihnen immer leichter fallen, darüber zu reden, bis es schließlich zur Routine wird. Der ruhigere Umgang mit Emotionen in Kombination mit dem verbesserten Verständnis füreinander hat viele positive Effekte auf ihre Beziehung:

1. Sie haben durch die Aussprache verhindert, dass sich der aufgestaute Druck an anderer Stelle entlädt und eine Eskalation verursacht.
2. Timo hat Hannah die Chance gegeben, ihn besser zu verstehen und seinem Wunsch nachzukommen.
3. Sie haben beide gemerkt, dass sie Probleme auch ohne Streit lösen können. Diese positive Erfahrung wird ihnen Sicherheit geben und Timo bei der Überwindung seiner Konfliktscheu helfen.
4. Sie haben sich nach dem Gespräch verbunden und verstanden gefühlt – eine Erfahrung, die ihnen als Puffer für zukünftige Konflikte dienen wird.
5. Timo konnte an dem negativen Bild von Hannah arbeiten und es hinterfragen. So wird es in Zukunft weniger schnell zum Vorschein kommen.

Diese Vorteile haben sie aber nur erarbeiten können, weil sie sich aktiv Zeit dafür genommen haben. Timo hat sich hingesetzt, sich Gedanken gemacht und ist auf Hannah zugegangen. Hannah hat ihn bestärkt, war offen und konnte ihm Verständnis entgegenbringen. Die beiden haben *frühzeitig* miteinander kommuniziert und konnten so besser zueinanderfinden. Sich zusammenzusetzen und sich auf schwierige Gespräche vorzubereiten, ist ein effektiver Weg, um Streit zu vermeiden.

Die Vorbereitung auf ein solches Gespräch kann zum Beispiel folgendermaßen aussehen: Du weißt, dass heute Abend eine Aussprache mit deinem Partner ansteht. Ihr werdet ein Thema angehen, das schon häufig zu Streit geführt hat. Darum nutze die Zeit davor, um dich mental auf das Entstehen starker Gefühle vorzubereiten. Gehe deine Warnsignale durch und überlege, welche Trigger wahrscheinlich angesprochen werden. Dies sorgt dafür, dass dein Gehirn dich schneller informieren wird, sobald genau diese Situation dann eintritt. Du kannst diese Vorgehensweise einige Male wiederholen, um dein Bewusstsein dafür zu schärfen.

Sobald dein Körper ein Warnsignal sendet, ein Knirschmoment entsteht oder du merkst, dass ein Beziehungsthema getroffen wurde, kannst du schneller aus der Situation aussteigen. Überlege, welche Emotionsregulationsstrategien du vorher und während des Gesprächs nutzen möchtest. Gehe dafür noch einmal die Strategien durch, die dir in der Vergangenheit bereits geholfen haben.

Manchmal liegt das größte Problem darin, einen guten Anfang für die Unterhaltung zu finden. Hierfür kann ich dir einige Formulierungshilfen geben:

- »Ich bin ziemlich nervös, dieses Thema mit dir zu teilen, werde aber trotzdem mein Bestes geben. Sollte ich manchmal Pausen machen müssen, sieh es mir bitte nach.«
- »Ich will nicht ständig alle negativen Gefühle in mir ansammeln. Das sorgt nur dafür, dass ich trotzig und gemein werde. Ich übe mich jetzt darin, dir zu sagen, was in mir vorgeht.«
- »Es kann sein, dass ich noch nicht sofort die richtigen Worte finde.

Mir ist nur wichtig, dass du weißt: Ich will dich auf keinen Fall verletzen. Ich sage diese Dinge, damit wir uns wieder näherkommen.«
- »Ich habe dir doch von meinem Trigger erzählt. Ich möchte jetzt mit dir teilen, wann ich diese Gefühle erlebe und durch welches Verhalten sie ausgelöst werden.«
- »Wir wissen beide, dass ich dieses Thema immer wieder runterschlucke. Das möchte ich aber nicht mehr länger machen. Kann ich dir davon erzählen, was mich in letzter Zeit belastet hat?«

Mein Tipp: Ihr könnt aus dem frühzeitigen Kommunizieren ein Ritual machen. Legt einen Tag in der Woche fest, an dem ihr euch zusammensetzt. Jeder von euch kann vorher einige Punkte vorbereiten und diese dann mit dem anderen teilen. Versucht, Verständnis herzustellen und die Bedeutung der Situation herauszuarbeiten.

Es gibt jedoch auch Momente, in denen Streitigkeiten nicht abgewendet werden können. Manchmal ist man so gestresst, dass man alle guten Tipps vergisst. Nicht immer hat man die mentalen oder emotionalen Ressourcen parat, um kurz einige Sekunden tief durchzuatmen. In anderen Situationen wird ein Trigger ohne Vorwarnung getroffen und man ist komplett überrumpelt. Das sorgt dafür, dass man nicht schnell genug schaltet und von der Emotion überschwemmt wird. Auch den Paaren, die viel geübt und mit ihren Triggern gearbeitet haben, passiert das noch. Zum Glück ist das kein Weltuntergang, wenn man weiß, wie man damit umgehen muss.

Schauen wir noch einmal bei Hannah und Timo vorbei. Beide sind sehr stolz auf die Fortschritte, die sie zusammen gemacht haben. Zu Recht! Seit einigen Wochen verbessert sich ihre Streitkultur. Für beide ist es immer noch eine gewisse Umstellung, ganz bewusst ihre Emotionen zu regulieren und offener zu kommunizieren, doch die Investition in ihre Beziehung zahlt sich aus. Sie spüren wieder eine größere Leichtigkeit, da sie nicht mehr Gefahr laufen, dass jedes Gespräch eskaliert. Hannah bemerkt, dass sie wieder gemeinsam mit ihrem Partner lacht und ihre alte

Lockerheit zurückerlangt hat. Timo freut sich, nach der Arbeit nach Hause zu kommen und Zeit mit seiner Freundin zu verbringen.

Doch dann kommt es plötzlich zum Streit. Als ich ihnen beim nächsten Therapietreffen die Tür öffne, merke ich sofort, dass etwas nicht stimmt. Timo wirkt in sich gekehrt und resigniert. Hannah sieht gefasster aus, doch auch sie scheint etwas mit sich herumzutragen.

Ich frage nach: »Wie geht es euch gerade? Wie ist es euch in letzter Zeit ergangen?«
Hannah: »Puh, vor zwei Stunden hätte ich noch gesagt, uns geht es super. Dass wir dranbleiben und immer besser darin werden, die andere Person zu verstehen. Aber jetzt kann ich das leider nicht mehr behaupten.« Hannah schaut zu ihrem Partner, der die Arme vor der Brust verschränkt hält.
Da Timo nichts sagt, hake ich nach: »Was ist denn passiert?«
Hannah: »Wir sind vorhin in einen Streit geraten. Der kam komplett aus dem Nichts. Ich habe ihn überhaupt nicht kommen sehen. Es ist nicht so, als wäre ich mit Wut oder Frust hierhergefahren. Überhaupt nicht! Ich habe mich eigentlich auf die Sitzung gefreut. Ich hatte das Gefühl, dass wir auf einem guten Weg sind.«
»Woran hat sich der Streit denn entzündet?«, erkundige ich mich bei Timo.
Timo: »Ich habe absolut keine Ahnung! Das war schon wieder so eine blöde Kleinigkeit.«
Ich: »Gut, dann werden wir das jetzt gemeinsam analysieren. Wie gut seid ihr darin, eure Streitigkeiten nachzubesprechen?«
Hannah: »Nicht so gut. Wir wissen, dass das eine gute Idee ist, aber umgesetzt haben wir sie noch nie.«
Ich: »Dann machen wir das jetzt. Wir reparieren, was kaputtgegangen ist. Dafür möchte ich euch bitten, dass ihr mir eine kurze Chronologie der Ereignisse gebt und jeweils den Punkt identifiziert, an dem ihr noch hättet eingreifen und etwas verändern können.«
Timo: »Wir haben uns ganz normal unterhalten. Dann ging es

plötzlich um unseren letzten Streit. Ich hatte keine Lust, schon wieder darüber zu sprechen, und habe das auch so klargemacht. Hannah ist daraufhin wütend geworden. Ich denke, das war die Stelle, an der das Gespräch gekippt ist.«

Hannah: »Aber ich wollte mich doch auch nicht über den Streit unterhalten! Ich möchte auch nach vorne blicken. Ich war total überrascht, dass das überhaupt aufgekommen ist. Dann sind irgendwie die Pferde mit mir durchgegangen. Ich hätte sofort bei diesem Überforderungsgefühl kommunizieren müssen, wie es mir geht.«

Ich: »Also wollte keiner von euch das Thema ansprechen. Ihr seid da in ein Missverständnis hineingeraten?«

Hannah: »Absolut. Das ging alles so schnell. In der einen Sekunde haben wir noch gelacht und in der nächsten war die Stimmung komplett am Boden.«

Ich: »Es kann schon mal passieren, dass man einen Streit nicht kommen sieht. Dennoch ist es wichtig, danach aufzuräumen. Sonst kann man nicht herausfinden, dass es ein Missverständnis war oder was genau den Trigger ausgelöst hat. Timo, du bist so still. Was denkst du?«

Timo: »Ich habe mich halt wieder nicht verstanden gefühlt. Hannah hat alles ausgepackt und meine Grenzen nicht respektiert. Das frustriert mich.«

Ich: »Das kann ich verstehen. Das trifft ja genau deine emotionale Wunde. Doch wenn wir versuchen, die Verletzung zu reparieren, ist es enorm wichtig, dass daraus nicht wieder ein Streit entsteht. Würdet ihr sagen, ihr seid wieder offen für die andere Person, oder spürt ihr noch die innere Anspannung in euch?«

Hannah: »Bei mir ist die Wut schon wieder abgeflaut. Ich bin ja schnell auf 180, komme aber auch genauso schnell wieder runter.«

Timo: »Hm, wenn ich ehrlich bin, steckt mir der Streit noch in den Knochen.«

Ich: »Ja, man sieht deine Abwehr bereits an der Körperhaltung. Möchtest du die Situation nutzen, um wieder auf Hannah zuzugehen?«

Timo: »Ja, schon. Aber es fällt mir gerade sehr schwer.«
Ich: »Welche Emotionsregulationstechnik könnte dir momentan helfen?«
Timo: »Vielleicht kurz vor die Tür zu gehen und tief durchzuatmen.«
Ich: »Dann machen wir das. Lasst uns eine kurze Pause einlegen und in fünf Minuten wieder zusammenkommen.«

Timo steht auf und geht nach draußen. Nach einigen Minuten kommt er zurück und setzt sich auf die Couch.
Ich: »Besser?«
Timo: »Ja, absolut. Ich fühle mich entspannter und offener.«
Ich: »Wunderbar, dann machen wir jetzt weiter mit dem Reparieren. Achtet darauf, dass ihr nicht nur die Schuld bei der anderen Person sucht, sondern auch selbst Verantwortung für eure Anteile übernehmt. Ihr wollt euch gegenseitig verzeihen. Dafür müsst ihr euch verbunden fühlen. Stellt zunächst Verständnis für die Perspektive der anderen Person her und kommuniziert dann euren Wunsch.«
Hannah: »Ich kann mir vorstellen, dass es für Timo immer wieder frustrierend ist, mit meinen Angriffen konfrontiert zu werden. Ich weiß es sogar. Wahrscheinlich hat ihm das Angst gemacht, zu sehen, wie die Situation so schnell eskaliert ist. Ich fand das auch wirklich erschreckend. Ich würde mir wünschen, dass er nach so einer Situation nicht so eiskalt zu mir ist. Ich habe versucht, wieder auf ihn zuzugehen, doch er hat mich ignoriert. Das tat weh.«
Timo schaut zu ihr rüber und nickt. »Ja, das stimmt. Ich habe mich wieder hinter meine Mauer zurückgezogen.« Nach einer Pause fährt er fort: »Hannah hat ja gerade gesagt, dass sie sehr überrascht war. Ich kann mir vorstellen, dass sie dann in einer Art Reflex in ihre Abwehrhaltung gegangen ist. Wahrscheinlich war das für sie genauso blöd wie für mich. Ich würde mir dennoch wünschen, dass sie mich nicht immer als ihren Gegner ansieht. Ich wollte ihr ja gar nichts Schlechtes. Ich bin doch auf ihrer Seite!«

Ich: »Wie fühlt ihr euch momentan?«
Timo: »Besser. Ich fühle mich auch wieder mehr verstanden. Die Mauer bröckelt.« Er lacht.
Hannah: »Das tut immer so gut, diese Worte zu hören. Das ist wie ein Aufatmen.«

Das Reparaturgespräch ist ein wichtiges Mittel, um schnell Probleme aufzuarbeiten und Streit hinter sich zu lassen. Es sollte immer dann zum Einsatz gelangen, wenn einer oder beide durch eine Situation verletzt wurden, sei es durch heftige Streits oder längere Phasen emotionaler Distanz.

Du erinnerst dich sicher noch an Elli und Francesca. Auch sie nutzen das Reparaturgespräch. Die beiden streiten sich zwar weniger, aber auch in ihrer Beziehung entstehen emotionale Verletzungen. Dann sprechen sie nur noch das Nötigste miteinander und versuchen, sich aus dem Weg zu gehen. Sie führen das Reparaturgespräch, um aus ihrem passiv-aggressiven Verhalten herauszukommen und mitzuteilen, was sie empfinden.

Hier geht es nicht primär darum, Inhalte zu klären. Es ist *nicht* relevant, herauszufinden, wer wann was gesagt hat. Hier geht es keinesfalls darum, zu klären, wer Schuld und wer recht hat. All das wird eure Verbindung nicht stärken, sondern nur zu noch mehr Distanz führen. Stattdessen sollte das Reparaturgespräch euer Team-Gefühl festigen. Ihr schaut gemeinsam auf das Problem und macht nicht einander zum Problem. Falls dieses klärende Gespräch ausbleibt, wird meistens das negative Bild der anderen Person verstärkt. Man entfernt sich noch ein Stückchen weiter voneinander und verpasst die Chance, wieder mehr Vertrauen herzustellen.

Was kaputtgegangen ist, muss repariert werden!

Ich lege dir sehr ans Herz, diese Technik auszuprobieren. Sie ist in meinen Augen eine der wichtigsten Komponenten, um wieder zueinander zu finden und euch schneller aus der negativen Stimmung herauszuholen. Viele Paare reparieren ihre Streitigkeiten nicht, sondern machen einfach so weiter in ihrem Alltag. Oft sind die alten Verletzungen noch gar nicht richtig verheilt, da kommen schon die nächsten. Leider werden die Abstände zwischen den verletzenden Situationen typischerweise immer kürzer. *Denn Konflikte ziehen mehr Konflikte nach sich.*

Das sieht dann in der Regel so aus:

Wenn ich verletzt werde, bin ich das nächste Mal noch schneller aktiviert und auf der Hut. Dann interpretiere ich das Gesagte negativer und begebe mich in den Schutzmodus. Je früher das geschieht und je früher ich dann mein Gegenüber verbal angreife, desto rascher entstehen noch mehr Streitigkeiten und Verletzungen. Das wiederum erhöht das Gefühl, jederzeit und quasi ohne Vorwarnung in einen Streit verwickelt werden zu können. Je häufiger diese Abläufe passieren, desto misstrauischer werde ich. Wir können diesen Teufelskreis nur verhindern, indem wir sofort reparieren, was kaputtgegangen ist.

Du fragst dich vielleicht, wie genau du ein solches Reparaturgespräch führen kannst? Auf den folgenden Seiten beschreibe ich sechs Schritte für einen gelungenen Ablauf:

Schritt 1: *Reguliere deine Gefühle und reflektiere die Situation für dich allein*

Sagen wir, ihr habt euch gerade gestritten. Du bist noch voller Adrenalin und total genervt. In diesem Zustand wirst du deinem Gegenüber kein ehrliches Verständnis entgegenbringen können. Du solltest dich also zunächst einmal bemühen, aus deinem Bewältigungsmodus herauszukommen. Nutze dazu deine Emotionsregulationstechniken. Schüttele die Anspannung aus deinem Körper. Geh spazieren, hör deine Lieblingsmusik oder koch dir einen entspannenden Tee.

Nachdem der Druck aus deinem Körper gewichen ist, kannst du dir folgende Reflexionsfragen stellen:

- Was hat mich verletzt?
- Welches Beziehungsthema / welcher Trigger wurde getroffen?
- Was sollte ich jetzt kommunizieren, damit die andere Person mich besser verstehen kann?

Wichtig ist, dass du *nicht* mit den aufgestauten Gefühlen zurück ins Gespräch gehst. Denn dann würdet ihr euch sicherlich wieder streiten. Du solltest dir sicher sein, dass deine innere Anspannung die Kommunikation nicht untergraben wird. Ein guter Test, um herauszufinden, ob du wirklich offen bist, ist folgende Frage:

Könnte ich die Sichtweise meines Partners / meiner Partnerin akzeptieren? Bin ich bereit, die andere Perspektive wirklich in mein Herz zu lassen?

Wenn die Antwort Ja lautet, kannst du zum nächsten Schritt übergehen. Falls du die Frage verneinst, sind deine Gefühle wahrscheinlich noch nicht ausreichend reguliert.

Schritt 2: *Macht einen konkreten Zeitpunkt aus*

Verabredet einen Termin für das Reparaturgespräch. Bis dahin sollte jeder Zeit haben, den ersten Schritt in Ruhe zu durchlaufen. Schiebt den Termin nicht zu lange auf. Eure Verbindung wiederherzustellen, sollte absolute Priorität haben.

Schritt 3: *Überlegt gemeinsam, was passiert ist*

Versucht zu klären, was schiefgelaufen ist. Sind die Emotionen hochgekocht? Habt ihr euch missverstanden? Habt ihr die Situation falsch eingeschätzt? Seid ihr in die Falle eurer Trigger getappt? Versucht hier ein *gemeinsames Narrativ* zu finden. Die meisten Paare wissen genau, was schiefgegangen ist – beim anderen.

Ein gemeinsames Narrativ wäre zum Beispiel folgendes: Timo und Hannah haben nicht schnell genug realisiert, dass ihnen die Situation entglitten ist, und ließen sich von einem Missverständnis überrumpeln. So sind beide in ihr altes Muster zurückgefallen. Hannah hat Timo angegriffen und Timo hat sich zurückgezogen. Das ist eine gemeinsame Erklärung.

Was uns beim Reparieren hingegen nicht weiterbringt, sind *Schuldzuweisungen*. Wenn zum Beispiel Timo sagt »Hannah ist unnötigerweise ausgerastet« oder Hannah die Schuld bei ihrem Freund sieht: »Timo war unsensibel und hat mich getriggert«.

Gegenseitige Schuldzuweisungen reparieren gar nichts. Sie bestärken letztlich nur das Gegner-Gefühl. Versucht also lieber, von außen auf euch zu schauen. Wie würde ein unbeteiligter Dritter die Situation bewerten?

Wichtig: Das bedeutet natürlich nicht, dass man nicht sauer auf die andere Person sein darf. Es ist essenziell, die eigenen Gefühle auszudrücken und Grenzen klarzustellen. Aber wenn wir in den Schuldzuweisungen stecken bleiben, wird nichts geklärt. Das kann ich dir garantieren. Wenn ihr wieder zusammenfinden wollt, kommt ihr nicht darum herum, offen füreinander zu sein. Aufgeschlossenheit für die Perspektive des anderen und die Kommunikation der eigenen Grenzen schließen sich dabei nicht aus. Unter Schritt 5 habe ich einige Beispiele dafür aufgeführt.

Schritt 4: *Findet den Kipppunkt des Gesprächs*

Nachdem ihr grob überlegt habt, was passiert ist, versucht nun den genauen Kipppunkt des Gesprächs zu bestimmen. An welcher Stelle ist aus einer normalen Unterhaltung ein Streitgespräch geworden? Diese Analyse wird euch helfen, das nächste Mal schneller zu reagieren. Versucht, euch dabei an das Knirschgefühl zu erinnern und zu überlegen, wann der innere Druck angewachsen ist. Besonders spannend wird dabei die Erkenntnis sein, welche Warnsignale ihr überhört habt.

Hannah: »Als Timo wieder von dem letzten Streit angefangen hat, habe ich mich vor den Kopf gestoßen gefühlt. Mein Körper hat mir das sofort signalisiert. Ich will nächstes Mal besser darauf hören, wenn die Hitze in mir aufsteigt, denn da hätte ich noch reagieren können.«

Timo: »Als ich Hannahs Gesichtsausdruck gesehen habe, bin ich innerlich verkrampft. Alles in mir hat auf Abwehr geschaltet. Mein Körper wird dann ganz starr und mein Herz rast. Das habe ich nicht schnell genug einordnen können.«

Schritt 5: *Baut Verständnis füreinander auf: Was ist wohl bei dem anderen passiert?*

Als Erstes versucht ihr, Verständnis für die andere Person aufzubauen, erst *danach* sprecht ihr über eure eigene Perspektive. Das ist sehr wichtig, um auch weiterhin offen füreinander zu bleiben und eure Probleme lösen zu können. Nutze hierfür die Informationen, die du schon von deinem Gegenüber erhalten hast. Welche sind die Trigger der anderen Person? Bei welchen Themen reagiert sie sensibel? Wo sitzt ihre emotionale Wunde?

Verständnis zu kommunizieren, ist manchmal gar nicht so leicht. Damit du dich darin üben kannst, schauen wir uns nun verschiedene Arten der Kommunikation an. Lies dir dafür einmal diese beiden Beispiele durch. Bei welchem Gesprächsverlauf würdest du offener für dein Gegenüber bleiben?

1. »Ich kann deine Seite verstehen. Es hat sich für dich sicher so angefühlt, als würde ich dir eins auswischen wollen. Das muss verletzend gewesen sein. Tatsächlich war das aber nie meine Absicht. Ich war in meinem Schutzmodus und habe verbal um mich geschlagen. Ich wollte eigentlich nur klarstellen, was mir nicht gepasst hat.«
2. »Das war nie meine Absicht. Ich war im Schutzmodus und habe verbal um mich geschlagen. Ich wollte eigentlich nur klarstellen, was mir nicht gepasst hat. Es hat sich für dich sicher so angefühlt, als würde ich dir eins auswischen wollen.«

Für viele Menschen würde sich das zweite Beispiel wie eine Rechtfertigung anhören. Wenn solche Sätze in der Paartherapie gesagt werden, sehe ich in der Regel Folgendes: Für die meisten ist beim zweiten Satz schon Schluss. Sie hören den Rest gar nicht mehr, weil sie nicht darin vorkommen. Sie schalten innerlich ab und reagieren ihrerseits mit einer Rechtfertigung.

Nach einem Streit suchen wir nach Signalen, dass die andere Person uns versteht. Wenn wir mit der Darstellung unserer Perspektive beginnen, kann das für die zuhörende Person schnell bedeuten, dass man kein Verständnis für sie hat.

Beginne darum mit einer »Ich verstehe dich«-Aussage. Vermeide »Aber«-Sätze, denn sie können die Sichtweise des anderen abwerten. Versuche, das Vorgefallene nicht einfach zügig abzuhandeln, sondern dich wirklich in die andere Person hineinzuversetzen und ihrer Betrachtungsweise Raum zu geben.

Auch für diesen Aspekt habe ich hier zwei Beispiele für dich aufgeführt. Bei welchem würdest du dich mehr verstanden fühlen?

1. »Ich verstehe deine Sichtweise. Aber du musst auch bedenken, was das mit mir gemacht hat. Ich hatte das Gefühl, als würdest du mich kleinreden und nicht zu Wort kommen lassen wollen. Für mich war das echt hart, immer wieder mit der gleichen Situation konfrontiert zu werden. Ich habe mich überhaupt nicht gesehen gefühlt.«
2. »Ich verstehe deine Sichtweise. Wahrscheinlich warst du genauso verletzt wie ich. Ich weiß ja, wie unangenehm das für dich ist, wenn ich so abweisend bin. Vielleicht hat mein Verhalten sogar einen Trigger bei dir ausgelöst. Für mich war es auch eine sehr schwierige Situation. Ich habe mich wieder nicht gesehen gefühlt. Ich hatte das Gefühl, einfach nicht zu Wort zu kommen.«

Was fällt dir beim Vergleich dieser Beispiele auf? Beim zweiten bekommt die Sichtweise der anderen Person viel mehr Raum. Man merkt, dass die sprechende Person ernsthaft versucht, sich in die andere hineinzuversetzen. Das »Ich verstehe dich« ist hier keine bloße Floskel, sondern ernst gemeint.

Schritt 6: *Kommuniziert eure Sichtweise und Wünsche für die Zukunft*

Im letzten Schritt hast du nun Raum, deine Perspektive zu verdeutlichen. Wichtig ist hierbei, dass du konkret wirst: Was genau hat dich verletzt? Welcher Trigger wurde getroffen? Was muss sich in der Zukunft ändern? Je mehr Informationen du der anderen Person gibst, desto mehr Verständnis kann sie für dich aufbringen. Hierfür benötigst du das Wissen aus Schritt 1.

So kann es aussehen, wenn man seine Perspektive veranschaulicht:

- »Als wir über X gesprochen haben, habe ich mich nicht mehr verstanden gefühlt. Mir schien es, als würdest du meine Sichtweise runtermachen. Ich wünsche mir, dass wir auch in Streitsituationen respektvoll miteinander umgehen und es nicht zulassen, dass wir an diesen Punkt geraten. Dafür ist mir unsere Beziehung einfach zu wichtig.«
- »Mich hat es sehr verletzt, als du XY gesagt hast. Das ging direkt ins Herz. Ab dem Zeitpunkt konnte ich nicht mehr klar denken. War dir das nicht bewusst, wie sich das für mich anfühlt? Dann sollten wir noch einmal darüber sprechen.«
- »Für mich war das wieder so eine Situation, in der ich eigentlich deine Unterstützung gebraucht hätte. Ich habe mich wieder allein gefühlt. Ich denke, wir müssen die Aufgaben im Haushalt neu verteilen. Denn so, wie es aktuell läuft, funktioniert es für mich nicht.«

Vielleicht hast du an dieser Stelle Sorge, dass das Reparaturgespräch zu kompliziert ist und ihr Schwierigkeiten damit haben könntet. Ich bin mir durchaus bewusst, dass jeder der sechs Schritte mit Herausforderungen verbunden ist.

Das zuvor Dargestellte ist ein idealer Verlauf. Das bedeutet natürlich nicht, dass es immer so ablaufen muss, damit ihr Gewinn daraus zieht. Wenn euch das eine Nummer zu groß sein sollte, versucht es zunächst einmal mit der »Light-Version«:

1. Setzt euch nach einem Streit zusammen.
2. Versucht, die Perspektive der anderen Person zu verstehen und diese auch verbal auszudrücken.
3. Kommuniziert eure Gefühle und Wünsche.

Wenn das geschieht, seid ihr schon auf einem sehr guten Weg. Je öfter ihr das Reparaturgespräch übt, desto mehr Details und Feinheiten könnt ihr aus der oben aufgeführten Anleitung übernehmen. Wichtig ist, dass dieses Gespräch überhaupt stattfindet und Verletzungen nicht stillschweigend unter den Teppich gekehrt werden.

Doch Achtung! Versucht nicht, dieses Gespräch zu führen, wenn ihr beide noch emotional aktiviert seid. Das geht nicht gut! Jeder hat die Verantwortung, sich vorher wieder zu beruhigen und das gemeinsame Ziel nicht aus den Augen zu verlieren. Nutzt nach Streitigkeiten das Reparaturgespräch, um wieder zusammenzufinden und emotionale Wunden zu heilen. Verfahrt nach diesen sechs Schritten:

1. Reguliert eure Gefühle und reflektiert die Situation zunächst für euch allein.
2. Macht einen Zeitpunkt für das Reparaturgespräch aus.
3. Überlegt gemeinsam, was passiert ist.
4. Findet den Kipppunkt des Gesprächs heraus.
5. Baut Verständnis füreinander auf: Was ist wohl bei dem anderen passiert?
6. Kommuniziert eure Sichtweise und Wünsche für die Zukunft.

Wenn das für den Anfang zu viel ist, konzentriert euch darauf, Verständnis für die andere Person aufzubringen und erst danach eure Wünsche zu kommunizieren.

Zusammenfassung

Wir können nicht nur in akuten Momenten etwas dafür tun, gelassener und weniger triggernd zu kommunizieren. Auch vorher und nachher haben wir die Möglichkeit, die Situation zum Positiven zu wenden. Die folgenden drei Absätze zeigen auf einen Blick, welche Möglichkeiten ihr habt, Kommunikation gelingen zu lassen.

Vor dem Streit

- Reflexionsfragen
- Tagebuch führen
- »Trigger-Plan« durchgehen
- Regelmäßig austauschen

Während des Streits

- VOR-Kommunikation
- Knirschgefühl kommunizieren
- Pausen einlegen
- Emotionsregulationsstrategien

Nach dem Streit

- Emotionsregulationsstrategien
- »Trigger-Plan« durchgehen
- Reparaturgespräch
- VOR-Kommunikation

Im nächsten Kapitel schauen wir uns verschiedene Paare an, die es geschafft haben, aus dem Teufelskreis einer negativen, verletzungsreichen Kommunikation auszubrechen und stattdessen einen positiven Zyklus der Wertschätzung und des Verständnisses füreinander aufgebaut haben. Wenn du einen Motivationsschub brauchst oder dich fragst, worauf du dich fokussieren solltest, lese einfach die nächsten Seiten.

KAPITEL 12: DER POSITIVE KREISLAUF

Du kannst wirklich stolz auf dich sein. Du bist fast am Ende des Buches angelangt und immer noch motiviert, mehr zu lernen. Das zeigt, dass du ein echtes Interesse daran hast, deine Beziehungen zu verändern, und dich nicht scheust, bei dir selbst anzufangen. Das kann nicht jeder von sich behaupten!

Wenn du jetzt den ersten Aufwind der Veränderung spürst, weißt du, dass du auf dem richtigen Weg bist. Ihr habt euch aus negativen Mustern herausgekämpft und könnt nun den Übergang in einen positiven Kreislauf schaffen. In diesem Kapitel schauen wir uns an, wie genau dieser Übergang gelingen und wie man im Loop der positiven Gefühle bleiben kann.

Hannah und Timo kommen gut gelaunt zu einer ihrer letzten Sitzungen in meine Praxis. Mir fällt auf, dass sie nah beieinander sitzen und nicht an entgegengesetzten Enden der Couch Platz genommen haben. Ein gutes Zeichen.

Ich: »Ihr strahlt ja beide! Ich schätze, die letzte Zeit hat euch gutgetan?«

Timo: »Absolut. Wir hatten viele gute Gespräche. Ich habe das Gefühl, dass wir wirklich immer besser darin werden, uns zu öffnen und konstruktiv zu diskutieren.«

Hannah: »Das kann ich nur bestätigen! Wir wenden viele der Techniken immer noch regelmäßig an. Wir haben zwischendurch mal versucht, darauf zu verzichten, haben es uns dann aber schnell wieder anders überlegt.« Beide lachen.
Ich: »Das freut mich! Was war denn besonders positiv?«
Timo: »Wir unternehmen wieder mehr gemeinsam. Bei den Planungen habe ich zum ersten Mal seit Langem wieder das Gefühl, dass Hannah meine Meinung interessiert. Das war wie Balsam für mich.«
Ich: »Das Bedürfnis, nicht übergangen, sondern gehört zu werden, wurde also erfüllt? Sehr gut. Es ist wichtig, dass ihr nachholt, was so lange auf der Strecke geblieben ist. Was hat noch gutgetan?«
Hannah: »Zu sehen, wie engagiert Timo geworden ist. Er entlastet mich und hört aufmerksam zu, wenn ich von der Arbeit erzähle. Das bedient wiederum mein verletztes Bedürfnis, unterstützt zu werden. Was uns allerdings noch fehlt, ist ein fester Zeitpunkt für unsere regelmäßigen Gespräche. Bislang führen wir die eher spontan. Ich habe Sorge, dass wir wieder in den alten Trott verfallen und weniger kommunizieren, falls wir keinen festen Platz dafür einplanen.«
Ich: »Bei welcher Gelegenheit konnten denn früher tiefgreifende Gespräche ganz natürlich entstehen?«
Timo: »Am Anfang unserer Beziehung gingen wir häufig mit dem Hund meiner Eltern spazieren. Da haben wir uns sehr intensiv kennengelernt.«
Ich: »Und wann habt ihr in der Woche Zeit und genug Kraft für Gespräche?«
Hannah: »Eigentlich nur am Wochenende. Ich habe aber gemerkt, dass ich abends dafür meistens zu müde bin. Es sollte also morgens oder mittags sein.«
Ich: »Dann ist das doch eine gute Idee! Samstag- oder sonntagmorgens eine Runde spazieren zu gehen. Die Nähe, die ihr dabei herstellt, wird euch sicherlich den Rest des Wochenendes versüßen. Jedes Paar sollte Ressourcen haben, auf die es immer wieder

zurückgreifen kann. Aktivitäten, die uns verbinden, oder Hobbys, die wir teilen. Manchmal vergisst man, wie gut diese Dinge für die Beziehung sind, oder hat nur wenig Zeit, um ihnen nachzugehen. Doch gerade dann ist es essenziell, dass man die alltäglichen Kontaktpunkte nicht verliert.«

Timo: »Ja, wir hatten eine Phase, da gab es überhaupt keinen dieser Bezugspunkte mehr. Entweder haben wir gestritten oder uns darauf beschränkt, den Alltag zu managen. Jedenfalls haben wir uns nicht bewusst Zeit füreinander genommen.«

Ich: »Ich denke, dass ihr bald den Ausbruch aus diesem Teufelskreis hinein in einen positiven Kreislauf schaffen werdet. Jetzt ist es wichtig, dass ihr euch bewusst macht, was gut für euch funktioniert. So könnt ihr immer wieder auf das Sicherheitsnetz aus Techniken zurückgreifen, falls ihr mal aus dem Tritt geraten seid. Was würdet ihr euch selbst denn raten, sollte es in Zukunft noch einmal schwere Zeiten geben? Wie könntet ihr den Absprung aus den ungesunden Mustern schaffen?«

Timo: »Ich würde bei mir selbst anfangen und mir mehr Zeit zum Reflektieren nehmen. Aktuell schreibe ich meine Gedanken sehr gerne auf. Natürlich ist das ein bisschen aufwendig. Wenn ich es mal schleifen lassen sollte, muss ich mich daran erinnern, wie gut es mir tut. Vielleicht kann ich dann die Erinnerung an das erste Erfolgserlebnis, das ein besonders gelungenes Gespräch mit Hannah für mich bedeutet hatte, wieder in mir hervorholen. Damals war es wirklich Gold wert, mir vorher Gedanken gemacht und mich vorbereitet zu haben.«

Ich: »Das klingt doch sehr gut! Du möchtest also darauf zurückkommen, deine Gedanken aufzuschreiben und dich auf das Gespräch vorzubereiten. Noch etwas anderes, was euch positiv beeinflusst hat?«

Timo: »Die ›Sprechen und spiegeln‹-Übung. Die klaren Regeln haben es mir leichter gemacht, mich zu öffnen. Das klingt jetzt vielleicht blöd, aber so wusste ich, dass Hannah mich nicht sofort angreifen würde.« Timo schaut grinsend zu Hannah hinüber, die amüsiert den Kopf schüttelt.

Ich: »Und bei dir, Hannah?«

Hannah: »Für mich persönlich sind die akuten Emotionsregulationsstrategien wirklich hilfreich. Ich habe mit einigen experimentiert und kenne mich jetzt selbst so gut, dass ich weiß, was mir wann hilft. Ich habe sie aufgeschrieben und an den Kühlschrank gepinnt. So denke ich häufiger daran, sie auch einzusetzen. Ich habe auch angefangen zu meditieren. Das lässt mich innerlich ausgeglichener werden. Für eine bessere Dynamik erinnere ich mich immer wieder daran, auch Timos Perspektive einzunehmen und zu verstehen. Das macht einen großen Unterschied aus.«

Ich: »Du hast also einige Techniken, um besser mit Stress und aufkommenden Emotionen umzugehen. Wunderbar. Behalte dir diesen Zugang zu deinem Partner, damit ihr auch in Zukunft immer wieder Verständnis füreinander aufbauen könnt.«

Jedes Paar hat Ressourcen – also etwas, was Kraft gibt und miteinander verbindet. Dies erneut zu aktivieren und somit in die Beziehung zu investieren, wird euch in einem Kreislauf aus positiven Gefühlen halten. Des Weiteren ist es wichtig, dass ihr nicht aufhört, über eure negativen Gefühle und Probleme zu reden. Diese dürfen sich nicht wieder aufstauen. Auch dafür solltet ihr einige Strategien fest in eure Routinen einplanen, die dann bewirken, dass ihr euch auch in schwierigen Situationen nicht aus den Augen verliert und Missverständnisse schnell behoben werden können.

Schauen wir uns den Übergang vom negativen zum positiven Kreislauf noch einmal genauer an. Dazu betrachten wir verschiedene Paare, die es geschafft haben, aus dem Teufelskreis auszubrechen, und stattdessen einen positiven Zyklus der Wertschätzung und des Verständnisses füreinander aufgebaut haben. Jedes Paar agiert hier natürlich sehr individuell. Überlege beim Lesen der Beispiele gern, was du davon für deine Beziehung mitnehmen möchtest.

HANNAH UND TIMO

Negativer Kreislauf

In der Beziehung von Hannah und Timo ist ein Muster entstanden, das durch eine Reihe von Missverständnissen und ungelösten Konflikten gekennzeichnet ist. Hannah, die sich nicht ausreichend von Timo unterstützt glaubt, reagiert auf Verletzungen, indem sie wütend und kritisierend wird. Das sorgt dafür, dass Timo sich bevormundet und kleingemacht fühlt.

Je stärker Hannah Timo angreift, desto mehr geht er in die Defensive. Er fühlt sich von Hannah missverstanden und ignoriert, was ihn dazu veranlasst, sich in der Beziehung immer weiter abzukapseln. Dieses Verhalten verstärkt Hannahs Gefühl, ungeliebt und nicht verstanden zu sein, was wiederum ihre Frustration erhöht.

Die zunehmende Distanz zwischen den beiden führt dazu, dass Hannah immer schneller wütend wird. Sie sehnt sich nach Nähe und Unterstützung vonseiten Timos, findet jedoch immer weniger Verständnis und Empathie. Timo hingegen fühlt sich in der Partnerschaft unsicher, fast unsichtbar. Für ihn scheint es so, als hätte er keine Möglichkeit, seine Gedanken oder Gefühle zu äußern, ohne sofort auf Kritik zu stoßen.

Dieses Muster der Verletzungen und problematischen Verhaltensweisen führt zu einem Teufelskreis, in dem beide Parteien sich zunehmend isoliert und unverstanden finden. Hannah vermisst die Nähe und Unterstützung von Timo, während Timo das Gefühl hat, dass seine Anwesenheit und seine Meinungen nicht mehr geschätzt werden.

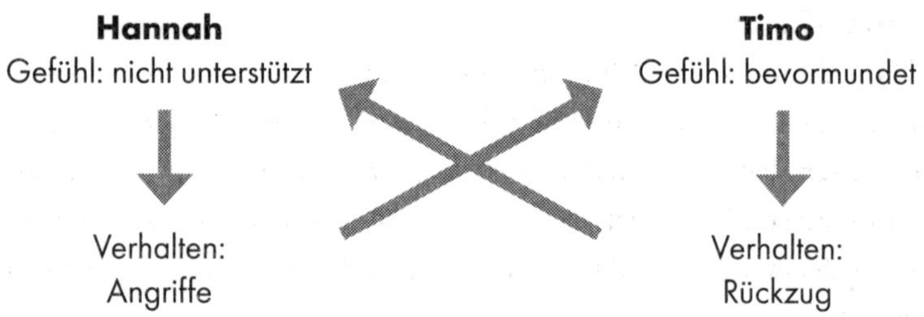

Der Absprung

Nachdem Hannah besser verstanden hat, warum Timo sich zurückzieht, beginnt sie, ihre eigenen Emotionen mehr und mehr zu regulieren. Sie reflektiert ihre Handlungen und erkennt, wie ihre früheren Reaktionen dazu beigetragen haben, Timo in die Defensive zu drängen. Indem sie ihre Gefühle besser kontrolliert und sich bewusster ausdrückt, fühlt sich Timo weniger unter Beschuss, und es fällt ihm leichter, sich ebenfalls zu öffnen.

Timo schätzt Hannahs Veränderung und beginnt, sich in ihrer Gegenwart wieder wohlzufühlen. Er weiß nun, wie wichtig es ist, ihr auch seine emotionale Seite zu zeigen. Also teilt er mehr von seinen Gedanken und Gefühlen, was dazu führt, dass Hannah sich wieder mit ihm verbunden fühlt. Die gesteigerte Offenheit in ihrer Beziehung schafft Raum für ehrliche Kommunikation.

Hannah beginnt klarer zu artikulieren, welche Bedürfnisse sie hat, und Timo ist seinerseits bereit, auf diese einzugehen. Durch gegenseitiges Verständnis und Rücksichtnahme kommt es zu weniger Streitigkeiten und Konflikten zwischen den beiden. Sie lernen, aufeinander zuzugehen und Kompromisse zu schließen, um die Bedürfnisse des anderen zu verstehen und zu erfüllen.

Dieses gestärkte Verständnis füreinander hat zur Folge, dass sie sich wieder näherkommen. Sie entwickeln den Wunsch, gemeinsam schöne Dinge zu unternehmen. Die positive Veränderung in ihrer Beziehung ermöglicht es ihnen, die Freude am Miteinander wiederzuentdecken und ihre Bindung zu vertiefen.

Positiver Kreislauf

Hannah und Timo halten die positiven Gefühle aufrecht, indem sie sich ganz aktiv füreinander Zeit nehmen und an ihren jeweiligen Anteilen arbeiten. Jeden Samstagmorgen gehen sie zusammen spazieren. Beide priorisieren diese Ausflüge. Sie wissen, dass genau das die Momente sind, in denen sie Konflikten vorbeugen und wieder zueinanderfinden können.

Timo hat sich angewöhnt, Tagebuch zu führen, um besser wahrzunehmen, was in ihm geschieht. So weiß er, was er kommunizieren möchte. Er arbeitet an seiner Konfliktscheu, und Hannah unterstützt ihn dabei, indem sie ihn motiviert und verständnisvoll reagiert. Timo fällt es dadurch leichter, Hannah zu unterstützen und für sie da zu sein.

Hannah treibt wieder mehr Sport, da sie hier den aufgestauten Stress von der Arbeit schnell loswerden kann. So trägt sie weniger davon in ihre Beziehung. Hier und da wird sie noch laut, doch sie kann sich auch rasch wieder beruhigen. Sie fragt häufiger nach Timos Perspektive und hört ihm zu. So gelangt immer mehr Leichtigkeit in ihre Beziehung, und eine offene und gelassenere Kommunikation wird zum festen Bestandteil ihrer Dynamik.

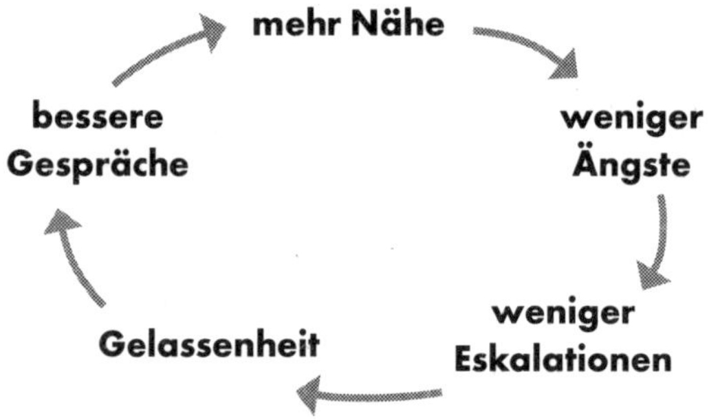

ELLI UND FRANCESCA

Negativer Kreislauf

Francesca fehlen in ihrer Beziehung Freiheit und Abenteuer. Sie sehnt sich nach mehr Unabhängigkeit und beschließt, vermehrt Aktivitäten allein zu unternehmen, um diesem Bedürfnis nachzukommen.

Ihre Partnerin Elli wird durch dieses Verhalten sehr verletzt. Ihre Verlustangst meldet sich. Die Vorstellung, Francesca zu verlieren, löst bei ihr große Sorgen aus. In ihrem Versuch, diese Befürchtung einzudämmen, beginnt sie zu klammern und mehr Aufmerksamkeit einzufordern.

Francesca fühlt sich durch Ellis Verhalten eingeengt und in ihrem eigenen Raum beschränkt. Als Reaktion darauf schießt sie mit spitzen Bemerkungen zurück, was Ellis Ängste bezüglich einer möglichen Trennung nur noch verstärkt.

Sie sind in einem Nähe-Distanz-Dilemma gefangen. Beide Frauen fühlen sich nicht verstanden und haben das Gefühl, dass ihre jeweiligen Bedürfnisse auf der Strecke bleiben.

Der Absprung

Nachdem Francesca und Elli ein langes Verständnisgespräch hatten, beginnt sich etwas zu verändern. Francesca beginnt zu erkennen, was in Elli vorgeht, und entwickelt ein tieferes Verständnis für ihre Gefühle und Bedürfnisse, was zur Folge hat, dass sie einfühlsamer auf Ellis Handlungen und Äußerungen reagiert. Das Gefühl, von Francesca besser verstanden zu werden, gibt Elli eine größere Sicherheit.

Francescas verständnisvolle Reaktion ermutigt sie, klarer über ihre eigenen Wünsche und Bedürfnisse zu sprechen. Sie traut sich, ihre Erwartungen und Vorstellungen im Hinblick auf die Beziehung auszudrücken, ohne ihre Partnerin vollkommen einzuengen.

Francesca bemerkt und schätzt Ellis Bemühungen, ihre Wünsche klarer zu kommunizieren. Nach Streitigkeiten oder Unstimmigkeiten geht Francesca wieder auf sie zu, um die Verbindung zwischen ihnen zu stärken. Dieses Verhalten zeigt Elli, dass sie ihr gegenüber offen und bereit ist, gemeinsam Lösungen zu finden.

Durch ihr gegenseitiges Verständnis, die klare Kommunikation und den Willen zur Annäherung nach Konflikten bauen beide in ihrer Beziehung wieder mehr Sicherheit auf.

Der Rückfall

Auch wenn man es schafft, aus negativen Mustern auszubrechen, kann es passieren, dass man erneut ins Straucheln gerät. Beide spüren gerade den ersten Aufwind der Veränderung in ihrer Beziehung, als Ellis Mutter erkrankt. Plötzlich ist die Verlustangst und Überforderung wieder da und die alten Muster treten wieder in den Vordergrund. Die beiden Frauen streiten sich vermehrt über Kleinigkeiten. Doch als Francesca mit einer guten Freundin über die Situation spricht, wird ihr klar, dass Elli sie momentan mehr denn je braucht. Sie zeigt ihrer Partnerin, dass sie sich auf sie verlassen kann. So schaffen sie es, wieder zusammenzurücken und füreinander da zu sein.

Positiver Kreislauf

In den kommenden Monaten ergreift Elli häufiger die Initiative und plant bewusst gemeinsame Aktivitäten. Ihr Engagement zeigt Francesca, dass Elli ihre Bedürfnisse wichtig sind und sie sie ernst nimmt. Elli wird im Zuge dessen immer selbstbewusster. Sie spürt, dass Francesca anders auf sie reagiert und von ihrer Initiative begeistert ist. Diese Erfahrung lässt Elli mutiger und unabhängiger werden.

Die neuen gemeinsamen Erfahrungen stärken ihre Bindung und bringen sie näher zusammen. Um die Beziehung ausgewogen zu gestalten, planen beide abwechselnd ihre Aktivitäten. Dieser Wechsel ermöglicht es ihnen, sich gegenseitig zu überraschen, und fördert ein Gefühl der Gleichberechtigung. Beide finden Spaß und Erfüllung in ihren gemeinsamen Aktivitäten. Das geht so weit, dass sie nun zusammen eine längere Reise planen.

Beiden ist außerdem bewusst geworden, dass sie sich mehr um sich selbst kümmern müssen. Elli fühlt sich besser, wenn sie regelmäßig ihren Hobbys nachgeht. Das gibt ihr Selbstvertrauen und hilft ihr, Probleme zu verarbeiten. Für Francesca ist es besonders wichtig, dass sie Zeit für sich allein hat. In diesen Momenten kann sie sich regenerieren und ganz bei sich sein. Beide achten nun verstärkt darauf, dass sie ihre eigenen Ressourcen aufladen, um dann auch wieder mehr Energie in die Beziehung geben zu können.

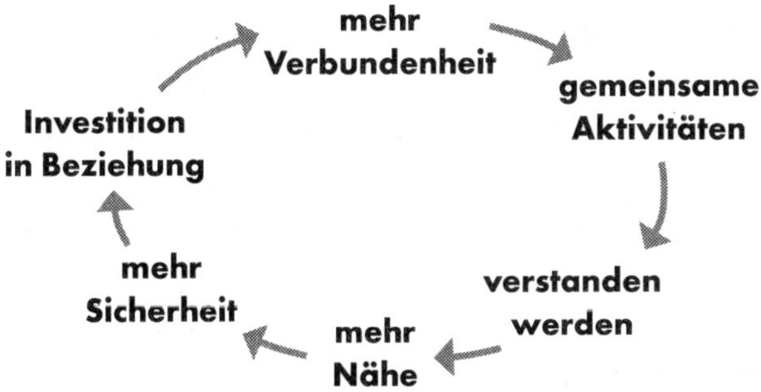

ANTONIA UND YASIN

Negativer Kreislauf

Yasin investiert viel Zeit und Leidenschaft in seine Arbeit, sodass er oft nur noch wenig Elan hat, auf die Wünsche seiner Partnerin einzugehen. Antonia bekommt dadurch das Gefühl, dass ihm alles andere wichtiger ist als die gemeinsame Zeit. Je gestresster Yasin ist, desto mehr kreisen seine Gedanken um die Arbeit. Antonia erhält dann kaum noch Aufmerksamkeit von ihm und fühlt sich links liegen gelassen.

Diese Frustration verändert Antonias Verhalten. Sie reagiert schon bei Kleinigkeiten mit schnippischen Kommentaren, die Yasin verletzen und dazu führen, dass er sich emotional zurückzieht. Durch Yasins Rückzug verstärkt sich Antonias Gefühl, nicht wichtig in seinem Leben zu sein.

Infolgedessen verhält sich Antonia passiv-aggressiv, weil sie zwar verletzt ist, aber diese Verletzung nicht offen ausdrücken kann. Dieses Verhalten verärgert Yasin zusätzlich, da er Antonias Sticheleien als Angriff begreift.

Die Spannungen und der Ärger zwischen ihnen führen dazu, dass Yasin sich noch mehr auf seine Arbeit konzentriert, um dem Konflikt zu entkommen. Er erkennt seine Partnerschaft nicht wieder, weiß aber auch nicht, was sich ändern muss.

Der Absprung

Nach einer besonders langen emotionalen Durststrecke reicht es Antonia endgültig. Sie beschäftigt sich mit dem Thema Kommunikation und übt, ihre Bedürfnisse in Worte zu fassen. Sie teilt ihm mit, wie sie sich fühlt und dass sie größere emotionale Verbundenheit und Nähe braucht. Yasin nimmt sich Zeit, ihre Gefühle zu verstehen und hinter ihre Wut zu blicken, um die tiefer liegenden Verletzungen zu erkennen.

Dadurch, dass Yasin die Ursache für Antonias Wut erkennt und ihre dahinter verborgenen Bedürfnisse versteht, wird er verständnisvoller und einfühlsamer. Er reagiert sensibel auf ihre Gefühle und signalisiert ihr, dass er ihre Bedürfnisse ernst nimmt. Antonia registriert diese veränderte Reaktion ihres Partners und fühlt sich dadurch wertgeschätzt und wichtig für ihn.

Das Gefühl, dass Yasin sie versteht und sich um sie kümmert, gibt Antonia die Sicherheit, ihm mehr von ihrer Liebe und Zuneigung zu offenbaren. Sie ist bereit, offener und liebevoller in ihrer Kommunikation und in ihren Handlungen zu sein, um Yasin zu zeigen, wie viel er ihr bedeutet.

Das gegenseitige Verständnis, die sensible Reaktion von Yasin und die vermehrte Wertschätzung durch Antonia führen zu einer stärkeren emotionalen Verbindung zwischen den beiden. Diese neue Dynamik in ihrer Beziehung ermöglicht es ihnen, ihre Nähe und Liebe auf einer tieferen Ebene zu erleben.

Positiver Kreislauf

Nachdem Yasin erkannt hat, wie sehr Antonia unter der mangelnden Anerkennung leidet, beginnt er bewusst, seine Zuneigung auf neue Weise auszudrücken. Er zeigt seine Zugewandtheit ihr gegenüber durch Zärtlichkeiten und verstärkte Teilnahme an ihrem Leben. Diese gesteigerte Aufmerksamkeit gibt Antonia das Gefühl, gesehen und geschätzt zu werden. Das ermutigt sie, ihre Zuneigung durch Komplimente und kleine Gesten zu zeigen.

Beide wissen nun, dass sie sich genug Zeit füreinander nehmen müssen, um auch in stressigen Phasen in Kontakt zu bleiben. Bevor sie sich zusammensetzen, versucht Yasin alle Tagesaufgaben erledigt zu haben, damit er sich ganz auf das Gespräch mit Antonia fokussieren kann. In besonders schwierigen Momenten kann sie ihn auffangen und ihm Mut zusprechen.

Als Zeichen seiner Wertschätzung für Antonia beginnt Yasin, Date Nights zu planen und darüber nachzudenken, wie er besondere Momente schaffen kann. Er möchte ihr zeigen, dass er ihre Bedürfnisse berücksichtigt und ihre gemeinsame Zeit genießt.

Antonia sieht die Mühe und die liebevollen Gesten Yasins und erwidert diese. Sie zeigt ihre Dankbarkeit, indem sie sich ebenfalls um die Beziehung bemüht, das Zusammensein priorisiert und ihre eigenen Ideen einbringt. Beide haben sich angewöhnt, nie ohne einen Abschiedskuss das Haus zu verlassen. Dieses kleine Zeichen ihrer Liebe gibt beiden viel Sicherheit.

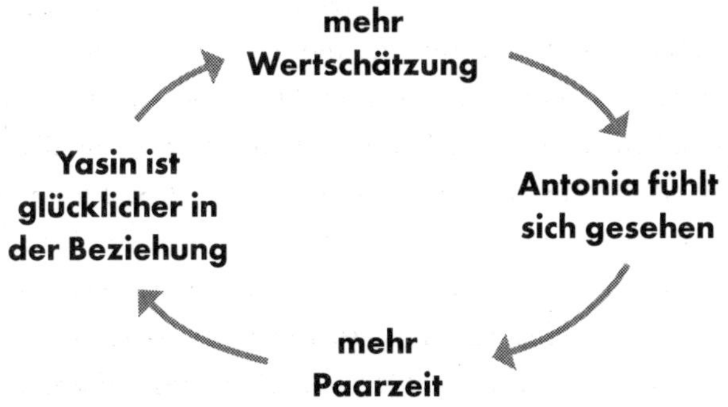

EVELYN UND JANNIK

Negativer Kreislauf

Jannik leidet oft unter Eifersucht. Dann wird er ungehalten und macht seiner Partnerin Vorwürfe. Dieses Verhalten verletzt Evelyn, weil sie sich angegriffen und kontrolliert fühlt.

Janniks Misstrauen führt dazu, dass seine Partnerin anfängt, ihm Dinge zu verheimlichen. Sie teilt bestimmte Einzelheiten nicht mit ihm, um Konflikte zu vermeiden und Auseinandersetzungen vorzubeugen. Doch das schafft nur noch mehr Distanz und Entfremdung.

Jannik spürt, dass Evelyn etwas verheimlicht, und wird dadurch noch angespannter. Er wird immer stärker von Gedankenspiralen geplagt und fühlt sich kaum noch sicher in der Beziehung.

Die wachsende Distanz und die Unfähigkeit, offen miteinander zu kommunizieren, führen zu immer mehr Konflikten zwischen den beiden, was die Kluft zwischen ihnen vertieft. Evelyn öffnet sich nicht mehr und versucht, Jannik aus dem Weg zu gehen.

Janniks Unsicherheit verstärkt sich, da der fehlende Kontakt zu Evelyn seine Ängste und Sorgen verstärkt. Dieses Muster erhöht die Unzufriedenheit in ihrer Beziehung und belastet ihre Bindung.

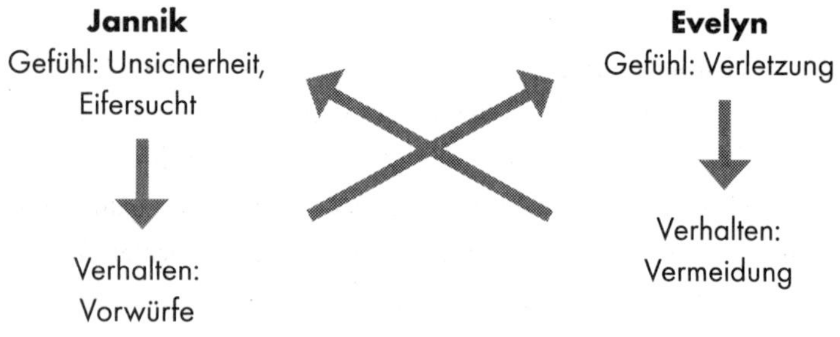

Der Absprung

Jannik leidet immer mehr unter seiner Eifersucht. Er realisiert, dass seine Partnerin gar nicht weiß, woher seine Ängste in der Beziehung eigentlich kommen. Eines Abends setzt er sich hin und geht alle Schritte seines

»Trigger-Plans« durch. Er beginnt, offener mit Evelyn zu kommunizieren, und versucht, die Ursachen seiner Eifersucht zu verstehen und anzugehen.

Evelyn fühlt sich ihrerseits ermutigt, wieder offener mit Jannik zu reden, da sie bemerkt, dass ihre Gespräche nicht mehr zu Eskalationen führen. Sie beginnt, ihre Gedanken und Gefühle zu teilen, da sie sieht, dass Jannik bereit ist zuzuhören und sich bemüht, ihre Sichtweise zu verstehen.

Die gesteigerte Offenheit in ihrer Kommunikation bewirkt, dass Jannik sich wieder enger mit Evelyn verbunden fühlt. Seine Unsicherheit nimmt ab, als er spürt, dass Evelyn ihn unterstützt und Verständnis für seine Gefühle aufbringt. Sie ermutigt Jannik und gibt ihm das Gefühl, verstanden zu werden.

Die unterstützende Haltung Evelyns und ihre Bemühungen, Jannik zu verstehen, helfen ihm, seine Eifersucht nach und nach zu verringern. Die verbesserte Kommunikation sowie das gegenseitige Verständnis füreinander tragen dazu bei, dass ihre Beziehung wieder an Stabilität und Vertrauen gewinnt.

Der Rückfall

Während eines gemeinsamen Urlaubs fallen Evelyn und Jannik zurück in ihren negativen Kreislauf. Janniks Eifersucht keimt erneut auf, als sich Evelyn eines Abends länger mit einem fremden Mann unterhält. Den Rest des Urlaubs verbringen sie mehr oder weniger schweigend. Beide sind verletzt und niemand will den ersten Schritt zur Verständigung machen. Erst als sie zurück in Deutschland sind, haben sie die Kraft, darüber zu sprechen. Sie brauchen mehrere Anläufe, doch dann gelingt ihnen schließlich ein Reparaturgespräch. So können sie den Rückfall überwinden und weiter an ihrer Beziehung arbeiten.

Positiver Kreislauf

Danach verschließt sich Jannik immer weniger und teilt seine Gedanken und Gefühle mit Evelyn. Er hat sich angewöhnt, seinen Körper in ihren Gesprächen hin und wieder zu lockern. Manchmal steht er auf und schüttelt sich kurz aus. Dann weiß Evelyn, dass es gerade nicht einfach für ihn ist. Sie sieht Janniks Bemühungen, an sich selbst zu arbeiten und sich zu öffnen, was sie sehr berührt. Sie verspürt den Wunsch, ihm etwas zurückzugeben, und zeigt vermehrt ihre Wertschätzung für seine Anstrengungen.

Wenn Jannik dennoch einmal eifersüchtig wird, erinnert sich Evelyn daran, woher diese Gefühle eigentlich kommen. Früher hat er ihr kaum etwas über seine Ex-Beziehungen anvertraut. Doch jetzt weiß sie, dass er jahrelang betrogen wurde und diese Wunde immer wieder aufplatzt. So schafft sie es, sein Verhalten nicht sofort persönlich zu nehmen und Verständnis für ihn aufzubringen.

Die beiden haben sich angewöhnt, auf dem Nachhauseweg von der Arbeit miteinander zu telefonieren. Sie tauschen sich über ihren Tag aus und können alle wichtigen organisatorischen Dinge besprechen. Wenn sie dann abends Zeit für sich haben, können sie diese für intensivere Gespräche und Freizeitaktivitäten nutzen.

Durch diesen Austausch von Wertschätzung und Dankbarkeit sprechen Jannik und Evelyn auch häufiger darüber, was ihre Beziehung für sie bedeutet. Sie erkennen, wie sehr sie sich gegenseitig unterstützen und wie wichtig ihnen ihre Partnerschaft ist. Diese regelmäßigen Gespräche über ihre Gefühle stärken ihre Bindung und schaffen eine tiefere Ebene des Verständnisses und der Verbundenheit.

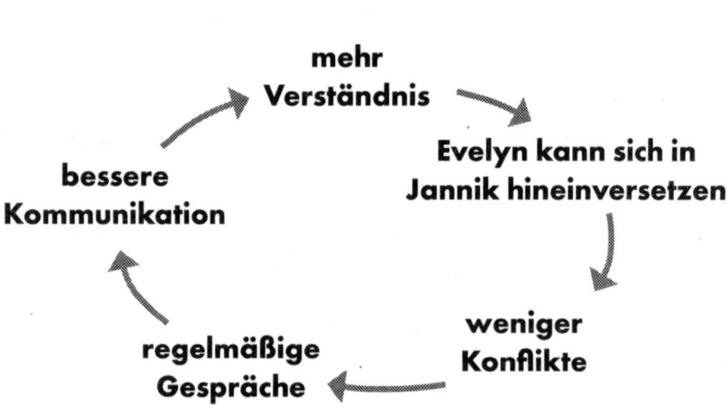

TORBEN UND EMANUEL

Negativer Kreislauf

Torben hat das Gefühl, in seiner Beziehung zu Emanuel sehr viel Verantwortung übernehmen zu müssen. Er erledigt die Aufgaben im Haushalt, kümmert sich um alle Termine und organisiert die Freizeitaktivitäten. Mit der Zeit erlebt Torben dieses Ungleichgewicht zunehmend als Belastung. Kleinigkeiten, die zuvor kein großes Problem darstellten, führen immer häufiger zu Streitigkeiten. Torben wird launischer und wirft seinem Partner immer mehr vor, nicht auf Augenhöhe zu sein.

Emanuel, genervt von Torbens zunehmenden Angriffen und den ständigen Differenzen, beginnt, sich emotional aus der Beziehung zurückzuziehen. Er engagiert sich weniger für die Partnerschaft, was wiederum dazu führt, dass noch mehr Verantwortung auf Torbens Schultern lastet. Er fühlt sich komplett überfordert und ungeliebt.

Das steigende Maß an Verantwortung sowie die Verschlechterung der Beziehungsdynamik führen dazu, dass Torben ungehaltener wird. Seine Unzufriedenheit und Frustration nehmen weiter zu, da er sich nicht nur mit den ursprünglichen Belastungen, sondern auch mit der zunehmenden emotionalen Distanz Emanuels konfrontiert sieht.

Dieses Muster aus unausgesprochenen Problemen, eskalierenden Streitigkeiten und einem Ungleichgewicht in der Beziehungsdynamik verstärkt die Spannungen zwischen den beiden. .

Der Absprung

Emanuel und Torben üben das Reparaturgespräch. So kann Emanuel besser verstehen, was seinen Partner belastet, und ihm Verständnis entgegenbringt. Die neuen Gespräche ermöglichen es Torben, Emanuels guten Willen zu erkennen. Er beginnt, intensiver über seine eigenen Gefühle und Unzufriedenheiten nachzudenken, und reflektiert mittels einer wöchentlichen Reflexion, was ihn tatsächlich stört.

Während der Reparaturgespräche ist Emanuel für ihn da und hört ihm aufmerksam zu – eine ganz neue Erfahrung für Torben. Er begreift, wie stark und fürsorglich sein Partner tatsächlich ist. Was zur Folge hat, dass er sich mehr und mehr offenbart und auch bereit ist, Verantwortung abzugeben.

Emanuel reagiert positiv auf Torbens Offenheit und ist bereit, auf die Bedürfnisse und Anliegen seines Partners einzugehen. Dadurch fühlen sich beide gleichberechtigt in der Beziehung und es entsteht ein besseres Verständnis füreinander.

Diese gesteigerte Aufrichtigkeit, das gegenseitige Verständnis und die Bereitschaft, die Rollen in der Beziehung neu zu überdenken, bringen frischen Wind in ihre Partnerschaft. Sie fangen an, sich von alten, belastenden Mustern zu lösen und entdecken neue Wege, wie sie sich unterstützen können.

Positiver Kreislauf

Torben entscheidet sich bewusst dafür, Verantwortung abzugeben, was ihm ermöglicht, sich verletzlicher zu zeigen und innerlich zur Ruhe zu kommen. Durch diesen Schritt lernt Emanuel seinen Partner neu kennen. Er schätzt seine verletzliche Seite und ist berührt, dass er so viel von sich preisgibt.

Ihnen ist aufgefallen, dass sie besonders gute Gespräche auf längeren Autofahrten führen. Diese Momente nutzen sie nun, um immer wieder zueinanderzufinden. Mindestens einmal im Monat fahren sie zu Torbens Neffen aufs Land. Auf diesen Touren schaffen sie es, sich mitzuteilen und wichtige Themen zu besprechen. Die Reisen sind so zu einem Sicherheitsnetz in ihrer Beziehung geworden, was garantiert, dass sie miteinander verbunden bleiben.

Dieser neue Zusammenhalt bewirkt, dass Emanuel noch mehr für die Beziehung tun möchte. Er erkennt, wie wichtig es für ihn ist, aktiv etwas zur Stärkung ihrer Bindung beizutragen.

Sein Engagement lässt Torben wiederum spüren, dass seine eigenen Anstrengungen und Opfer für die Beziehung gewürdigt und geschätzt werden. Er fühlt sich von Emanuel auf eine besondere Weise geachtet und ermutigt, sich weiterhin für die Beziehung einzusetzen und sie harmonischer zu gestalten.

Die wechselseitige Anerkennung und das gesteigerte Engagement beider Partner fördern eine tiefere Verbundenheit zwischen ihnen und zeigen, wie wichtig ihnen die Beziehung ist.

Alle genannten Paare haben einige Gemeinsamkeiten. Sie arbeiten aktiv an ihrer Beziehung und den eigenen Mustern. Sie wollen einander verstehen und haben nicht aufgehört, in ihre Beziehung zu investieren. So wird der positive Kreislauf aufrechterhalten. Jede Person hat ihre ganz eigenen Strategien entwickelt, um mit negativen Gefühlen, Missverständnissen und Problemen umzugehen. Solange sie diese auch in schwierigen Zeiten beherzigen, sollte einer langfristigen und glücklichen Beziehung nichts mehr im Wege stehen.

Hast du erst einmal einen genauen Überblick über dein ungesundes Muster, den Ausweg aus ihm sowie die Strategien für mehr Wertschätzung erlangt, kannst du dich immer wieder darauf beziehen. Denn was einmal funktioniert hat, wird auch in Zukunft behilflich sein.

Zusammenfassung

Die in diesem Kapitel vorgestellten Paare haben gezeigt, dass es ihnen gelingt, mithilfe von ganz auf sie zugeschnittenen Strategien eine gesunde und beziehungsfreundliche Kommunikation aufrechtzuerhalten. Sie haben sich einen Überblick verschafft, was für sie unterstützend ist. Dazu stellten sie einander folgende Fragen:

Zum negativen Kreislauf

- Welche Dynamiken halten uns in unseren ungesunden Mustern gefangen?
- Welches Verhalten von Partner **A** löst welche Emotionen bei Partner **B** aus?
- Bei welchen Themen geraten wir immer wieder aneinander?

Zum Absprung

- Was hilft uns, aufeinander zuzugehen?
- Welche Strategien kann jeder von uns einüben?
- Worin besteht der erste Schritt aus diesem negativen Kreislauf hinaus?

Zum positiven Kreislauf

- Wie können wir Wertschätzung aufbauen?
- Was brauchen wir, um im positiven Kreislauf zu bleiben?
- Welche Routinen sollten wir zu diesem Zweck unbedingt beibehalten?

Die Antworten auf diese Fragen befähigen, Wertschätzung so zu zeigen, dass sie wirklich ankommt. Und sie helfen, aus alten Mustern wieder herauszufinden, sollte man einmal in sie zurückgefallen sein.

KAPITEL 13: SAMMLUNG – TYPISCHE PROBLEME UND IHRE LÖSUNGEN

Zu lernen, gelassener zu kommunizieren und besser mit Beziehungsmustern umzugehen, ist ein kontinuierlicher Prozess. Manchmal läuft es gut, ein andermal muss man seine Bemühungen neu anpassen. Dieses Kapitel soll dir dabei helfen, mit typischen Hindernissen und Rückschlägen umzugehen. Du kannst immer wieder zu diesem Kapitel zurückkehren, falls du konkrete Tipps für ein bestimmtes Problem benötigst. Sie beziehen sich auf das zuvor Gelernte und können als Erinnerung und Handlungsplan für akute Situationen dienen.

Problem 1: Wir haben zu viel Stress, um uns in Ruhe um unsere Beziehung zu kümmern

Um die Ratschläge aus diesem Buch beherzigen zu können, braucht man genügend Kraft. Wird diese vom Alltagsstress aufgezehrt, erreicht man die Umsetzung des Gelernten nur sehr schwer. Ich würde in solch einer Situation an zwei Stellen ansetzen:

1. Die eigenen Kraftreserven auffüllen

Mach dir zunächst Gedanken darüber, wie du deinen Stress reduzieren kannst. An welchen Stellen können Aufgaben gestrichen werden? Was hast du in der letzten Zeit an Hobbys oder sozialen Kontakten vernachlässigt? Du solltest dir aktiv Zeit nehmen, um Kraft zurückzugewinnen. Energie erscheint nicht einfach so auf Knopfdruck. Überlege dir zunächst etwas, was dich dabei unterstützt, zur Ruhe zu kommen, aufzuladen und neue Kraft zu gewinnen. Mache es dir zu einer Aufgabe, der du mindestens einmal pro Woche nachgehst.

2. Feste Termine für Beziehungsthemen vereinbaren

In Stresssituationen ist häufig alles wichtiger als die Arbeit an der Beziehung. Damit die Partnerschaft nicht immer hintenansteht, sollte man anfangen, die gemeinsame Zeit zu priorisieren. Macht einen festen Termin aus, an dem ihr Gespräche führt, einander aktiv zuhört und gemeinsamen Aktivitäten nachgeht. Tragt euch diesen Termin frühzeitig in den Kalender ein und behaltet ihn bei.

Problem 2: Meine Konfliktangst hindert mich daran, ein Gespräch zu initiieren

Du hast Probleme damit, auf die andere Person zuzugehen und von dir aus zu erzählen, was dich beschäftigt? Dann beginne zunächst damit, deine Gedanken aufzuschreiben. Reflektiere, was dich beschäftigt oder dich betrübt. Im nächsten Schritt kannst du diese Gedanken dann zu einem Brief oder einer Textnachricht umformulieren. Teile sie mit deinem Partner / deiner Partnerin. Die gleiche Methode kannst du natürlich auch nutzen, wenn du schwierige Themen mit einem Familienmitglied oder der besten Freundin angehen möchtest. Sobald du dich sicherer fühlst, versuche, deine Gefühle in einem Gespräch auszudrücken. Bereite dich auf die Unterhaltung vor und sortiere deine Gedanken. Sprich zunächst deine Angst und Nervosität an, um die andere Person für deine Lage zu sensibilisieren. Reguliere deine Emotionen, bevor du loslegst, und gib dir die Erlaubnis, Fehler zu machen.

Problem 3: Ich kann meine Emotionen einfach nicht kontrollieren

Wenn du deine Gefühle nicht regulieren kannst, kennst du entweder deine Warnsignale nicht gut genug oder dein Gegenüber weiß nicht, wo deine Trigger sitzen. So oder so gibt es etwas nachzuholen.

Sensibilisiere dich für die ersten Anzeichen deiner Emotionen. Nimm dir genug Zeit, um die Warnsignale zu identifizieren. Experimentiere hierbei mit den Emotionsregulationstechniken, bis du einige gefunden hast, die für dich funktionieren. Du kannst diese auch präventiv im Alltag einsetzen. Warte also nicht darauf, dass der gesammelte Stress in eurer Unterhaltung aus dir herausplatzt.

Wenn dein Gegenüber immer wieder wunde Stellen trifft, solltet ihr noch einmal gezielt über deine Triggerpunkte reden. Ich empfehle euch in so einem Fall die Übung »Was wäre, wenn« gemeinsam durchzugehen.

Problem 4: Mein Partner / meine Partnerin ist nicht kritikfähig

Du möchtest belastende Themen ansprechen, stößt aber immer wieder auf Granit? Dein Gegenüber blockt ab oder schießt mit Anschuldigungen zurück? Dann kann es gut sein, dass du hier eine wunde Stelle bei ihm getroffen hast. Kritisiert zu werden, kann für manche Teil ihres Triggers sein. Besprecht gemeinsam folgende Fragen: Welche Verletzungen tauchen auf, wenn ich Kritik äußere? Was bedeutet es für dich, kritisiert zu werden, und warum ist das so schwer auszuhalten?

Du musst nicht erraten, was der anderen Person helfen könnte. Frag sie einfach! Sprich offen über dein Dilemma, Problematiken klären zu wollen, aber Angst zu haben, damit einen Streit auszulösen. Höre aufmerksam zu, wenn dein Partner / deine Partnerin darüber spricht, was helfen könnte.

Problem 5: Ich habe Schwierigkeiten, meine Bedürfnisse zu formulieren

Für dieses Problem gibt es mehrere Lösungsansätze. Wenn du nicht weißt, welche Bedürfnisse du hast, und sie deshalb auch nicht kommunizieren kannst, probiere folgenden Ansatz: Frage dich mindestens einmal täglich, was du gerade willst oder worauf du Lust hast. So öffnest du den Zugang zu deinen Bedürfnissen.

Wenn du deine Wünsche nicht kommunizieren kannst, weil deine Konfliktscheu dich daran hindert, befolge die Tipps von »Problem 2« weiter oben in diesem Kapitel.

Es kann auch sein, dass du das Gefühl hast, deine Ansprüche würden andere Menschen belasten. Dieser Glaubenssatz geht meistens auf entsprechende Erfahrungen zurück. Gab es früher Menschen, die deine Interessen immer wieder ignoriert haben? Oder war einfach kein Platz für deine Probleme? Versuche den Ursprung dieser Vorstellung zu identifizieren. So kannst du sie das nächste Mal hinterfragen, wenn du etwas Wichtiges ansprechen möchtest.

Problem 6: Das Gesagte kommt nicht an

Du wiederholst dich ständig und hast das Gefühl, nichts davon kommt bei deinem Gesprächspartner an? Dann kann es gut sein, dass der Stresslevel innerhalb des Gesprächs zu hoch ist. Das, was wir während unserer Streitigkeiten oder emotional aufgeladener Situationen besprechen, wird in den meisten Fällen wieder vergessen. Denn wenn wir im Gefahrenmodus sind, nehmen wir nichts Neues mehr auf. Dann geht es nur noch um Verteidigung und nicht darum, einander zu verstehen. Stellt also sicher, dass ihr beide ruhig und offen seid. Wiederhole, was du sagen möchtest.

Ich empfehle hier außerdem die »Sprechen und spiegeln«-Übung.

Problem 7: Wir haben zu wenig Zeit, um die Tipps umzusetzen

Anspruchsvolle Jobs, Kinderbetreuung und andere Verpflichtungen können die Zeit verknappen, die wir für unsere Beziehung haben. Integriere zunächst einen konkreten Tipp in deinen Alltag. Fang klein an. Welche Rituale der Wertschätzung können zum Beispiel mit wenig Aufwand in eure Abläufe integriert werden? Das kann eine bewusste Umarmung, eine nette Textnachricht oder ein kurzer Anruf auf dem Weg zur Arbeit sein.

Sobald das zur Routine geworden ist, könnt ihr zum nächsten Punkt übergehen – zum Beispiel regelmäßige Treffen für längere Gespräche vereinbaren. Passt sie euren jeweiligen Zeitplänen an, aber verzichtet nicht auf sie. Selbst wenn man nur einmal im Monat eine Stunde Zeit findet, ist das besser als gar nichts.

Problem 8: Wir müssen mit Rückschlägen umgehen

Rückschläge können demotivieren und zermürbend sein. Für die meisten Paare gehören sie allerdings zum gemeinsamen Prozess dazu. Je schneller ihr das akzeptiert, desto eher werdet ihr sie überwinden. Sagt euch bei einer Enttäuschung: »Okay, wir sind wieder in unsere negativen Kreisläufe hineingeraten. Das ist nicht schön, aber wir kommen hier auch wieder heraus. Wir haben es schon einmal geschafft. Es gibt also keinen Grund, weshalb wir es nicht wieder hinkriegen sollten.«

Vergegenwärtigt euch, wie ihr beim letzten Mal den Absprung geschafft habt. Lest euch gerne dieses Buch noch einmal durch und motiviert euch gegenseitig. Erstellt einen gemeinsamen Plan und besprecht, was jeder dazu beitragen kann, eine positive Veränderung anzustoßen.

Problem 9: Wir schaffen es nicht, Lösungen für unsere Schwierigkeiten zu finden

Wir müssen uns verstanden fühlen, um gemeinsam Hürden zu überwinden. Denn ohne das Gefühl, von der anderen Person auch wirklich verstanden zu werden, bleiben wir hinter unserer emotionalen Mauer und gehen keinen Schritt auf unser Gegenüber zu. Wie gut ist eure VOR-Kommunikation? Seid ihr in diesen Gesprächen verständnisvoll, offen und ruhig? Oder gibt es hier noch Optimierungspotenzial? Falls ja, würde ich zunächst daran arbeiten.

Sobald ihr Verständnis füreinander aufgebaut und euch emotional reguliert habt, könnt ihr die Gemeinsamkeiten in euren Ansichten herausarbeiten. Was funktioniert für euch *beide*? Was wollt ihr beide *nicht*? Den Fokus auf das gemeinsame Ziel zu richten, kann es euch zudem erleichtern, Kompromisse zu finden und an einem Strang zu ziehen.

Problem 10: Wir verpassen regelmäßig den Moment, aus Gesprächen auszusteigen

Es ist nicht immer einfach, das Knirschgefühl in einer Unterhaltung zu identifizieren. Fällt es euch generell schwer, würde ich sogar ganz davon abraten, spontan wichtige Gespräche zu führen. Höhere Erfolgschancen bieten dann sicherlich geplante Aussprachen, auf die ihr euch gezielt vorbereiten könnt. Nehmt euch im Vorfeld einige Minuten Zeit, um euch die Warnsignale in Erinnerung zu rufen und für das Knirschgefühl zu sensibilisieren.

Zeigt auch dieses Vorgehen nicht den gewünschten Effekt, versucht einmal folgenden Tipp umzusetzen:

Stellt euch am Anfang eines Gesprächs zwei Wecker. Einen auf eine Stunde und den zweiten auf fünf Minuten. Beginnt die Unterhaltung. Klingelt der Wecker nach fünf Minuten, ist das euer Zeichen, kurz durchzuatmen. Wie hoch ist die emotionale Aktivierung? Wurde bereits eine Wunde getroffen? Entscheidet dann zusammen, ob ihr eine längere Pause braucht oder weitermachen wollt. Stellt den Wecker erneut auf fünf Minuten. So plant ihr genügend Raum ein, um euren Emotionsregulationsstrategien nachzugehen. Nutzt diese Pausen! Läutet der Wecker nach einer Stunde, könnt ihr entscheiden, ob ihr weitermachen oder das Gespräch beenden wollt. Ihr solltet diese Zeiten natürlich so anpassen, wie sie für euch am besten funktionieren. Je explosiver eure Gespräche sind, desto engmaschiger würde ich hierbei vorgehen.

KAPITEL 14: ZUM ABSCHLUSS

Zum Abschluss schauen wir noch einmal bei unserem Lieblingspärchen Hannah und Timo vorbei. Es sind inzwischen wieder einige Wochen vergangen und die beiden erscheinen zu ihrer letzten Paarsitzung.

Ich: »Hallo, ihr zwei! Ich möchte diese abschließende Sitzung nutzen, um die wichtigsten Aspekte der Therapie noch einmal gemeinsam zu rekapitulieren. Wie waren die letzten Monate für euch?«
Hannah: »Anstrengend, aber sehr lehrreich! Wenn ich an die erste Stunde zurückdenke, sehe ich da ein ganz anderes Paar vor mir. Die beiden waren so frustriert und verletzt. Keiner wollte auf die andere Person zugehen. Ich lebte mit diesem harten Panzer aus Wut, den ich wie einen Schutzschild um mich herum aufgebaut hatte. Timo hatte absolut keine Chance, emotional zu mir durchzudringen.«
Timo: »Ich habe mich selbst auch hinter einer Mauer verschanzt. Hannahs Gefühle sind einfach so an mir abgeprallt. Das war reiner Selbstschutz. Das weiß ich jetzt. Ich glaube, dass wir beide sehr schlecht darin waren, zu kommunizieren. Ich glaubte früher, mich gut ausdrücken zu können, aber die letzten Wochen haben mir gezeigt, wie viel ich noch zu lernen habe.«

Ich: »Was waren für euch die größten Herausforderungen auf diesem Weg?«
Hannah: »Bei mir selbst zu bleiben. Ich bin gut darin, anderen vor Augen zu führen, was sie falsch machen. Dabei bin ich oft nicht in Kontakt mit mir selbst und meinen verletzlichen Gefühlen. Ich habe meinen weichen Kern abgeschirmt, ohne zu verstehen, wie problematisch das für meine Beziehung war. Ich musste erst lernen, mich Timo gegenüber wirklich zu zeigen. Dabei habe ich mich noch einmal ganz neu kennengelernt.«
Timo: »Meine größte Herausforderung bestand darin, mich mehr zu öffnen und meine Gedanken nicht nur mit mir selbst auszumachen. Das Schöne ist, dass ich durch den Prozess selbstsicherer geworden bin. Die Angst vor einem Konflikt und die innere Anspannung sind nicht komplett verschwunden, aber ich kann deutlich besser damit umgehen. Ich sage Hannah jetzt, was ich denke, bevor die Situation eskaliert.«
Ich: »Auf diese Veränderung könnt ihr sehr stolz sein. Ihr habt kontinuierlich an euch gearbeitet und euch auch von Rückschlägen nicht entmutigen lassen. Welche Idee oder Strategie hat euch dabei am meisten geholfen?«
Timo: »Raum für Selbstreflexion, ganz klar! Wenn ich mir diese Zeit nicht nehme, hat das immer negative Auswirkungen auf unsere Beziehung. Erst geht es einige Wochen gut, doch dann kehren die alten Probleme wieder zurück. Dann weiß ich, dass es erneut Zeit ist, mich mit meinem Notizbuch hinzusetzen.« Timo lacht.
Ich: »Und bei dir, Hannah?«
Hannah: »Ich habe gemerkt, dass ich die tiefen Gespräche mit Timo wirklich brauche. Wenn wir uns zusammensetzen und einander aktiv zuhören, fühle ich mich geliebt und respektiert. Das hilft mir, wohlwollender zu sein und mehr auf meinen Partner einzugehen. Ihm tut das auch gut und so halten wir den positiven Kreislauf am Leben.«
Ich: »Ja, das sind zwei sehr wichtige Punkte. Was könnt ihr euch in

Zukunft selber sagen, wenn es mal wieder zu einem Streit kommen sollte?«

Hannah: »Puh, das ist schwierig … Wahrscheinlich: ›Gib ihm eine Chance und übe dich darin, deine Emotionen besser zu regulieren. Du denkst gerade, dass alles seine Schuld ist, aber diese Haltung wird euch nur noch mehr voneinander entfernen.‹«

Ich: »Ja, ich denke, das wäre wichtig. Wie ist es bei dir, Timo?«

Timo: »Ich würde mir selbst gerne sagen, dass Hannah genauso traurig und verletzt ist wie ich. Wir müssen als Team arbeiten und füreinander da sein. Wenn sich jemand nicht verstanden fühlt, sollten wir unbedingt darüber reden. Es ist nicht immer einfach, an der Beziehung zu arbeiten, aber wir können das packen!«

Genau das würde ich auch dir gerne sagen. Da du jetzt am Ende des Buches angelangt bist, weißt du, welche Komponenten deine Kommunikation und Beziehung verändern könnten. Kombiniere Emotionsregulation mit Verständnis für die Gefühlswelt der anderen Person und du bist auf dem richtigen Weg. Lies dieses Buch oder auch nur einzelne Kapitel davon ruhig mehrmals durch. So können die Informationen nachhaltiger in dir verankert und umgesetzt werden. Falls dir dafür gerade die Zeit fehlt, nenne ich dir hier noch einmal die wichtigsten Punkte im Schnelldurchlauf:

1. Identifiziere, was eurer Kommunikation im Wege steht

Schau zunächst von außen auf eure Dynamik. Manchmal erkennen wir die Zusammenhänge besser, wenn wir aus einer Vogelperspektive auf eine Situation schauen. Was würdest du dabei entdecken? Wie würdest du eure Beziehung dann beschreiben? Frage dich dabei: Welche Beziehungsthemen haben sich mit der Zeit entwickelt? Wie interpretierst du die Verhaltensweisen des anderen? Überlegt gemeinsam, welche Muster immer wieder in eurer Beziehung auftauchen und welche Konsequenzen dies für euch hat. Wie trägt jeder von euch dazu bei, dass ihr euch missverstanden und emotional verletzt fühlt?

2. Lerne deine Warnsignale kennen

Nimm im zweiten Schritt deine ganz individuellen Warnsignale wahr. Welche Körperreaktionen zeigen dir, dass du im Gefahrenmodus bist? Woran erkennst du deine innere Anspannung? Diese Anzeichen werden dir helfen, schneller aus Streitigkeiten auszusteigen und weitergehende Eskalationen zu vermeiden. Wenn du es nicht schaffst, den Kipppunkt einer Unterhaltung zu erkennen, dann trainiere die Wahrnehmung deiner individuellen Signale.

3. Beschäftige dich mit deinen Beziehungsthemen und Triggern

Es ist wichtig, zu verstehen, warum man angespannt ist und emotional reagiert. In den meisten Fällen stehen große Themen dahinter, die sich über die Zeit aufgebaut haben. Je länger wir diese mit uns herumschleppen, desto heftiger fällt meist unsere Reaktion darauf aus. Finde heraus, was dich triggert und warum das geschieht. Gibt es Verletzungen, die älter sind als deine Beziehung und vielleicht sogar bis in die Kindheit zurückreichen? Stelle deinen individuellen »Trigger-Plan« auf. Je besser du dich selbst verstehst, desto offener wird eure Kommunikation werden.

4. Übe, deine Emotionen zu regulieren

Du kennst deine Warnsignale und weißt, was dich triggert? Dann brauchst du nur noch passende Strategien, um deine Emotionen zu regulieren. Experimentiere mit Bewegungen, Sinneseindrücken, arbeite mit dem inneren Kind und anderen hilfreichen Verhaltensweisen. Erprobe, welche dieser Übungen dir besonders gut helfen, und notiere dir eine Übersicht in deinem »Trigger-Plan«.

5. Baut Verständnis füreinander auf

Nehmt euch aktiv Zeit, um euch mit gegenseitigem Einfühlungsvermögen zu begegnen. Worin bestehen die Verletzungen der anderen Person? An welchen Stellen fühlst du dich noch nicht verstanden? Nutzt dafür die »Sprechen und spiegeln«-Übung, um sicherzugehen, dass ihr den Kern des Gesagten erfasst habt. Geht die verschiedenen Problempunkte in eurer Beziehung durch. An welchen Stellen fehlt euch noch das Verständnis füreinander?

6. Macht offene Kommunikation zur Routine

Gute Kommunikation muss geübt werden. Macht es euch zur Aufgabe, vorbehaltlos über eure Gefühle und Bedürfnisse zu sprechen. Das kann zum Beispiel einmal pro Woche während einer Date Night geschehen. Achtet darauf, dass die emotionale Verbindung nicht abreißt und ihr währenddessen verständnisvoll, offen und ruhig bleibt.

Dir wird es beim Lesen dieses Buches bereits aufgefallen sein: Die Welt der Kommunikation und Beziehungen ist sehr vielschichtig und komplex. Was wir gemeinsam erkundet haben, sind Werkzeuge und Einsichten, die eure Partnerschaft bereichern können. Denkt daran, dass nicht die Perfektion zählt, sondern der fortlaufende Versuch, besser zu werden. Jedes Gespräch, jeder Versuch, einander zu verstehen, ist ein Schritt in die richtige Richtung.

Seid geduldig miteinander. Es ist normal, sich zu verheddern und Missverständnisse zu produzieren. Aber genau in diesen Momenten liegt auch die Chance, tiefer zu graben und einander näherzukommen. Eure Worte haben Macht. Verwendet sie weise und liebevoll. Hört einander zu und seid bereit, Kompromisse einzugehen. Denn es ist nicht wichtig, wer im Recht ist, sondern allein, dass ihr als Team zusammenkommt.

Ich hoffe, dass dieses Buch dir dabei helfen konnte, dich selbst und deinen Partner / deine Partnerin besser kennenzulernen und gelassener miteinander zu kommunizieren. Ich würde mich sehr über dein Feedback freuen. Welche Strategie hat dir am meisten geholfen? Was hat dich besonders zum Nachdenken angeregt oder berührt?

Du kannst mir auf Instagram **@paarpsychologie** eine Direktnachricht oder eine E-Mail an **info@anoukalgermissen.de** senden. Wenn du mich unterstützen möchtest, dann empfiehl dieses Buch gerne weiter. Ich glaube, dass viele Menschen von dem hier zusammengetragenen Wissen und den Übungen profitieren können. Mehr Inhalte findest du außerdem in meinem Podcast »Paarpsychologie«, der wöchentlich erscheint.

Ich wünsche dir alles Gute auf deinem weiteren Weg und nur das Beste für deine Beziehung!

ÜBER DIE AUTORIN

© Thomas Probst

Anouk Algermissen ist Psychologin (M. Sc.) und Paartherapeutin. Sie arbeitet in ihrer Praxis mit Paaren und Einzelpersonen daran, deren Beziehungsmuster zu identifizieren, diese aufzulösen und so glücklichere Partnerschaften zu führen. Der Fokus liegt hierbei darauf, die emotionale Verbundenheit zu stärken und besser miteinander zu kommunizieren. Um mehr Menschen Zugang zu diesem Wissen zu geben, betreibt sie den erfolgreichen Podcast »Paarpsychologie« und teilt viele Informationen und Tipps über ihren gleichnamigen Instagram-Kanal sowie ihren Blog.

QUELLEN

1 Pausch, M. J. & Matten, S. J. (2018): *Symptome der PTBS – Trauma und Traumafolgestörung in Medien, Management und Öffentlichkeit*, Springer Fachmedien Wiesbaden. Wittchen, H.-U. & Hoyer, J. (2011), Klinische Psychologie & Psychotherapie. Springer-Lehrbuch, (2. Aufl.).

2 Vgl. https://www.youtube.com/watch?v=LmDPAOE5V2Y.

3 Braithwaite, S. & Holt-Lunstad, J. (2017): »Romantic relationships and mental health«, in: Current Opinion, in Psychology, 13, 120-125; https://doi.org/10.1016/j.copsyc.2016.04.001.

4 Watzlawick, P., Beavin, J. & Jackson, D. (2017): *Menschliche Kommunikation: Formen, Störungen, Paradoxien*, Hogrefe.

5 Röhner, J. & Schütz, A. (2015): *Psychologie der Kommunikation (Basiswissen Psychologie)*, S. 21, Springer.

6 Gottman, J. M., Cole, C. & Cole, D. L. (2019): »Negative Sentiment Override in Couples and Families«, in: Lebow, J. L., Chambers, A. L., Breunlin, D. C. (Hg.), Encyclopedia of Couple and Family Therapy, 2019-2022, Springer; https://doi.org/10.1007/978-3-319-49425-_180.

7 Vaish, A., Grossmann, T. & Woodward, A. (2008): »Not all emotions are created equal: The negativity bias in social-emotional development«, in: Psychological Bulletin, 134(3), 383-403; https://doi.org/10.1037/0033-2909.134.3.383.

8 River, J. & Flood, M. (2021): »Masculinities, emotions and men's suicide«, in: Sociology of Health & Illness, 43(4), 910-927; https://doi.org/10.1111/1467-9566.13257.

9 Lengning, A. & Lüpschen, N. (2019): *Bindung*, Ernst Reinhardt Verlag; https://doi.org/10.36198/9783838551968.

10 Vgl. https://www.youtube.com/watch?v=YTTSXc6sARg.

11 Von Kopp, D. (2015): »11 Millionen vs. 40 Bit«, in: Focusing. essentials. Springer; https://doi.org/10.1007/978-3-658-08754-8_10.

12 Vgl. auch: Watkins, J. G. (1971): »The affect bridge: A hypnoanalytic technique«, in: The International Journal of Clinical and Experimental Hypnosis, 19(1), 21-27; https://doi.org/10.1080/00207147108407148.

13 Vgl. Real, T. (2022): *Us: Getting Past You and Me to Build a More Loving Relationship*, Random House.

14 Miller, J. C. & Krizan, Z. (2016): »Walking facilitates positive affect (even when expecting the opposite)«, in: Emotion, 16(5), 775–785; https://doi.org/10.1037/a0040270. Brand, R. & Kanning, M. (2021): »Sport tut gut?! Bewegung und Wohlbefinden«, in: Güllich, A. & Krüger, M. (Hg.): Sport in Kultur und Gesellschaft, Springer Spektrum; https://doi.org/10.1007/978-3-662-53407-6_36.

15 Sendera, A. & Sendera, M. (2016): *Skills-Training bei Borderline- und Posttraumatischer Belastungsstörung*, Springer. Khoury, B., Sharma, M., Rush, S. E. & Fournier, C. (2015): »Mindfulness-based stress reduction for healthy individuals: A meta-analysis«, in: Journal of Psychosomatic Research, 78(6), 519-528; https://doi.org/10.1016/j.jpsychores.2015.03.009.

16 Huffman, J. C., Stern, T. A., Harley, R. M. & Lundy, N. A. (2003): »The use of DBT Skills in the Treatment of Difficult Patients in the General Hospital«, in: Psychosomatics, 44(5), 421–429; https://doi.org/10.1176/appi.psy.44.5.421.

17 Rodriguez, M. & Kross, E. (2023): »Sensory emotion regulation«, in: Trends in Cognitive Sciences, 27(4),379-390; https://doi.org/10.1016/j.tics.2023.01.008.

18 Reis, H. T., Lemay Jr., E. P. & Finkenauer, C. (2017): »Toward understanding understanding: The importance of feeling understood in relationships«, in: Social and Personality Psychology Compass, 11(3), e12308; https://doi.org/10.1111/spc3.12308.

19 Pollmann, M. M. H. & Finkenauer, C. (2009): »Investigating the role of two types of understanding in relationship well-being: understanding is more important than knowledge«, in: Personality and Social Psychology Bulletin, 35(11), 1512-1527; https://doi.org/10.1177/0146167209342754.

20 Gerace, A., Day, A., Casey, S. & Mohr, P. (2017): ›I think, you think‹: Understanding the importance of self-reflection to the taking of another person's perspective«, in: Journal of Relationships Research, 8, e9; https://doi.org/10.1017/jrr.2017.8.

21 Adams, C. L., Nestel, D. & Wolf, P. (2006): »Reflection: a critical proficiency essential to the effective development of a high competence in communication«, in: Journal of Veterinary Medical Education, 33(1), 58-64; https://doi.org/10.3138/jvme.33.1.58.